AF569643

FLORIAN JÄGER

IM RHYTHMUS DES LAUFENS

Impressum

1. Auflage

ISBN: 978-3-903183-32-2
ISBN E-Book: 978-3-903183-88-9

Lektorat: Dr. Rosemarie Konrad
Covergestaltung: Dipl. Ing. (FH) Ing. Clemens Toscani
Fotos: Privatarchiv Florian Jäger, außer anders angegeben
Grafische Gestaltung und Satz: Dipl. Ing. (FH) Ing. Clemens Toscani
Printed in the EU

Gesamtherstellung:

egoth Verlag GmbH
Untere Weißgerberstr. 63/12
1030 Wien
Österreich

www.egoth.at

FLORIAN JÄGER

IM RHYTHMUS DES LAUFENS

EINE ENTDECKUNGSREISE
AN DIE GRENZEN DES ALLTAGS

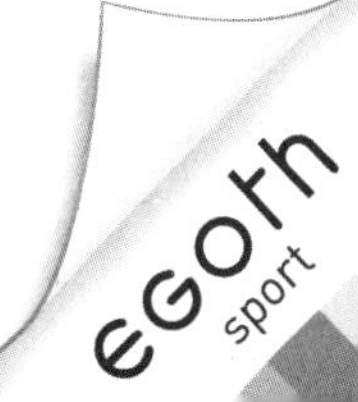

INHALT

Ein Anfang
Fuji

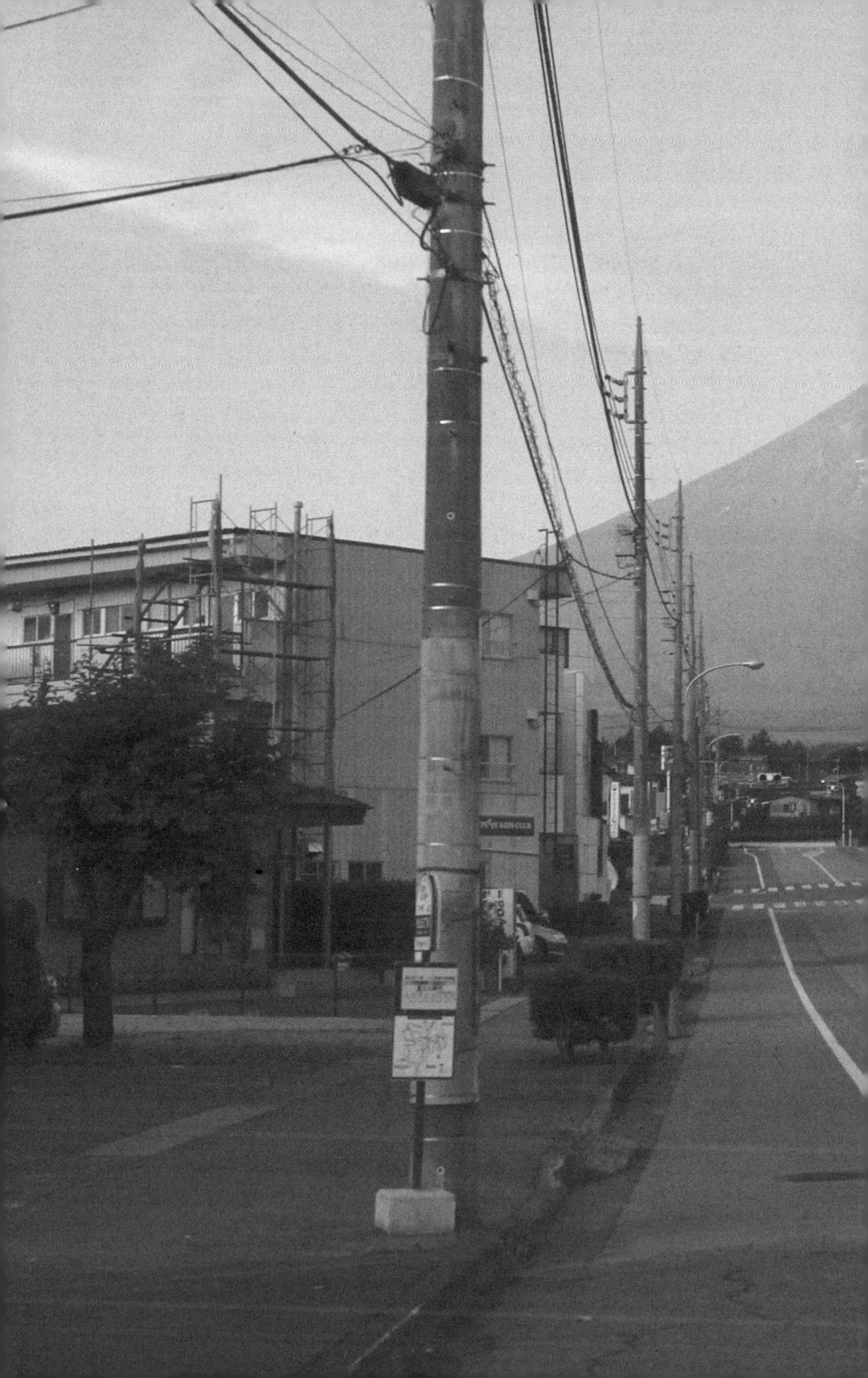

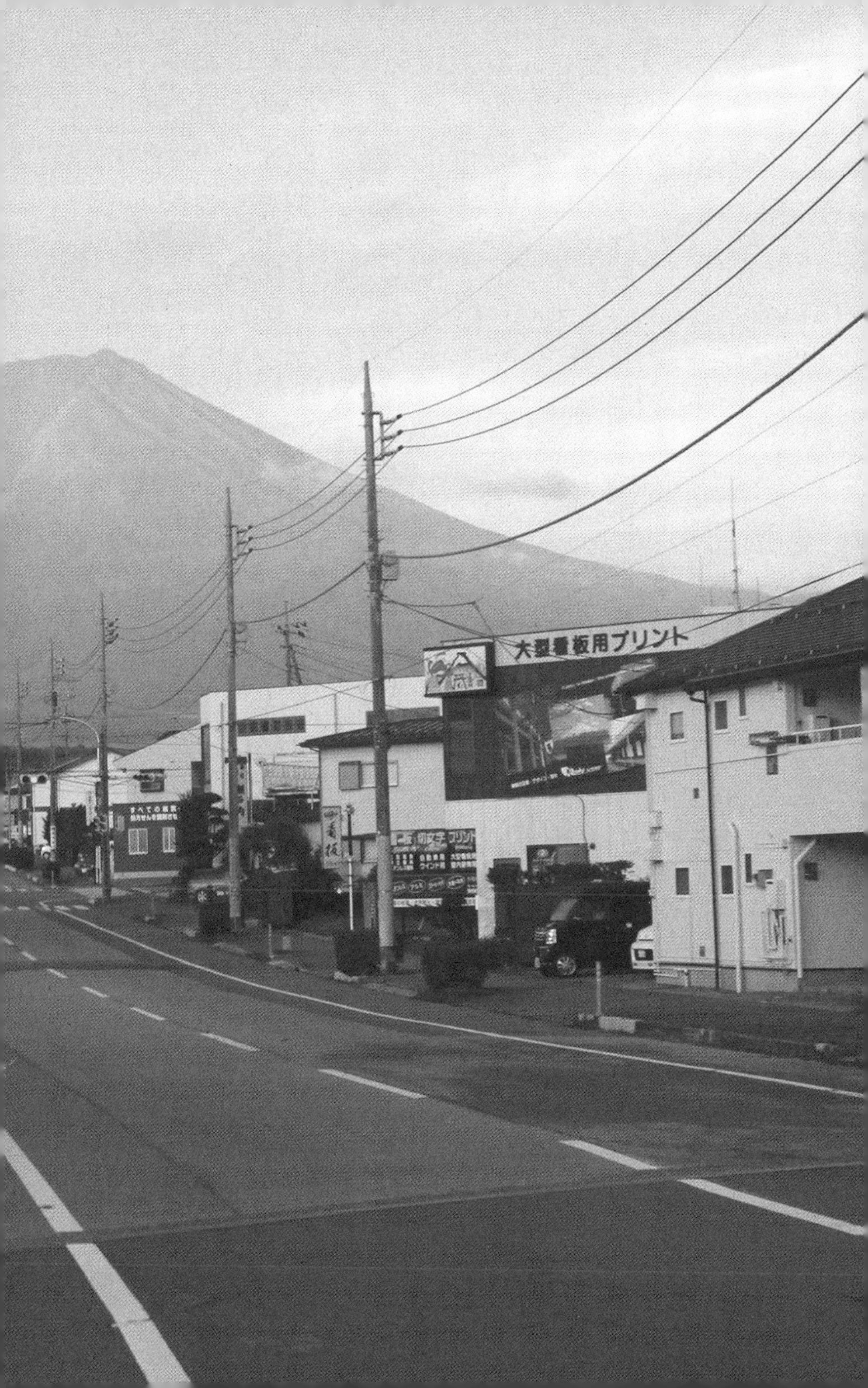
大型看板用プリント

„You won't return the same person." Lässig winkt mich der glatzköpfige Hostelangestellte heran, zwinkert mir zu, steht da in Kranichmusterkimono und Ledersandalen, aus denen blanke Zehen lugen. „Are you sure you want to do this?"

Ich zucke mit den Schultern, woher soll ich das wissen.

Er kramt kurz, reicht mir zwei Wanderstöcke, Quechua, Eigenmarke Decathlon. „Take these at least then."

Wieder zucke ich mit den Schultern, nicke ihm zu, nehme die Stöcke und lege sie auf den Boden neben das Doppelstockbett. Lege sie zu meinen anderen Utensilien für die Besteigung: eine Packung Cranberries für die schnelle Kohlenhydratversorgung, eine salzige Nussmischung für Fette und Mineralien, eine Wasserflasche und die Plastikpackung Udon-Nudeln vom 7-Eleven um die Ecke für das Mittagessen auf dem Gipfel.

Der Wecker ist auf 4 Uhr gestellt. Um 23 Uhr lege ich mich in die untere Ebene des Doppelstockbetts. Obwohl ich allein im Achterzimmer bin, ziehe ich den am Bett über mir befestigten dunkelblauen Vorhang zu. Wie immer, wenn ich weiß, wenig Schlaf liegt vor mir, habe ich eine unruhige Nacht.

Am Morgen stecke ich mir Kopfhörer in die Ohren und höre einen Radiobeitrag vom Deutschlandfunk, den ich mir vor zwei Tagen heruntergeladen habe, als ich beschloss, von Tokyo aus zum Fuji zu reisen.

„Mögen unsere sechs Sinne gereinigt und möge das Wetter an diesem ehrenwerten Berg schön sein", klingt es beschwörend aus dem Lautsprecherwagen, der die Prozession zur alljährlichen Gipfeleröffnung des Fuji anführt.

Ich frühstücke hastig, Toastbrot, Tofu und salzig eingelegte Ume-Früchte, schnappe meinen Rucksack, trete aus der Hosteltür. Ich blinzle, als ein frischer Windhauch mich berührt.

Der Morgen ist verheißungsvoll: Über dem erst matt beleuchteten Himmel sind kaum Schleier zu erkennen. Der Fuji steht fest, klar sichtbar. Dabei heißt es, der Fuji sei schüchtern, lieber bedecke er sein Gesicht hinter Dunst und Wolken. Folgt man dem Bild - der Fuji-san als empfindsames Wesen -, gibt er sich heute offenherzig. „Komm", sagt er, „worauf wartest du?"

Das Wetter ist schön.

44 Kilometer, 3000 Meter aufwärts, 3000 Meter abwärts. Zahlen, die ich vor mich hin wiederhole, um ihre Bedeutung zu erfassen. Normalerweise begeht man den Fuji von hier aus in zwei Tagen, am ersten bis zu einer der Unterkünfte an den oberen Bergstationen, am zweiten die letzten Meter zum Gipfel und wieder bergab. Ich nehme mir nur diesen einen Tag, mein Reisegepäck lasse ich im Hostel liegen. Vor mir der lächelnde Berg, unverrückbar.

Ich mache die ersten Schritte. Bald schon merke ich: Auf zwei leichte, wie verflogene, folgt ein schwerer, hinkender. Etwas hängt noch an mir, bedrückt mich. Aus dem Alltag ist es mir bis an den Fuß des Fuji gefolgt: Die Arbeit an meiner Dissertation drückt auf meine Schultern; sie ist ein Ungeheuer, übergroß und wabernd, ich bekomme es nicht zu fassen; nicht zu zähmen, nicht abzuwerfen.

Es wird nicht leichter dadurch, dass ich es selbst gewählt habe. Motiviert hatte mich das Ziel, durch meine Forschung einen Unterschied zu machen. Doch auch nach Jahren Arbeit ist wenig konkret von diesem Unterschied zu merken. Mir ist mein Ziel abhandengekommen.

Im Wissenschaftsbetrieb fühle ich mich fehl am Platz, ich denke, spreche, fühle anders als meine Kolleginnen und Kollegen. Ich gehöre dort nicht hin. Das muss man mir nicht sagen, das spüre ich. Und dennoch komme ich nicht weg von all dem - ich wüsste nicht, wohin.

Wie soll ich ändern, wenn ich nicht weiß, zu was ich ändern soll?

Bewegen muss ich mich, in irgendeine Richtung muss ich gehen.

Die ersten Schritte gehe ich geduckt. Um mich die klare Luft des morgendlichen Bergortes Yamanashi.

Der Fuji liegt da, nah. Konkret und eindeutig hebt sich seine Bergspitze ab, das breite Plateau, das von hier unten den innenliegenden Krater nur vermuten lässt. Ich stehe auf dem Fußweg einer Stadtbrücke, links von mir die flachen Absperrpoller zur Schnellstraße, rechts ein dreigliedriges Geländer. Die Ampel leuchtet Grün auf die leere Straße; japanische Schriftzeichen, die Wege für andere weisen. Vor mir liegt als einzige Erhebung weit und breit, freistehend, der Vulkan. Davor nur ein paar Häuser, ein brauner Kastenwagen, ein Hund, der mich von seiner Hütte wie vom Thron anschaut, und eine Reihe an Strommasten, in gleichmäßigem Abstand. Ich zähle, 13 Kabel. So viel Energie.

Das Ziel liegt klar vor mir, ich muss nur darauf zugehen. Aufrechter nun, beschleunige ich meinen Schritt.

Immer besser gelaunt lasse ich die noch schlaftrunkene Kleinstadt hinter mir und setze die ersten Schritte in den Wald. Der Pfad, den ich betrete, stammt aus der Edo-Zeit, in der die Tokugawa-Shogune die Insel vom Rest der Welt abschotteten. Im 17., 18. und 19. Jahrhundert war der Yoshidaguchi-Weg ein vielgenutzter Pilgerpfad.

Eine Allee führt mich zum roten Tor des Sengen-Schreins. Ein steinerner Junge mit platter Mütze, der mir wahlweise frech oder ermutigend zulächelt; meine Ausrüstung auf dem Boden zur ersten Pinkelpause.

Im Shinto-Glauben ist der Fuji ein heiliger Berg, Wohnort zahlreicher Gottheiten, über allen die Konohanasakuya-hime, „die wie Baumblüten herrlich-blühende Prinzessin". Ihr Symbol ist die Kirschblüte, das Feinfühlige und Süße des Lebens. Es ist gut, dass sie hier ist, aufmerksam, dass sie die verschwitzten und verschmierten Wanderer empfängt.

Es gibt eine Glaubensgemeinschaft, die sich einzig der Anbetung des Fuji verschrieben hat, die Fujiko. Einmal im Jahr besteigen sie gemeinsam ihren Berg. Auf Saibokus, Holztafeln, schreiben sie ihre Wünsche auf, Gesundheit, beruflicher Erfolg, Liebesbeziehungen. Dann werfen sie die Tafeln in ein großes Feuer, aus dem das schnell brennende Holz in grauen Schwaden fortsteigt; die Pilger hinterher. Der Yoshidaguchi-Pfad ist gesäumt von Schreinen, die kontemplativ und nach festen Riten begangen werden.

Warum begibt sich jemand auf Pilgertour?

Reinigung. Läuterung. Hoffnung.

Loswerden, Annehmen, Wunsch zur Änderung.

Der Weg vor mir ist verwachsen, Blättergrün, unter dem ich mich wegbeuge, manchmal nur mühsam erkennbare Spur. Der Pfad scheint von der Zeit abgelöst, ausgetauscht durch moderne Moden. Die ab und zu auftauchenden bemoosten Steinfiguren und Torbögen verstärken den Eindruck. Es ist mein Glück: Die Einsamkeit und das Unwegsame werden für mich zum Wert, der mich in meiner Bewegung trägt.

Ich weiß sehr wohl: Über mir, in etwa 2300 Metern, warten Scharen an Wanderern, die bis zur Baumgrenze, der vierten Station, in Bussen hochgekarrt werden, über eine befestigte Straße; die das Loslaufen aussparen. Von dort schlängeln sie sich die Vulkanpfade hinauf, in Strömen. Eine andere Art von Energie, eine andere Art des Pilgerns. Mittlerweile hat mich hoher Wald verschluckt, zwischen 20 bis 30 Meter hochragenden Bäumen bin ich selbst noch keinen Meter in die Höhe gegangen.

Der Fuji-san hat viele Übersetzungen, „endloser Berg", „reicher Krieger", „Blume", „Regenbogen". Wie kann etwas, mit nur einem Wort bedacht, so viele unterschiedliche Namen haben?

Es heißt, die Aussprache japanischer Schriftzeichen wandelt sich, und mit ihr die Bedeutung der Zeichen. Es ist nur ein kleiner Schritt zu dem Gedanken, dass sich mit der Bedeutung der Zeichen auch das Wesen des Bezeichneten ändert. Vielleicht entwickeln sich die Namen von etwas zu etwas anderem. Vielleicht haben sie nie etwas Konkretes gemeint. Vielleicht erscheinen sie dem Betrachter als Kippfigur, die spontan ihre Gestalt wechselt, werden zu einem „Mal so, mal so".

Meine Haare schon nass von der hohen Luftfeuchtigkeit wird der Wald dichter. Er nimmt mich auf. Ein paar zaghafte Schritte, ein Schnuppern: der Geruch von japanischen Rotkiefern. Zuletzt ein kurzer Blick auf den Weg hinter mir. Dann laufe ich los. Laufe einfach los, Waldwege hinauf, enge Kurven entlang, über Wurzeln, unter Ästen, an wuchernden Sträuchern vorbei; meine Beine, die unentwegt durch die Luft schwingen. Es läuft sich gut.

Mischwald nun, mal heller, mal dunkler, eine Aussicht taucht vor mir auf, zwingt mich zum Stehenbleiben. Ich schaue hinunter, ohne zurückzuschauen - so gewunden sind die Wege, dass ich längst den geografischen Überblick verloren habe, nicht mehr weiß, wo ich gestartet bin. Wanderer begegnen mir, eine Kindergruppe, die wohl kaum heute zum Gipfel steigt; sie grüßen herzlich, „Konnichiwa", mit leichter Verbeugung, auch ich, selbst in der Bewegung. Wir lassen die Zeit gegeneinander laufen: Die Beine bewegen sich voran, der Oberkörper beugt sich herüber.

Ich laufe einfach immer weiter.

Nach etwa vier Stunden erreiche ich die vierte Station - den größten Teil der horizontalen Wegstrecke habe ich geschafft, dazu 1500 Höhenmeter. Ich stehe nun auf 2300 Metern, warte auf den hinterherhinkenden Atem und schaue auf Menschen, die aus Bussen steigen, die sich in feinporiger Funktionskleidung aneinanderreihen; dicke Handschuhe, Selfies vor den ersten Wanderschildern. Für einen Moment werde ich Teil ihres wattegebauschten Aufbruchs. Wie Wattebäusche legen sich auch die Schleierwolken um uns, nicht unschön. Sanft stupsen sie uns auf das Wesentliche. *Da geht's lang.*

Keine Sorge, das hatte ich nicht vergessen. Weiterlaufen.

Unterwegs begegne ich Kraxelnden, 60-, 70-, 80-jährig. Einmal im Leben auf den Fuji. Seit der Busstation tragen viele der Wanderer Sauerstoffgeräte, die aussehen wie auf den Rücken geschnallte Wasserkocher; auch Jüngere, die ihrer Ausdauer nicht trauen, eine Frau, die für eine andere die Sauerstoffflasche trägt, ein Schlauch, der von ihrem Rücken hinüber zum Mund der anderen reicht. Drumherum Kinder, die die Aufregung der Erwachsenen spüren, die mehr zu ihnen als hoch zum Gipfel schauen. Die Menschenmenge verdichtet sich auf dem schmalen Weg.

Die Japaner sagen: „Wer einmal auf den Berg Fuji steigt, ist weise. Wer ihn zweimal besteigt, ist ein Narr." Vielleicht ist es gut so, diese sprichwörtliche Reglementierung, vielleicht müssten sie sonst weitere Wege in den Vulkan hauen.

Die größten Schlangen sind am Fuji-san nachts zu erwarten: Der Sonnenaufgang vom Fuji betrachtet gilt als „legendär", als „einmalig". Ich stelle mir das vor wie in den Tempeln von Angkor Wat, in Machu Picchu oder an der Golden Gate Bridge: Du reckst den Kopf hinter den Menschenmassen und stimmst ein in das sich jeden Tag wiederholende kollektive „Ah", einfach, weil du hier bist, weil du früh aufgestanden bist, weil du gelesen hast, wie besonders es ist. Hinterher beschreibst du es dann selbst als toll, weil du fürchtest, durch Zweifel deine Erfahrung zu schmälern. Vielleicht kommt daher die nebelumwundene Schüchternheit des Fuji - eine Provokation, eine Zumutung an das störungsfreie Erleben.

In der Schlange zu gehen, fühlt sich an wie Stillstehen. Mich hält es nicht lange in der artigen Reihe, auf die Stöcke gestützt, stoße ich mich ab vom Boden und an den anderen vorbei. In großen, breiten Schritten ziehe ich mich in Richtung Spitze.

Die Koordination der Körperteile klappt immer besser, auch hier, wo es vulkansteiniger, gerölliger und steiler wird. Mein Atem geht schwer, der Puls schnell; der Kopf schwirrt leise - doch das Dauerlächeln überzeichnet alles. Je schneller ich werde, umso stiller wird es. Ich rausche im Sinne des Berges.

Als ich die Wolkengrenze erreiche, entlädt sich mein Glück in Tränen. Es hinterlässt Schlieren auf meiner von Schweiß und Staub angebräunten Haut.

Der Fuji ist ein Anfang. Das ahne ich im Hochschwingen.

Natürlich ist es nicht das erste Mal, dass ich laufe - aber Loslaufen ist anders als Laufen. Loslaufen ist Lustgewinn, der das Weiterlaufen zur Notwendigkeit macht.

Ich will mehr davon.

Der Weg schlängelt sich weiter den Gipfel empor. Nicht besonders schön, nicht besonders anspruchsvoll; dunkelbraunes Vulkangestein, straffe Seile als Halt und Grenze. Gerade der richtige Schwierigkeitsgrad. An den Hütten, die den Weg alle paar Hundert Meter aufwärts säumen, liegen kleine Plateaustücke. Ich halte nur kurz an. Zwischen Wasserkocherträgern balancierend schiebe ich mir abwechselnd Cranberries und Salznüsse in den Mund, aus halb vollen Händen, immer das, was mein Körper gerade braucht. Das spüre ich jetzt genau.

Nach sechseinhalb Stunden Wandern und Laufen erreiche ich den Gipfel. Natürlich erkenne ich ihn daran, dass keine Wege mehr höher führen, nur noch im Kreis. Aber sicher auch daran, dass direkt vor mir ein Kaffeeautomat steht, einfach so, am Rand des Vulkankraters; mit Kabeln, die im Nichts verschwinden.

Es ist gut so. Nach den Stunden anstrengender Besteigung habe ich tatsächlich unglaubliche Lust auf Kaffee. Woher wussten die das? Warmer Dampf steigt aus dem braunen Plastikbecher.

Die Toilette ist am äußeren Kraterrand gebaut, unmittelbar neben dem Weg. Die einzelnen Kabinen sind durch dünne Holzwände unterteilt und mit Stroh ausgelegt; zwischen Dach und Kabinenkante kann man ein Stück Himmel erkennen. Dreimal komme ich wieder, dreimal zahle ich brav bei der älteren Dame im Kassenhäuschen.

Es ist kalt und windig hier oben. Die modernen Pilger ziehen sich die nächste Schicht Funktionskleidung über.

Auch längst nachdem ich den Becher in einem der Mülleimer versenkt habe, lässt mich der Kaffeeautomat nicht los. Überall in Japan sind diese Maschinen zu finden, überall, wo auch nur ein wenig Vorstellung besteht, dass ein Mensch sich einmal an diesen Ort vorwagen könnte; überall. Die Vending Machines sind ein Symbol der Freiheit: Jeder kann sich so einen Automaten als eigene kleine Unternehmung anschaffen. In Tokyo sind allerdings mittlerweile wohl alle - bereits ständig erweiterten - Plätze belegt. Hier auf dem Fuji könnte ich mir noch zwei oder drei Örtchen vorstellen. Und sicherlich auch reges Interesse am typischen Sortiment, Elektrolytgetränke, Regencapes und Leberwurst-KitKats.

Wie wach ich bin, meine Beine tänzeln am Kraterrand, als wäre ich Drahtseilartist, und sie sind geübt in dem, was sie da tun. Ich verzichte auf eigentlich obligatorische Gipfelfotos, drehe eine Runde mit Blick abwechselnd auf das rot-schwarze Kratergestein mit den dazwischen schimmernden gelben Blüten und in die mir mittlerweile hoch gefolgten Wolken. Der Fuji-san bedeckt sein Gesicht, fast frigide; wo wir uns nun schon so gut kennen. Vielleicht will er Raum schaffen für die nächsten Ankommenden, vielleicht ist es Zeit für einen Abschied. So laufe ich den Berg wieder hinab.

Es gibt zwei Wege am Fuji, einen für den Aufstieg, einen für den Abstieg; Berührungen Entgegenkommender sind ausgeschlossen. Bei näherer Betrachtung ergibt auch die Wahl der Wege ästhetisch und psychologisch Sinn: der Aufstieg mit kürzeren Wegen und Wenden, steilerem Gefälle; einige Unwegsamkeit, Felsbrocken, so belassen, womöglich künstlich angereichert. Der Abstieg zwar länger, aber auf breitem Weg und mit geringem Gefälle: hochgradig unspektakulär. Er zeigt an: Du hast dein Abenteuer schon hinter dir, es geht nach Hause, in aller Gemütlichkeit.

Wäre man über diesen Pfad schon hinaufgestiegen, das Gipfelerlebnis wäre blass geblieben: zu gering die Herausforderung, zu wenig wäre die Besteigungslust entfacht.

Ich verweigere mich dieser Unterscheidung von Hin- und Rückweg. Ich beginne, bergab zu laufen, ich renne, bei jedem Schritt beide Füße für einen langen Moment in der Luft.

Die Stöcke, die beim Aufstieg meinen Körper stützten, mir Auftrieb und Tempo verliehen, schützen mich nun vor allzu hoher Geschwindigkeit und Kontrollverlust. In den Kurven ramme ich den äußeren Stock in die Erde und stoße mich seitlich zurück in die Bahn. Staub wirbelt auf. Es raschelt laut. Kleine Steinchen, die größere anstoßen, rollen meinen Füßen nebenher, der Klang aneinanderstoßender Hartkörper, ab und zu einer, der meinen Knöchel trifft. Kleine Kiesel fallen in den Abgrund; japanische Paare, die sich erschrocken wegducken.

Ich habe keine Angst vor Überschwang - ich will ja da runter.

Auf 2300 Metern verabschiede ich mich von den Massen, und mit der Nachmittagssonne geht es in den Wald. Ich rechne: Halte ich mein Tempo, schaffe ich es gerade vor Einbruch der Dunkelheit zurück in meine Bergkleinstadt.

Ein letzter Blick von oben auf die Baumwipfel. Woran erkennt man, dass etwas Neues beginnt?

Der Weg wird immer anstrengender, er zieht sich; Müdigkeit schlägt durch, das Auf und Ab, beinahe 3000 Meter rauf und runter; nicht spurlos, nicht spurlos. Ich löse mich auf: Ich kann meinen Sinnen nicht mehr trauen, es ist windstill, und alles bewegt sich im Wald, die Baumstämme beginnen zu wandern, unbekanntes Etwas zischt durch das Gebüsch. Meine Rezeptoren stehen unter Dauerfeuer, es dauert, bis die Verarbeitung gelingt, und ich denke, das kann ja gar nicht sein. In meinen Ohren herrscht Negativrauschen, hohler Nacheffekt der Höhe; ab und zu das Fiepen der Zikaden, deren Geburtsrufe auch ihre Todesschreie sind.

Vielleicht bewege nicht ich mich durch den Wald, sondern der Wald sich an mir vorbei, durch mich hindurch.

Gerade bricht die Dunkelheit an, als ich von hinten durch das rote Tor des Sengen-Schreins auf die Allee mit den hohen Bäumen trete; dahinter die flimmernde Kleinstadt mit ihren flachen beigen Häusern, den hellen Straßen und Stromleitungen. Mein Blick gewinnt an Festigkeit. Es ist nicht mehr weit.

Ich bin so erschöpft, dass ich nichts will. 44 Kilometer, 3000 Höhenmeter; zwölf Stunden unterwegs, beinahe ununterbrochen.

Als ich am Hostel ankomme, steht dort der Glatzköpfige auf der Türschwelle, die Arme in die Seiten seines Kimonos gestemmt. Aufmerksam schaut er mich an. Ich reiche ihm die Stöcke. Er nickt bloß. Zufrieden, wie mir scheinen will.

Ich habe keinen Hunger. Ich bin so erfüllt, dass ich nichts will. Ich lege mich in die untere Ebene des Doppelstockbetts. Es ist 19 Uhr.

Am nächsten Morgen sitze ich mit dem Glatzköpfigen am Frühstückstisch. Wir essen Reis mit Eiern und Natto, einer klebrigen Masse aus fermentierten Sojabohnen. Wir spülen nach mit pechschwarzem Kaffee.

Der Glatzköpfige schaut mich an, kneift ein Auge zusammen: „Running up mountains, eh. Must be exhausting. And kind of dangerous, I'd assume."

Ich schüttle den Kopf, lächle ihm zu.

Was soll ich sagen, er weiß es ja schon.

Klar ist es gefährlich, sich zu ändern.

Ich sitze im Bus zurück nach Tokyo, spüre die Erschöpfung körperlich wie geistig. Die Leere ist angenehm.

Als ich vom Dach der Tokyo Busstation einen Blick auf den 150 Kilometer entfernten Gipfel des Fuji werfe, kommt es mir unglaublich vor: Unglaublich, dass ich einmal einer gewesen bin, der nicht dort oben war, der nicht spontan dort hinauf- und hinuntergelaufen ist.

Ich koste den stärker werdenden Muskelkater aus, ich habe ihn liebgewonnen, er bezeugt das Erreichte. Schief lächelnd kaufe ich mir im 7-Eleven auf dem schmalen Grünstreifen zwischen zwei verkehrsreichen Straßen eine Zwölferpackung Maki-Sushi. Ich esse den rohen Fisch zwischen Gedanken an den nächsten Lauf und Abgasdämpfen wartender Toyotas.

Das trostvolle Knacken des Möhrenbruchs

Berlin

In der achten Runde senken sich meine Augen dem Boden zu, wie um der trügerischen Hoffnung zu entgehen, die ein aufrecht gerichteter Blick birgt. Der Körper trägt den Kopf dabei, so gut er kann. Gedanklich gehe ich schon die nächste Runde durch, immer das Gleiche: der enge Durchgang zwischen Säulen und Treppe des Sportheims, der begraste Weg am Metallzaun, über mir aufragend die Flutlichter.

In der Peripherie meines linken Auges nehme ich die schwarz-grünen Salming-Schuhe meines Trainers wahr, Egidijus; darüber blonde Härchen, eine rote Adidas-Hose. Die Oberkante meines Blickfelds endet an Egidijus' Hand, in der in natürlicher Verlängerung die Stoppuhr erscheint, ein längliches Sechseck mit unzähligen Knöpfen und Funktionen, mit denen Egidijus die Zeiten unserer ganzen Trainingsgruppe gleichzeitig und für jede Runde einzeln aufnimmt.

„Jawoll, sieht gut aus."

Ich nicke so kraftsparend wie möglich, laufe weiter. Den Blick habe ich starr auf einen imaginären Punkt etwa 20 Meter vor mir gelegt; ich folge ihm wie der konditionierte Hund dem fahrenden Lichtpunkt in einem nächtlichen Hunderennen.

42 Runden liegen noch vor mir, insgesamt 50-mal soll ich das Oval des Mommsenstadions in Berlin-Grunewald umrunden - nicht unten auf der 400-Meter-Tartanbahn, wie man es eigentlich tut, nein, auf dem schmalen Stück außen um die Tribünen, als wäre dies eine anerkannte Strecke für besondere Läufe. Egidijus sagt, außen herum sei besser. Auf dem Oval der Tartanbahn würde man ja auf Dauer verrückt werden. Ich laufe die 500 Meter der Außenbahn, 50 Mal. Ob ich verrückt dabei werde, kann ich nicht beurteilen.

Bis Runde 25 zähle ich aufwärts. Danach arbeite ich die Runden im Countdown ab. Ich schaue hinunter ins Stadion. Filip, Matt und Nikolai bewegen sich nicht. Was machen die denn, haben die schon Feierabend? Ich laufe weiter. Nachdem wir letzte Woche in der späten Dämmerung beinahe im Dunkeln liefen, zeigt sich der Platzwart heute kooperativ: Die großen Stadionlichter gehen an, erst als schwacher Schein, dann als immer helleres Leuchten.

Alle paar Runden wartet mein Trainer Egidijus auf den obersten Stufen der Tribüne, unbarmherzig, wirft mir irgendeine Zahl zu, die ich auf den nächsten 300 Metern einzuordnen versuche. Wenigstens habe ich dadurch etwas zu tun.

Ich versuche, gleichmäßig weiterzulaufen, versuche, das Vergehen der Zeit zu beschleunigen: Jede Runde schaue ich an der Einbiegung zur Haupttribüne einmal auf die große Stadionuhr. Der Zeiger dreht sich ähnlich langsam wie die Rundenzahl sich reduziert.

Von oben sehe ich, wie die anderen sich umziehen, Matt und Nikolai verabschieden sich. Filip bleibt noch ein paar Runden.

Er ruft mir etwas zu: „Come on, Flo, don't give up."

Ich ärgere mich, weil ich das nicht vorhatte.

Glücklicher Nebeneffekt: Das Ärgern gibt mir Energie. Je näher ich der letzten Runde komme, desto deutlicher spürbar wird der benötigte Energieaufwand. Er bewegt sich nicht linear, viel eher ist es so, als würde er sich von Runde zu Runde potenzieren. Der Körper baut ab, er schreit nach Nährstoffen, nach Sauerstoff, nach Erholung. Jetzt trägt der Kopf den Körper, bis ins Ziel. Ich stoppe, erleichtert.

Egidijus, der verzögert aufschaut und fragt: „Waren das schon 50?"

Ich erlebe kaum mehr Unmittelbarkeit als in den letzten Momenten eines anstrengenden Trainings oder eines Wettkampfs: Ich muss bloß laufen, sonst nichts, jede Aktion ruft eine Reaktion hervor. Das Weiterrollen meiner Beine bestimmt über die Zeit: Sie wird angehalten, konserviert, sobald ich die Ziellinie erreiche. Zeit wird zu etwas sehr Konkretem, wenn sie auf einer Stoppuhr festgehalten wird; im Training und Wettkampf bekommt sie eine fassbare Bedeutung.

Die auf der Uhr festgehaltene Zeit ist - im besten Fall - ein Gradmesser des Erfolgs. Weitere sind, überhaupt Zeit zum Laufen gefunden zu haben und dadurch die Zeit zum Laufen gebracht zu haben.

An manchen Tagen schleppe ich mich zum Training, angezählt vom Arbeitstag, bin schon vor dem Warmlaufen erschöpft. Dann ist der erste Erfolg, auf die Bahn zu treten, der zweite durchzuhalten und der dritte, mich einem übergeordneten Ziel anzunähern. Durch Wettkämpfe, Zeitträume, sozialen Ansporn bildet sich ein feingliedriges Zielkonstrukt, das bis in die kleinste Ebene eines Trainings reicht und Wirkung aus ihr zieht.

Die Unmittelbarkeit: Der Erfolg ist genauso greifbar wie die Qual auf dem Weg dorthin.

Und manchmal ist auch die Qual selbst schon Erfolg, an Tagen, die in spröder Belanglosigkeit dahingegangen sind, an denen sich die Existenz abgenutzt anfühlt. Dann ist der maßvolle Schmerz eine willkommene Empfindung - er fühlt sich bedeutungsvoll an.

Das Stadion ist ein Ort des Wissens. Ich lerne bei Egidijus mehr, als ich überhaupt an existentem Wissen erahne, die elementaren Unterschiede der Trainingssysteme in Ost- und Westeuropa, Gemeinsamkeiten von Marathonlaufen und Balletttanzen. Egidijus hat mir eine Reihe virtueller Trainer und Betreuer abgelöst, denen beinahe jeder recherchefreudige Laufanfänger einmal begegnet: dem berüchtigten „Countdownplan" von Peter Greif, „[Der Plan] ist hart, fordert viel und ist extrem gefährlich - vor allem für Ihre Bestzeit"; der „Laufbibel", dem „Standardwerk zum gesunden Laufen"; und Herbert Steffnys „Großem Laufbuch", samt den Fotos von Steffnys unvergleichlichen Wuschellocken. Mit Egidijus habe ich endlich einen Trainer aus Fleisch und Blut gefunden. Nebeneffekt: jemanden, der bemerkt, wenn ich mal etwas abkürzen möchte, der darauf reagiert.

Eigentlich hatte ich nach Erreichen einer neuen Bestzeit beim Berlin-Marathon, 2:39:46, mit dem intensiven Laufen aufhören wollen.

Egidijus tippte sich bloß mit dem Zeigefinger an die Stirn: „Einmal Läufer, immer Läufer."

Mir bleiben 10,5 Wochen bis zum Marathon. Eng bemessen für einen, der gerade erst wieder ins Training einsteigt - und für einen, der sich einredet: Ich habe Großes vor. Immerhin nichts Neues: Für meinen ersten Marathon, im Herbst nach der Fuji-Belaufung, habe ich sechs Wochen trainiert, für die folgenden acht und zehn. Zwischendurch mehrmonatige Laufabstinenzen. Meine Laufroutine besteht aus dem totalitären Diktat eines „Ganz oder gar nicht". Während ich beides will, ertrage ich weder das eine noch das andere als Dauerzustand.

Aus dem „Gar nicht" heraus ist es dann jedes Mal irgendein nicht vorherzubestimmender Impuls, ein Zufall, eine Unzufriedenheit, eine attraktive Möglichkeit, und es heißt: Jetzt ist Marathonzeit.

Filip, der schlaksige Belgier und unverzichtbare Laufkamerad, fragt nach jedem Marathon: „Na, Flo, wie lang geht's dieses Mal in den Winterschlaf?"

Wie er das sagt, in seinem flämischen Akzent, klingt das wie die süßeste Verlockung, die auf der Welt vorstellbar ist.

„There is a time for everything." Alles hat seine Zeit.

Natürlich gibt es da dieses immerwährende Ziel, das auch da ist, wenn ich nicht trainiere: irgendwann den Marathon unter 2:30 laufen. Die *magische Marke.*

Die Wiederholungen des Trainings sind selbstverordnete Zwangshandlung, das Laufen ein Wahn, von dem ich nicht lassen kann. Das Gefühl, einen Sinn zu haben, die konkrete Ahnung, wie ich diesem zutragen kann. Marathonmonate sind Sucht, sie bestimmen mein Leben vollumfänglich; sie sind Therapie: Sie geben mir einen klaren Fokus; nicht zuletzt Illusion: das Gefühl von Plan und Kontrolle.

Der Wahn wird sichtbar, wenn meine Ziele und der Weg dorthin sich sehr von denen anderer unterscheiden. Indem ich abweiche, meine Zeit und Mühen nicht in den nächsten Karriereschritt oder materielle Anschaffungen investiere.

Als ich mich nach dem 50-Runden-Dauerlauf auf mein Fahrrad schwinge, krampfen meine Waden. Ich strecke die Beine durch. Geduldig warte ich auf den Moment, wenn sich die Verhärtungen lösen, und radle dann in fixem Tempo am Grunewald entlang durch den Tunnel der S-Bahn-Station; vorbei an den Botschaften von Kuwait, Katar und Benin, Villen von Familiendynastien, die ihr Geld in Industrie oder Anwaltschaft gemacht haben; kreuze die Straßen am *Wilden Eber* - der kleinen Bronzestatue, die Paul Gruson in den 1920er-Jahren schuf; heute markanter Punkt während des Berlin-Marathons: ein Gewusel an Menschen, herausgeputzt in Grunewald-Schick und mit Weinglas-Armen; Kinder, die mit Glücksgesichtern kleine Hände zum Abklatschen ausstrecken. Die letzte Steigung meines Nachhausewegs, vom Friedrich-Wilhelm-Platz zur Feuerbachstraße, ziehe ich noch einmal an, plötzlich energetisiert vom nahen Ziel. Als ich ins Treppenhaus trete, krampfen meine Waden erneut. *Alles hat seine Zeit.* Jetzt ist die Zeit für Salz.

Weil ich zu faul bin, meinen Schlüssel herauszuholen, klopfe ich an die Tür.

Lydia, mit der ich seit einem Jahr in der kleinen Wohnung in Berlin-Friedenau wohne, öffnet verspielt die Tür nur einen Spalt.

„Na, hast du dich verlaufen?“ Sie zwinkert mir zu.

Ich weiß nicht, was ich antworten soll, und bin sehr froh, als sie die Tür komplett aufzieht.

Ich stürze geradeaus in die Küche und trinke drei volle Ladungen Wasser aus einem bunt beklebten Weizenglas, eine Erinnerung an den Mittelrhein-Marathon. Eine davon versetze ich mit einem Viertel Teelöffel Kochsalz.

Wir essen Lachsfilet mit Rosmarinkartoffeln und Salat, Romana, Tomaten, Karotten und Rote Beete für die Eisenzufuhr. Bei jedem Bissen Lachs fühle ich nicht nur die Zartheit des Fischfleisches, ich spüre regelrecht, wie die Regeneration in meinem Körper voranschreitet; wie die Eiweiße und Fettsäuren mich dabei unterstützen, schon am nächsten Tag wieder alles geben zu können. Für einen Moment schließe ich genüsslich die Augen.

Lachs-Luxus. Eine Ausnahme, die ich mir angesichts des hohen Fettanteils nur nach wirklich harten Einheiten erlaube. Ich tanze Tango mit meiner Psyche, in wechselnder Führungsrolle. Manchmal tragen die sehnsuchtsvollen Gedanken an das Essen durch ein gesamtes Training. Lachs, wahlweise auch Kaiserschmarrn. Nie schmeckt mir Essen besser als nach einem fordernden Training.

Als Nachtisch gibt es Magerquark mit Banane und Walnuss - nicht zu viel, auch wenn es die guten Fette sind. Ich überlege, noch ein Stück Schokolade zu essen, vertage das aber aufs Wochenende.

„Super“, sagt Lydia, „nun habe ich ein schlechtes Gewissen, mir ein Stück zu nehmen.“

Zum Glück tut sie es trotzdem.

Aus dem Ratgebersatz „Marathon muss nicht nur Verzicht sein“ höre ich als zentrale Botschaft: „Marathon ist Verzicht.“ In jeder Trainingsphase stürze ich mich in eine Gladiator-Attitüde und Verzichts-Heroismus. Morgens Haferflocken, Obst, streng rationierte Krümel Knuspermüsli; mittags ein Sonderdeal mit der Kantine: Kartoffeln, zweierlei Gemüse, keine Sauce, manchmal Couscous-Salat, mit ein, zwei Bröckchen Schafskäse; abends nicht selten Brot - aber nicht zu viel, kurz vorm Schlafengehen brauche ich die Energie der Kohlenhydrate kaum - oder Linsen-, Tofu-, Eiergerichte. Beinahe immer dabei: Magerquark und Rohkost.

Das Essen von rohen Karotten hat sich mittlerweile zur Antwort auf alle möglichen Herausforderungen des Lebens entwickelt. Es ist wahr, wenig spendet mir so viel Trost wie das Knacken des Möhrenbruchs.

Das Ziel dabei ist es, möglichst schnell zu einem fitten Körper zu kommen, fit gleich fettarm und funktionstüchtig - Phänotyp hager und sehnig. Dazu versuche ich, auf Genussmittel zu verzichten, konzentriere mich auf die entscheidenden Nährstoffe.

Ich lese von einer Studie, in der Ratten die Einnahme ihrer gewohnten Nahrungsmittel entzogen wurde, ihnen stattdessen die Nährstoffe in Rohform gespritzt wurden. Alle Versuchsratten starben.

Manchmal gehe ich abends noch mit einem kleinen Resthunger ins Bett, verlasse mich darauf, dass die Träume ihre Rolle als Hüter des Schlafs erfüllen und ich, um nicht aufzuwachen, in meinen Träumen die fehlende Nahrung aufnehme.

Was ich mittlerweile merke, selbst Essbedürfnisse und -gewohnheiten sind spiralenförmig angelegt, wirbeln in die eine oder andere Richtung. Mache ich keinen Sport, spüre ich automatisch ein erhöhtes Bedürfnis, mich ungesund zu ernähren. Ich habe dann nicht nur mehr Lust auf Süßes und Fettiges, ich finde auch, eine Tüte Chips, Bier und ein paar Kekse auf der Couch passen einfach gut zu dem Lebensstil, den ich da gerade führe. Beginne ich dann - aus welchem Anlass auch immer - damit, wieder Sport zu treiben, ändern sich meine physiologischen Bedürfnisse automatisch mit. Ich habe wieder mehr Lust auf Kartoffeln und Quark, Gemüse, Tofu, Linsen, Fisch, logisch, ich brauche schlicht mehr Nährstoffe, etwas Reales. Der Körper merkt das, er fordert das ein; innere Prozesse, die den Appetit steuern. Und plötzlich ist auch der Lifestyle einer gesunden Ernährung wieder verdammt attraktiv, Fett, Zucker, all das Klebrig-Gemütliche hingegen verpönt.

So einfach ist das.

Wir räumen die Teller ab und lassen uns auf die Couch fallen: erstmal runterkommen. Ich hänge da, völlig erschöpft, aber auch irgendwie leutselig, stolz auf das Durchgestandene, entrückt optimistisch. Als ob ich gerade eine große Prüfung bestanden hätte und das Glück darüber mitsamt dem Im-Mittelpunkt-Stehen noch weiter auskosten wollte. Rein aus Vernunftgründen geht's dennoch ins Bett. Einer der wichtigsten Faktoren für eine gute Regeneration: viel und gut schlafen.

Schnell findet Lydias Atem einen gleichmäßigen und ruhigen Rhythmus. Ich liege da, müde, doch an Schlaf ist nicht zu denken. Das Adrenalin wirkt nach, die körpereigenen Hormone, die mich warnen: Bleib wachsam, die Gefahr ist nicht gebannt, irgendetwas kommt da noch. Ja klar, aber doch sicher nicht mehr heute. Oder? Dazu die Britzelbeine, etwas Wunderbares, weil Lebendiges: Es arbeitet in meinen Waden, alienhaft bewegen sich Muskelstränge, drängen unter der Hautoberfläche hervor, kleine Delfine, die springend und spielend Touristen auf einem Ausflugsboot unterhalten. Ich schaue ihnen gerne zu, wie sie kommen, gehen, überraschend auf- und abtauchen, merke, wie sie ihre sanften Sprünge unter meiner Haut vollziehen. Die Muskeln versuchen, sich nachträglich an die eben geforderten Leistungen anzupassen. Unbedingt wollen sie es beim nächsten Mal richtig machen, besser.

Irgendwann schlafe ich ein. Im Schlafen werde ich dann selbst zum Delfin: Ein Auge und eine Gehirnhälfte bleiben wach, stets bereit. Das ist der Kompromiss.

Ich wache dreimal auf in der Nacht, um mich, durchgespült durch das späte und wiederholte Wasserhumpen-Stürzen, zu entleeren. Am nächsten Morgen bin ich gerädert. Nur mühsam komme ich in Tritt auf meinem Zehn-Kilometer-Regenerationslauf zur Staatsbibliothek Ost nahe der Friedrichstraße.

Ich zwinge mich dazu, aufmerksam an der Dissertation zu arbeiten, bedränge mich, zu schreiben, zu lesen, zu denken. Immer wieder schweifen meine Gedanken ab. Durch die Müdigkeit gnädig gebe ich den Abschweifungen jede Stunde ein bis zwei Minuten nach. Ich spüre den Körper, das Körperrumpeln nicht, bis ich aufstehe und sich mein Körper in Einzelteilen zur Treppe aufmacht. Die Treppe der Bibliothek ist das zentral im Raum angelegte Portal, jeder, der sich zu ihr hin oder von ihr fort bewegt, wird von den anderen aufmerksam beäugt. Dichtes Arenaflimmern: Für die soziale Akzeptanz ist es unablässig, hier eine gute Figur zu machen. Ich greife nach dem Geländer und frage mich, ob die anderen das Heroische in meinen kantigen Bewegungen erkennen.

Oder bloß einen Humpelnden sehen. Einen vorschnell Gealterten.

Meine Dehnübungen am Tisch verschleiere ich durch das Fallenlassen und Aufheben einer Papierseite.

Die Verabredung zum Mittagessen sage ich ab. Zu anstrengend.

Der Marathon ist immer da: Er hockt im Halbschatten des Unbewussten, geiernd auf den richtigen Moment, ins Licht zu rücken; eine kleine Nachlässigkeit, eine Lücke zwischen zwei Konzentrationszügen, und er überspringt die Gleise hinüber zur Seite des Bewussten, seine Gegenwärtigkeit umso deutlicher machend, als er es direkt ausschreit: „Ich bin da, ständig."

Manchmal erscheint er auch als der blinde Passagier, den man, einmal entdeckt und akzeptiert, aus den Gedanken ziehen lässt - der sich jedoch bei jeder Fahrkartenkontrolle wieder in die Erinnerung drängt.

Es hat etwas Teuflisches, wie sich der Marathon in verschiedenen Wesen äußert: als Gedanke an das gestrige Training, als plötzlicher Schmerz, als wundervolles fernes Ziel, als wundervolles nahes Ziel, als Druck, als Aufgabe, als gedankliche Vorstellung eines körperlichen Aktes, als etwas, das nach Optimierung verlangt.

An manchen Tagen schaffe ich es, die Gedanken in den Abend zu schieben, auf das Aufwärmen für das Tempotraining oder einen regenerativen Lauf.

Filip sagt, es kann kaum etwas Besseres passieren, zwei große Projekte, intensive Arbeit und Marathon, zur selben Zeit.

„Es ist doch ganz einfach, Flo, du kannst die Disziplin und die Konzentration aus dem einen ins andere mitnehmen. Schau mal, so bist du darauf eingestellt, die Sachen aktiv voranzutreiben. Gleichzeitig hast du wenig Raum und Zeit, zu hinterfragen. Optimal. Du bist doppelt diszipliniert, die Rhythmen stabilisieren sich gegenseitig. Ist doch geweldig, Flo, voller Fokus."

Ich weiß nicht.

Es ist schwer, gegen diese Logik zu argumentieren. Trotzdem will ich schreien, Filip, ich bin erschöpft, doppelt erschöpft und nur halb anwesend; weder beim Laufen noch beim Arbeiten bin ich voll da.

„Eh, Flo, du bist doch hier, läufst, verbesserst dich - was jammerst du."

Im Grunde hat Filip recht, voller Fokus: Wenn ich eh schon beim Training bin, kann ich dort auch alles geben. Und genauso: Wenn ich eh in der Bibliothek bin, kann ich mich dort auch auf das konzentrieren, was dort für mich zählt. Es sind die Gedanken an das jeweils andere, die mich abwesend sein lassen - nicht der Umstand, dass das andere auch existiert. Es kommt darauf an, beides auseinanderzuhalten, jeweils nur eins zu sein: Wenn ich trainiere, bin ich Läufer, wenn ich in der Bibliothek bin, dann als Wissenschaftler und Schreiber.

Bin ich im „Weder noch" - im Bett, beim Essen, auf Wegen, mit Freunden -, schwirrt mein Geist im Zwischenraum. Oft greift er sich dann an den Vorstellungen fest, die ihm am meisten Halt versprechen: Träume von schnellen Läufen und weiten Strecken. Vorstellungen, die sich real anfühlen, weil nur das Training, ein paar Wochen Zeit, mich noch von ihnen trennt.

Ganz abstreifen lassen sich die Zweifel nicht. Brutal ist es, wenn ich merke, dass die Arbeit meine Laufleistung einschränkt. Wenn ich nicht im Maximum trainieren kann - wofür das Ganze? Es fühlt sich an wie Selbstsabotage. Für Momente erliege ich wehrlos dem „Ganz oder gar nicht"-Druck. Und schon habe ich nicht zwei große Projekte, die einander ergänzen, sondern zwei, die sich gegenseitig bedrohen. Ist es wirklich so kompliziert?

Profiläufer haben das Problem nicht, bei ihnen sind Arbeit und Laufen eins. Nachdem Filip von einem Höhentraining in Äthiopien zurückgekehrt ist, erzählt er schelmische Geschichten von westweltlichen Aussteigern, die günstig wohnen, von Tag zu Tag leben, von Tag zu Tag laufen; er erzählt von Amateuren und Profis, die sich gezielt sechs, acht, zwölf Wochen vorbereiten, um im nächsten Lauf noch eine Minute rauszuholen; er erzählt von dem niederländischen Profiläufer, der in der achten Woche das Laufen gründlich satt hat, ständig meckernd längst nicht mehr einem eigenen Ziel zuläuft; der weitertrainiert, Tag für Tag, zwei- bis dreimal; der trainiert, weil es sein Job ist.

Durch das Laufen lerne ich, dass es vier verschiedene Arten von Müdigkeit gibt: eine des Kopfes, auf den Körper bezogen: „Ich kann nicht mehr"; eine des Kopfes, um sich selbst kreisend: „Ich will nicht mehr"; eine des Körpers, auf den Kopf bezogen: „Ich werde nicht mehr"; und eine des Körpers, auf sich selbst bezogen: „Es geht nichts mehr". Beinahe in jedem Lauf meldet sich eine von ihnen zu Wort.

Kreist der Kopf willensentleert um sich selbst, trösten ihn die Beine, die einfach weiterlaufen; der stummgestellte Kopf verliert seine Wirkkraft, die monotonen Körperbewegungen dröhnen laut. Droht der Körper dem Kopf mit Kündigung, ist es am Kopf, zu trösten: „Gleich geschafft, nur noch ein kleines Stück, wirklich." Der Körper ist naiv, er lässt sich besäuseln, ausbeuten, bis der Kopf sein Ziel erreicht.

Manchmal ist der Kopf stur und der Körper erschöpft. Einer spricht sein Missfallen laut aus, der andere fühlt sich ermutigt. Sie verbünden sich, rebellieren, steigern sich in eine Kaskade, an deren Ende ich langsam laufe oder stehe. Was bleibt denn da überhaupt noch, das weiterlaufen will?

An manchen Tagen bin ich dem Marathon machtlos ausgeliefert.

Lydia, die sich am Frühstückstisch beschwert: „Wann reden wir einmal über etwas anderes als den Marathon und dein Training?"

Die Marathonvorbereitung beeinflusst auch das Sexleben: Ständig zwickt irgendetwas, der Körper ist angespannt, oder ich bin erschöpft. Anfangs hadern wir noch, wagen zarte Versuche; im Laufe der Vorbereitung gewöhnen wir uns daran und peilen insgeheim die Zeit nach dem Marathon an.

An manchen Tagen wache ich mit kaltem Schweiß am ganzen Körper auf; an den Oberschenkelinnenseiten und den Waden verdichtet er sich zu einer Art fettem Talg.

Ich schalte das Licht an meinem Arbeitsplatz aus. Ein paarmal ist der Marathon in den Bibliotheksnachmittag eingebrochen, hat sich an der Eingangskontrolle vorbeigeschlichen. Wir finden einen Kompromiss: Ich suche nach Studien, die sich mit dem Thema Marathon auseinandersetzen. Studien, die sich mit Laktatschwellen beschäftigen, dem Einfluss von Barfußlaufen auf den Laufstil, der Güte von mit Wasser gestrecktem und mit Salz versetztem Apfelsaft nach einem Lauf. Ich konsumiere die Studien in Form von kurzen Artikeln, die für Sportmagazine geschrieben sind: Einzeluntersuchungen, denen ich folge, als wären es unumstößliche Wahrheiten.

Zum Tagesabschluss laufe ich in gemütlichem Tempo von der Bibliothek nach Hause. Der Marathon läuft neben mir.

Auf die Party des Freundes am Abend verzichte ich, ich kenne das: Die Alkohol trinkenden anderen kommen mir Nüchternem albern vor; ich langweile mich unter den Beschwipsten. Wenn ich keiner von ihnen sein kann, bleibe ich lieber zu Hause.

Der Marathon reist überallhin mit, er hat einen festen Platz im Gepäck und eine klare Meinung.

Alkohol und Marathon, das ist ein Thema.

Der Ägypter Abdel-Kader Zaaf hatte sich am 27. Juli 1950, mitten während der Tour de France, wegen Erschöpfung einen Moment unter einem Baum ausruhen müssen, irgendwo zwischen Perpignan und Nîmes. Zum Wachwerden träufelten ihm ein paar Zuschauer Wein auf die Zunge. Es half ihm tatsächlich auf die Beine, er düste los. Leider in die falsche Richtung.

Mehr als 65 Jahre nach dieser Episode höre ich ein Radiointerview. Die Interviewte, eine große Managerin, die kurz vor ihrem zehnten Marathon steht, schnaubt verächtlich: Längst habe sie das abgestellt, das allzu amateurhafte „in der Trainingsphase auf Alkohol verzichten". Anschließend zählt sie ihre Lieblingswodkamarken auf.

Marathon und Alkoholverzicht. Es ist ja so: Nach den ersten herausfordernden Wochen sinkt das Bedürfnis von ganz allein.

Trotz Alkoholverzichts arbeite ich auch in der Marathonzeit einmal wöchentlich in einem Weinladen: Statt zu trinken, schwenke ich die Weine ausgiebig, halte meine Nase tief ins Glas. Es muss wunderlich aussehen.

Manchmal sitzt auch dort im Laden der Marathon und sortiert Weine. Er klimpert mit den Flaschen, beißt beherzt von einer Möhre ab, streckt sich.

„Weißt du", sagt er kauend, „wenn ich dich hier so sehe ... Vielleicht solltest du doch lieber in einem Quarkgeschäft arbeiten."

Es dauert noch ein paar Wochen, bis ich den Marathon endlich abschüttle - indem ich ihn laufe. Im Verhältnis zur Vorbereitung ist der Lauf selbst bloß ein Wimpernschlag.

Vielleicht macht gerade das ihn so bedeutsam.

Zwischenläufe I

Märkische Schweiz New York Nara Schwarzwald

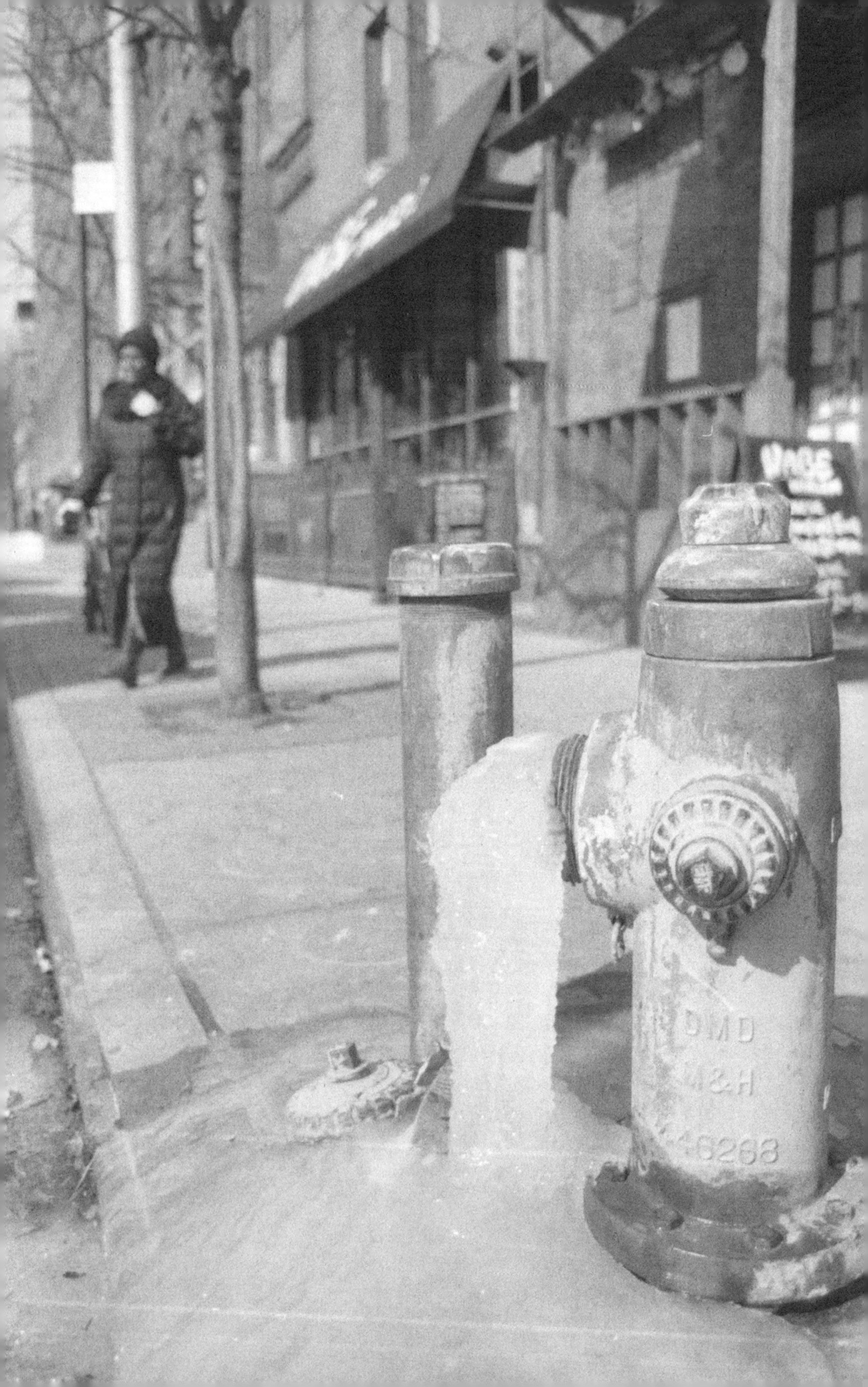

Meist endet das Training im Herbst, mit dem als Hauptlauf auserkorenen Marathon. Das Laufen bekommt dann eine andere Bedeutung: Es verliert an Dringlichkeit, Pointiertheit und Struktur. Es löst sich dabei nie ganz auf - es ändert bloß seinen Seinszustand.

Waldläufe in der Märkischen Schweiz, das Lichtspiel der Bäume, dunkelgraue Stämme auf dem Feldweg, das Schwirren und Klingen der Birkenblätter. Laufen auf Sandpfaden, blättergesäumte Weggabelungen, einladende Wanderschilder statt monotoner Runden im eng gewordenen Stadion. Ich laufe darüber hinweg, vermesse die Tiefe des Waldes. Es ist frühmorgens, die Sonne schlängelt sich durch die Baumreihen, kitzelt mir die Nase. Ich niese mit beiden Beinen in der Luft.

Wie laut der Wald ist, wenn man ihn lässt. Im Morast der Senke bleiben meine Füße kleben, es ploppt und platzt, wenn ich sie heraushebe. Einmal stolpere ich, weil der Körper den trägen Beinen davonprescht. Tschilpen die Vögel leiser oder lauter, wenn ich stehen bleibe? Sie interessieren sich kaum für mich. Immer wieder Wege, die an Hochsitzen, auf Lichtungen oder im Sumpfigen enden. Einmal laufe ich im Kreis, merke es erst, als ich schon mitten auf der zweiten Runde bin. Knittern und Knacken der Sandfichten. Orientierung am Sonnenstand, über bekannte und unbekannte Wege auf groben Pflastersteinen am Dorfbeginn; wie ausgespuckt.

Zwei Kraniche auf dem Weg vor mir, vertraut und stolz dicht nebeneinander. Als ich mich nähere, schnellen ihre Flügel breit zur Seite, beinahe stoßen sie sich: Absprung, Aufflattern, Segeln, Niederlassen. Hundert Meter weiter dasselbe. Sie gleiten zwischen den hohen Bäumen, ich laufe, ohne sie aus den Augen zu lassen; sie gleiten dahin, ohne mir davonzufliegen.

Auf dem fernen Feld fünf Tiere, die aussehen wie Alpakas, sich bewegen wie Füchse. Und doch müssen es Rehe sein.

Den Winter im Rückspiegel, klirrend kalte Läufe durch New York. Harlem am Sonntagmorgen, Gospel und Jazzfrühstück; Familien, die eng zusammenstehen, bis zu den Kleinsten in Anzug und Kleidchen. Wandbilder, Branntweinhände, Menschen, die an dampfenden Gullys stehen. Das Leben findet auf der Straße statt. Die Kälte friert mir den Atem ein, brennt sich hindurch bis zur Lunge; Nasenluft, feine Kristalle am Oberlippenbart. Ich flüchte mich zum Aufwärmen in ein Bankgebäude, wo ich warme Aufnahme in die Gruppe der Wartenden finde.

„Damn cold, eh?“

Lauf zu den Innennähten Brooklyns. Auf den dunkelgelben, dickbereiften Schulbussen hebräische Schriftzeichen. Ich laufe auf den menschenleeren Straßen, Shabbat. Am späten Nachmittag treten die Ersten aus den Synagogen und Reihenhäusern, Männer in schwarzen Mänteln, mit dunkelbraun glänzenden Schtreimeln aus Zobelschweifen oder Grisfuchsfellen, die sie in leichter Beugung mit der linken Hand dem Wind zum Trotz festhalten. Ihre Schritte sind klar bemessen, das Ziel ihres Weges traditionell und rituell bedingt. Ich laufe, gegen den Wind, solange ich kann und suche mir dann eine Subway-Station.

Während der Trainingspausen bewegen sich die Erinnerungen.

In Japan laufe ich am liebsten in der Dämmerung. Ich statte in Nara dem Daibutsu, dem großen Kosmischen Buddha, einen Besuch ab. Würde er sich in der um ihn herum gebauten Halle aufrichten, sicher stieße er sich den Kopf. Ob er die frische Luft vermisst? Ab und zu besuchen ihn Vögel, und die Nara-Hirsche schmiegen sich zahm an ihn, wärmen seinen Leib aus 450 Tonnen Kupfer.

Am Hokkedo-Tempel mache ich Treppenhüpfen, abwechselnd nehme ich jede Stufe und jede zweite Stufe mit, dann eine Schleife am Mannaoshi-Jizoson-Tempel entlang bis zur Bar am Scheitelpunkt. Ein Tanuki, ein Marderhund, steht dort auf zwei Beinen, hält mir auffordernd die Sake-Flasche hin, grüßt mich keck, zwei Finger am Strohhut.

Im Garten meines Hostels, einem traditionellen japanischen Haus, fließt das Wasser über stumme Steine. Ist es auf der Ebene angekommen, wird es über ein unsichtbares Rohr zurück zu den obersten Steinen gepumpt. Ein Kreislauf. Nach einiger Zeit des Schauens lerne ich, die Steine zu unterscheiden; vom Wasser verstehe ich nur, dass es fließt.

Abends schiebe ich die Shoji zu, die mit Papier bespannte japanische Schiebetür; matte Schatten, alles Äußere legt seine Deutlichkeit ab.

Die Erinnerungen tragen nicht weit, man bricht ein mit ihnen auf dünnem Eis. Die Erinnerungsbänder müssen ständig neu belaufen werden.

Die Reiselust lässt nie lange auf sich warten, noch einmal verschiebe ich den Trainingseinstieg: Fernlauftour im Schwarzwald, über den Westweg. Zusammenstauchen der Wanderetappen, es läuft sich einfach: immer dem roten Quader auf den Holzschildern nach. Am ersten Tag 75 Kilometer, der Laufrucksack anschmiegsam, ein Schlafsack, Verpflegung und Dostojewskis *Der Idiot* - 900 Seiten Datscha-Gefühl, Spaziergänge und schleichender Wahnsinn. Brunnen und Waldquellen füllen mir die Wasserblase, der undurchlässige Fichtenwald bedrückt mich bis zu dem Gefühl, hier oben alles Lebendige zurückgelassen zu haben.

Als es dunkel wird, die Suche nach einem Schlafplatz, die dicht aneinandergerückten Nadelbäume, das unruhige Gehölz; es lädt mich nicht ein. Ich erreiche eine unbeleuchtete Herberge, verschlossen. Auf der Rückseite ein weiterer Eingang, ich trete ein, laufe über den Flur; hinter einer zweiten Tür höre ich einen Fernseher. Ich klopfe. Der Gastwirt, verärgert, mehr noch überrascht, nimmt sich meiner an. Er erklärt mir den Weg zu einer versteckten Hütte, unten am Karsee. Ich muss ihm versprechen, es niemandem zu verraten. Im letzten Licht des Tages komme ich an: Wie ein verloren gegangener schwarzer Knopf liegt der See da, unergründlich tief zwischen steilen Karwänden, die der Sonne nur den Mittagsbesuch gewähren. Die Hütte steht offen, weite Öffnungen für Tür und Fenster, deren Einbau nie beabsichtigt war; innen Seitenbänke aus fünf faustbreiten, runden Holzstäben, Spuren hinterlassende Druckpunkte auf dem müden Läuferkörper. Ich sitze am Tümpel und esse Pumpernickel und Räuchertofu.

Nachts läuft zweimal etwas Schweres über meinen Körper; ich schüttele es bloß ab, wische es weg wie einen Albtraum. Ich bin zu erschöpft, um schlecht zu schlafen. Später liege ich doch wach: Es kratzt und knarzt. Ich schalte meine Stirnlampe ein, schiele aus zusammengekniffenen Augen auf die fette Ratte in der Ecke der Hütte. Sie mümmelt an einem Taschentuch.

Ich versuche, die Ratte zu verscheuchen, aber sie bleibt; sie hat recht: Ich bin hier der Eindringling. Ich packe meine Sachen, esse noch im Dunkeln am Tümpel eine Portion kalter Haferflocken und mache mich im ersten Licht auf die zweite Tagestour des Westwegs; es ist dunstig.

Im Bratwurst-dunst

Thüringer Wald

Renn-steig. Renn-steig. Renn-steig.

Ich sitze im verwaisten Regionalexpress, drücke mir die Nase an der Scheibe platt, während ich die Silben wie magische Worte vor mich hin hauche: Beim „Renn“ sauge ich die Luft tief ein, beim „steig“ lasse ich sie langsam fahren; ein dunstig-milchiger Nebel beschlägt die Scheibe. Meine Pupillen ziehen mit den Landschaften hinter dem Fenster mit, im gleichförmigen Rhythmus eines Diaprojektors suchen sie da draußen Fixpunkte, um sich an ihnen Stück für Stück vorzuhangeln. Zarte, dunkel bewaldete Schluchten tauchen auf, alles dicht vor den Augen verschwimmend, erst die ferneren Bäume nehmen plastisch Figur an. Renn-steig. Da, irgendwo vor mir liegt er, verborgen im Dicht des Thüringer Waldes.

Der weiche Bahnsitz lädt zum Abschweifen ein. Ein Augenschließen, und schon bin ich Kind, sitze zu Hause im niedersächsischen Braunschweig am runden Esstisch aus dunkler Esche. Die Sonne scheint ungeniert durch die breiten Velux-Fenster, vorbei am zeitgegerbten Holz der Rahmen, fällt in Mosaiken auf die vertraute Kopie des Kandinsky-Bildes *Jaune, Rouge, Bleu*. Noch ungeduscht und in sportwarmem Jogginganzug berichte ich meinem Vater von den eben erlebten Bundesjugendspielen. Er schaut mich an; ein Lächeln huscht über sein Gesicht, die Wangen erwärmen sich daran, seine Augen, sie glimmen. Da ist etwas, eine belebende Erinnerung. Und dann folgt seine Geschichte vom Rennsteiglauf, die ich im Lauf der Jahre noch unzählige Male hören werde.

Sie handelt von einer knatternden „Schwalbe“, die sich Berge hochmüht, von viel zu viel Bieren am Vorabend, von Zu-spät-an-den-Start-Kommen; einer trotz allem noch zur Hälfte gerauchten Zigarette, einem Startritual. Sie handelt vom Überholen, Hunderte, für die der Vorbeilaufende kein Auge hat. Die Geschichte endet jedes Mal gleich: „(...) hatte ich vielleicht einen Muskelkater danach, oh, oh. Das musst du dir mal vorstellen: ohne Training. Aber irgendwie war's klar, keine Frage, da läufste mit.“

Ich öffne die Augen. Die Orte streifen an mir vorbei wie vergehende Jahre. Ich reise nicht nur an einen Ort, ich reise in der Zeit. Reise mit der Geschichte.

Auch wenn sie nicht läuft, kennt auch meine Mutter den Rennsteiglauf. Mit ihr bin ich am Nachmittag verabredet, ein gemeinsamer Ausflug wie früher. Obwohl wir beinahe ein Dreivierteljahr vor dem Lauf die Suche begonnen haben, gab es keine Unterkunft mehr in Oberhof, Schmiedefeld oder in einem der kleinen Rennsteigdörfer dazwischen, denen heute noch der Schiefer ein von anderen Mittelgebirgsgegenden unterscheidbares Aussehen verleiht. Das blaue Gold, dessen matter Schimmer auf Dächern in kaum befahrenen Gegenden wenig bewundert wird.

Nur in Ilmenau, in dem noch vor dem Ersten Weltkrieg Kurgäste - nicht selten dabei die Weimarer Prominenz - zwischen thüringischen Nadelwäldern, Bergbaubrüchen und Porzellanmanufakturen faulenzten, war online noch ein Schlafplatz verfügbar gewesen. Hier wird am nächsten Morgen ein Shuttlebus abfahren, der mich zum Startort bringt.

Ankunft in Ilmenau. Als der Zug vor meinen Augen ausfährt, stehe ich still in einem Gefühl der Verlassenheit; zwei Stunden zu verbringen bis zur vereinbarten Treffzeit, dabei große Anstrengungen vor dem morgigen Lauf vermeiden. Ohne Orientierung spaziere ich vom Bahnhof los, insgeheim auf der Suche nach mir Vertrautem: malerische Orte, wie ich sie von Besuchen in Weimar und Jena kenne, feudale Architektur, ein nettes Gartenhaus mit grünen Fensterläden, Büsten vergangener geistiger Größen. Oder das liebgewonnene Typikum südthüringischer Kleinstädte: aus den erdgeschössigen Fenstern lehnende, von weißen Häkelgardinen und blassrosa Orchideen umrankte Rentnerinnen, die dem Fremden mit sinistrem Blick folgen. So als wäre er die Fremde selbst.

Stattdessen finde ich: im Himmelsgrau eintönige Fassaden, herausragende Satellitenschüsseln, eine mittagsleere Stadt.

Ich gebe auf, akzeptiere das Unvertraute, setze mich auf eine öffentliche Bank und warte auf den Nachmittag.

Alle in meiner Familie haben rote Autos, das war schon immer so. Ich erkenne den roten Honda Civic meiner Mutter sofort, springe auf und hinein; kurzer Check-in in der Unterkunft, dann weiter zum Abholen der Startunterlagen nach Oberhof. Erstes Kribbeln in der Magenkuhle.

Oberhof: Lotto Thüringen Arena, Biathlon, und das zum 20. Jahrestag der DDR am 7. Oktober 1969 eröffnete Panorama-Hotel, Sehnsuchtsort in Sprungschanzenform. Werbe- und Verkaufsstände, Intersport, TEAG, Thüringer Waldquell, Salomon, Läuferinnen und Läufer, die in ihren Sportinsignien, Laufschuhen und bedruckten Sportanzügen, schlendern, alle irgendetwas in der Hand, Starterbeutel, Bratwurst, Cola, so kraftsparend schlendern, dass man ihnen die Sportlichkeit kaum abnehmen will.

In mir wächst das Bedürfnis, mich aus diesem Massendruck zu entfernen. Ich spüre sie fast körperlich, die Boviscopophobie, „die Angst, als Herdentier angesehen zu werden". Eine herausfordernde Phobie für einen Läufer. Ein Spaziergang im Wald als Erste-Hilfe-Maßnahme; barfuß über den Matsch, ab und zu kitzelt ein Kiesel.

Am Abend fahren wir zu unserer Unterkunft in Ilmenau: ein platter Bau, Garagen, die zu Ferienzimmern umgebaut wurden. Gegenüber ein Partyraum, den man mieten kann. Heute: Feier zum 50. Geburtstag, ein großes Plastikschild, „Geschlossene Gesellschaft".

Die Zimmereinrichtung: hinter dem Bett Tapetenposter einer in der Savanne untergehenden Sonne, knallig rot-gelbe Bettdecken auf dünnen Schaumstoffmatratzen und Frotteelaken, auf den Regalen schwarze Giraffen in Groß und Klein, Krieger mit Speeren. Ein Schauer, der mir, Wirbel für Wirbel, den gebeugten Läuferrücken hinunterrinnt.

Beim Italiener in der Innenstadt üben sie sich in Improvisation: Weil der eigentliche Gastraum bereits gefüllt ist, sitzen wir auf Plastikstühlen im Flurbereich, passgenau gequetscht zwischen Eingangstür - dunkles Braun, zwei grobe Diamantkassetten, schwere Zwischenkämpfer und Wetterschenkel im TGL-Standard - und Treppe zur Anliegerwohnung. Die Unterseiten der Stufen verschwinden ins Unbekannte; ich stelle mir den unter Knarzschritten rieselnden Staub vor. Um uns kleine Grüppchen von Läufern, man erkennt einander an den Schuhen. Auf den Tischen der anderen Bier und Pizza, besonders beliebt Hawaii, Salami und Vier-Käse. Der Königsweg des Self-handicappings, der gekonnten Herbeiführung einer Ausrede für einen Leistungseinbruch am nächsten Tag: „Ihr habt ja gesehen, wie viel ich getrunken habe ..."

Im Bett lese ich noch ein paar Einschlafseiten aus Max Frischs Tagebüchern. Ich finde Entspannung in den melancholischen Gedanken. Die Savanne glüht im hellen Leuchtstoffröhrenlicht. Nur langsam weicht das mulmige Gefühl, und der Herzschlag beruhigt sich.

Das alles soll das berühmte Rennsteiggefühl sein?

Natürlich ist der Rennsteiglauf einzigartig. Es gibt wohl keinen weiteren Lauf, der neben einem eigenen Lied, „Ich bin ein lust'ger Wandersmann, so völlig unbeschwert", und einer Hymne, „Hei, hei, hei, ho, der Rennsteiglauf. Hei, hei, hei, ho, wir sind gut drauf", auch mit einem Walzer, „Doch bevor der Startschuss fällt, da singt die ganze Welt", aufwarten kann. Rennsteiglauf, fester Termin im Jahreskalender singfreudiger Laufgruppen.

Nach zwei Jahren Testläufen wurde der Rennsteig 1973 zum ersten Mal auf annähernd offiziellen Pfaden belaufen, durch die vier Laufavantgardisten, Frischtluftfreunde und Orientierungsläufer, Hans-Georg Kremer, Hans-Joachim Römhild, Wolf-Dieter Wolfram und Jens Wötzel, alle vier damals an der Universität Jena. Der Weg bekannt - eben den Fernwanderweg Rennsteig entlang -, Länge, Dauer und konkreter Zielort ungewiss. Das heißt: Loslaufen und mal schauen, wie weit wir kommen.

Die mobile Verpflegungsstation damals, für ermüdete Entdecker: ein Wartburg, der im nahe liegenden VEB Automobilwerk Eisenach gefertigte Personenkraftwagen, den die Steigungen und Kurven ähnlich mühten wie die Läufer. Bei etwa 100 Kilometern Laufstrecke dann die gemeinsame Entscheidung der Läufer: Eigentlich reicht's ja. Die Strecke war vermessen.

1975 gab es den ersten offiziellen Wettkampf, Taschenlampenstart um 1 Uhr nachts. Modifizierte lange Strecke, 50 Meilen, sprich 82 Kilometer: im Ziel 692 Männer, zehn Frauen. Kurze Strecke, 38 Kilometer: im Ziel 108 Frauen, ein Mann. Der Rennsteiglauf. Zunächst vom DDR-Sportverband nicht anerkannt, in der wachsenden Laufbewegung Weiterentwicklung zum Symbollauf, DDR-weites Kulturgut und Pilgerort der Hobbyläuferszene.

Ganz zeitgemäß ist der Rennsteiglauf heute, mit Angeboten für jeden: Lotto Thüringen-Supermarathon, 73,9 Kilometer, der Hauptlauf, der Mythos; Intersport-Marathon, 42,2 Kilometer, gelaufen; Intersport-Marathon, 42,2 Kilometer, gewalkt, gewandert; Thüringer Energie Halbmarathon, 21,2 Kilometer; Köstritzer Wanderung, 17 Kilometer; Thüringer Waldquell Nordic Walking Tour, 17 Kilometer; Bauerfeind Rennsteig-Junior-Cross und ein Wettbewerb „für Menschen mit geistiger und psychischer Erkrankung". Der Rennsteiglauf. Vorzüglich platziert im Laufkalender: genügend Abstand nach den großen Frühlingsmarathons, noch ausreichend Zeit bis zu den aufreibenden Bergläufen des Sommers.

Damals wie heute Frischluftkur. Damals wie heute unter den Läufern die Vorfreude auf den Geschmacksvergleich der unterschiedlichen, meist magenverträglichen Haferschleime an den Verpflegungsstationen. Schon Monate vor dem Lauf herrscht reger Austausch in Online-Foren und sozialen Medien. Eindeutiger Konsens des letzten Jahres: der erste enttäuschend, der leicht rötliche am bekömmlichsten. Und dieses Jahr?

Als Teil der Startunterlagen erhalten die Läufer einen Gutschein für ein Köstritzer Bier nach dem Zieleinlauf.

Thüringische Foltermethode: Laufstart um 7:30 Uhr, Shuttle ab Ilmenau um 5:15 Uhr. Mein Wecker klingelt um 4:30 Uhr. Auf meinem Handy blinkt eine „Viel Glück"-WhatsApp-Nachricht von Lydia, die dieses Mal in Berlin geblieben ist. Ans gemeinsame Aufstehen gewöhnt, fehlt sie mir an diesem Morgen. Die Nachricht hat sie um 1:30 Uhr geschrieben, vor drei Stunden, als sie ins Bett gegangen ist. Wie fern unsere Welten in diesem Moment liegen.

Nach dem unfreiwilligen Miterleben des 50. Geburtstags - Chartmusik, ein paar DDR-Klassiker, Nina Hagen, Citys *Am Fenster*, trinkende, schwadronierende Menschen hinter dünnen Vorhängen, angestrahlt von Partyleuchtern und glimmenden Zigaretten - treffe ich in der Küche auf drei Sorben aus der Oberlausitz, die hier auf Montage sind. Man grüßt sich durch knappes Nicken. Kalte Dusche, Kaffee und dünn bestrichene Weizenbrötchen zum Mitnehmen. Nummer eins, Tomatenaufstrich, Nummer zwei, Honig. Los.

Etwa 90 bis 100 Gestalten der Dämmerung, nur das zarte Glühen gieriger Laufschuhe. Der erste Shuttlebus, die Ungeduldigen, darunter ich, drängen hinein, die Erfahrenen warten mit altklugen Sprüchen auf den nachfolgenden: „Es gibt genug Platz für alle."

Gemütlicher Reisebus, das Uniforme der Funktionskleidung, gemeinsamer Zielort: Plötzlich bilden wir eine Reisegruppe, so etwas wie eine Gemeinschaft. Zu müde und ohne Alternativen, um meine Boviscopophobie auszuleben, ergebe ich mich in die Bustour als Teil einer Erfahrung, die weit größer ist als ich und meine Zeit.

Vereinzelt sehen wir eifrig winkende Läufer am Straßenrand, denen der Busfahrer durch einen nach hinten zeigenden Daumen cool verdeutlicht: Da kommt noch einer, nehmt doch einfach den. Die Läuferinnen und Läufer im Bus, die meisten zwischen 40 und 50, viele überausgerüstet für den Halbmarathon, für den wir uns angemeldet haben.

Ich zähle neun Laufrucksäcke mit prallen Wasserblasen, die an die mit dünnem Stoff bezogenen Sitzschalen pressen, bei jedem Huckel lustig blubbern.

Manche Läufer haben die Augen geschlossen, andere tauschen Räuberpistolen der letzten Jahre aus, sprechen darüber, wer von den - anscheinend regional bekannten - Veteranen dieses Mal wieder mitläuft. Ein Typ muss so dringend pinkeln, dass er nach vorn stürmt und den Busfahrer bittet, anzuhalten. Das Murmeln der Läufer, als er aus dem Bus springt, kopfschüttelnde Blicke auf den nicht fern an einem Baum Lehnenden; Johlen, als er zurück in den Bus hüpft, erleichtert lächelnd, als hätte er nun das Schlimmste hinter sich. Beim Zurück-durch-die-Reihen-Gehen erhält er hier und da einen Schulterklopfer.

Während der Bus die Steigungen klettert, sich durch die Kurven schwingt, schält sich außerhalb des Fensters der Thüringer Wald aus der Dunkelheit. Die nahen Wiesen und Büsche dunkelgrün in der Dämmerung, die Hügel sanft, kontrastarm die Baumkronen im sich nach oben verengenden Halbrund. Über allem liegt ein Dunst, der sich mal in Schleiern an die Horizontgrenze hängt, mal sich verdichtet zu etwas ungreifbarem Schwerem, durch das nur hier und da ein alleinstehender Baum durchdringt. Ich beschwöre es nicht, doch das Wort „zauberhaft" kommt mir in den Sinn. Märchenstimmung, das erste Mal Rennsteiggefühl.

Und wie.

Für einen Moment lehne ich mich hinein, in die Kurven, die Steigungen, in die nebelverdichtete Mystik des Thüringer Waldes.

Durch die Pinkelpause haben uns die nachfolgenden Busse überholt. Als plötzlich letzter Bus sammeln wir die Verspäteten ein, wodurch wir uns selbst verspäten: 45 Minuten vor dem Start biegen wir auf Oberhofs Betonwiese ein, das große Parkplatzareal zwischen Altstadt und Startgelände. Es ist keine Zeit mehr, sich in die jeweils 20 bis 30 Personen starken Dixi-Klo-Schlangen einzureihen. Ich suche mir ein Fleckchen am Waldesrand. Abprotzen, wie der Schriftsteller und Läufer Günter Herburger es liebevoll umschrieb und wie auch Lydia und ich es als Teil einer codierten Insidersprache verwenden.

Es geht nicht anders: Hinterher erweist mir das traditionsreiche Programmheft des Rennsteiglaufs großen Dienst.

Vor mir leuchten die gelben Posttüten, die Kleiderbeutel; im Pulk werde ich zum Start geschoben. Der Altersdurchschnitt hängt bei Mitte 40, hier und da ein jüngeres Gesicht. Frauen mit Kurzhaarfrisuren, die jüngeren mit Zopf und rötlichem Schimmer blass werdender Färbung. Tatsächlich sehe ich auch zwei mit Zigarette im Mundwinkel. Voranschieben der Versammlung, gemächlich wie ein verkaufsoffener Sonntag.

Dass es beim Rennsteiglauf weniger um eine ambitionierte Zielzeit als eine gesellschaftlich verordnete - und von den Krankenkassen begrüßte - Bewegungs- und Frischluftkur geht, wird unzweifelhaft vermittelt an den markigen Sprüchen auf einigen Läufershirts: „In der Ruhe liegt die Kraft - Rennsteiglauf, du wirst geschafft!"; sehr deutlich, und von zweifelhaftem Metrum: „Nicht die Zeit, die ich laufe, macht mir am meisten Spaß, sondern die Zeit, in der ich laufe!"; mein Favorit: „Runstig wie das wilde Schwein, muss ein Rennsteigläufer sein!"; und beinahe philosophisch: „Wir laufen, um zu leben, aber leben nicht, um zu laufen!"

Der Rennsteiglauf ist besonders. Den Rennsteig läuft man, weil es Vater, Mutter, Nachbarin, Kollege, Freundin auch schon getan haben. Den Rennsteig läuft man, um dabei zu sein, zu wissen, dass man dabei war, darüber zu sprechen. Für viele heißt Rennsteig: Loslaufen und Ankommen zugleich. Sie wollen ein Teil dieses Ganzen sein. Sie finden hier etwas, das sie sonst oft vergeblich suchen. Genau darum geht es.

Überraschend: Die Kleiderbeutel werden ungeordnet in fünf, sechs Postlieferwagen geschmissen, die am Anfang der Startblöcke bereitstehen.

Im Gehen tut sich eine Rechenaufgabe auf: Wie viele Freiwillige braucht es, um 10.000 Sportlerbeutel zu sortieren?

Der breite Weg am Waldrand ist durch rot-weißes Absperrband in Startblöcke unterteilt. Ein paar Helfer in leuchtenden Westen passen auf, dass sich jeder im zugeordneten Block, erkennbar durch die an der Brust befestigte Startnummer, einordnet. Der Weg nach vorn ist wie das Durchwandern eines Trainingsjahres: beinahe linear steigende Fitness der Teilnehmenden. Es wird ein wenig gedrängelt, der Startblock 1 auf der Startnummer ist wie ein VIP-Ausweis; Absperrband, das hochgehalten wird, neugierige Blicke.

Ich halte die Augen offen nach einem Bekannten von mir. Er startet trotz Muskelfaserriss, weil ihm in diesem Jahr die Ehre zukommt, im Jubiläumsclub der treuesten Rennsteigläufer zu starten. Die Traditionsläufer - ein Teil von ihnen ist hier schon vor 40 Jahren gelaufen - werden sich en bloc bewegen, „zusammen" und „ankommen" sind die Stichwörter ihrer Losung. Ein Altherrenclub um die letzten lebenden Gründerväter - der wahre Star des Rennsteiglaufs.

Der Rennsteiglauf-Halbmarathon hat sein eigenes Ordnungssystem: Für einen der vorderen Startblöcke qualifizierst du dich nicht wie üblich über die in anderen Läufen erreichten Zeiten, du qualifizierst dich ausschließlich über in früheren Rennsteigläufen - genauer: innerhalb der letzten drei Jahre - erbrachte Leistungen. Das heißt, jemand, der den Rennsteig nicht schon mindestens einmal gelaufen ist, hat prinzipiell wenig Chancen auf den Sieg.

Du musst dich hier verdient machen, explizit hier, an keinem anderen Ort der Welt kannst du das.

Manchmal lernt man auf die harte Tour. Diskussionen und große Aufregung am Vortag bei der Startnummernausgabe. Ich hatte meine Schwester im Ohr, die zwei Jahre zuvor den Rennsteig gelaufen ist, gestartet aus Block 5: Kein Durchkommen, wo kein Bein ist, ist Wurzel. Am Info-Schalter zeige ich verzweifelt die Zeiten aus anderen Läufen vor, nervös, penetrant; letztlich auch unbarmherzig, die so festverwachsenen Regeln strapazierend. Als immer mehr Leute zu uns herüberschauen, willigt der Mann auf der anderen Seite des Schalters schließlich ein; wortlos tauscht er die Nummer meines Startblocks von 4 auf 1.

Die 45 Minuten seit Aussteigen aus dem Bus sind weniger schnell vergangen als befürchtet. Ich mache mich warm vor der Startlinie, wie immer der vorsichtige Gang um den Messteppich herum - wer weiß, ob der nicht doch schon scharf gestellt ist.

Aufgeregt sein, ein Ziehen durch den Solarplexus.

Antesten, die Gerade noch auf Beton runter, dann links in den Wald, noch vor dem Start ein erstes Erkunden des Streckenverlaufs. Grundsätzlich lasse ich mich von einer Laufstrecke gerne überraschen, entscheide mich gegen den zweifellosen Vorteil der Streckenkenntnis und für den Unterhaltungswert der Überraschung. Doch hier bin ich neugierig: Wann geht es denn in den Thüringer Wald? Ich meine, so richtig.

Mitten im Hopserlauf treffe ich Tom Thurley, einen Mittzwanziger aus Potsdam mit hohen Wangenknochen und freundlichem Lächeln. Ich kenne ihn aus der Berliner Laufszene und mache direkt einen Favoriten in ihm aus. Bin gespannt, wie er sich auf den Steigungen schlägt.

Bin gespannt, wie ich mich auf den Steigungen schlage.

Rechts geht sanft eine Wiese hinunter, eine Bobbahn, eine Holzhütte, aus der Musik dringt. Mit noch frischem Atem fange ich sie ein, die Vor-Lauf-Après-Ski-Atmosphäre.

Die Startaufstellung. Vor mir die Elite des Laufes: Ein paar Körper, die ich eben noch auf Lauffähigkeit abchecke, das linke Auge dabei zugedrückt, wie bei einem, der's ganz genau wissen will. Es gibt wenig offensichtliche, konkrete Parameter. Die Dicke der Beinmuskeln, die Geschwindigkeit eines Warmmach-Spurts oder der angenommene Preis der Laufkleidung sind im Grunde Nicht- oder irreleitende Informationen. Oft sind die ausschlaggebenden Merkmale eher die Rundheit des Laufstils, das Selbstverständnis im Auftritt, die nach innen gerichtete Konzentration.

Ich sehe einige Jungspunde aus der Sportschule von Oberhof, Ski- und Bergbegeisterte, Jungs mit Kurzhaarfrisuren und glatten Waden, die Mädels mit geflochtenen Zöpfen.

Und dann ist es endlich so weit. Das Rennsteiglied ertönt, für viele der Höhepunkt des Erlebnisses: 10.000 Menschen, die schunkeln und singen. Sogar die in der ersten Reihe: Für einen Moment sind wir alle Thüringer.

Wir können nicht anders, klar wollen wir dazugehören.

Countdown und Startschuss durch Ministerpräsident Bodo Ramelow. Es knallt eine Sekunde zu früh: die Angst des Politikers, den richtigen Moment zu verpassen.

Bis in die letzten Reihen hallt da noch der Gesang nach, als würde der Körper auf den kommenden Kilometern nicht durch die Beine, sondern die Stimme bewegt.

„Ich wandre ja so gerne
am Rennsteig durch das Land,
den Beutel auf dem Rücken,
die Klampfe in der Hand.
Ich bin ein lust'ger Wandersmann,
so völlig unbeschwert.

Mein Lied erklingt durch Busch und Tann,
das jeder gerne hört."

Die Meute kommt in Gang. Wirbelnde Beine vor mir, versuche ich ganz innen, waldseitig, durchzudringen. Die ersten 500 Meter halten die Laufschüler mit, dann wird deutlich, dass das gewählte Tempo für sie näher am Sprint als der Langstrecke ist; die Räder der Zukunft drehen noch ein wenig langsamer.

Vorn hält sich der spätere Sieger, Samson Tesfazghi Hayalu vom SV Sömmerda, noch bedeckt hinter dem tempomachenden Tom Thurley. Gemeinsam mit einem dritten Läufer setzen sie sich vom Feld ab. Ich sehe, wie sie Schritt für Schritt im Wald verschwinden. Meiner Kräfte unsicher halte ich mich mit einem gemäßigten Tempo zurück, bleibe heimelig verborgen in einer Gruppe unter den ersten 20. Ich bin froh, dass ich in den letzten Wochen wenigstens etwas habe trainieren können, wenn auch weit weniger, als ich geplant hatte. Schon die ersten Steigungen überraschen mich, der Puls ist noch nicht angekommen im Hochleistungsmodus, stottert haltlos einen zu schnellen Rhythmus, der Atem, der sich haspelnd darin verfängt. Der Kopf vergisst die Beschwerden des Körpers in dem Moment, als er merkt, dass wir uns, gemeinsam, Stück für Stück an die Vorderen saugen. Er prescht voraus. Dem Körper bleibt nichts, als sich den Erfordernissen anzupassen.

Insgesamt ist die Strecke - soweit habe ich mich doch informiert - ganz verträglich: etwa 282 Meter aufwärts, sogar 391 Meter abwärts. Luxus. Der höchste Punkt, Plänckners Aussicht auf 973 Metern, kurz vor der Hälfte. Ab dann quasi nur noch abwärtsrollen.

Es geht tiefer in den Wald, gemischtes Grün, dünne, diszipliniert aneinandergereihte Kiefern, hier und da aufgelockert durch eine Buche oder den hell gefleckten Saum einer Birke; Wanderer, die uns von einem benachbarten Weg zuklatschen. Nach circa fünf Kilometern fühle ich mich wohl im Rennen, nach zehn Kilometern habe ich mich, einen Läufer nach dem anderen passierend, an die Vorderen herangetastet. In einer Vierergruppe laufen wir jetzt ständig wechselnde Überholmanöver.

„Acht, neun, zehn", zählt ein älterer Herr mit beigem Camperhut am Streckenrand und hält uns den erhobenen Daumen entgegen; kommt, weiter.

An der Verpflegungsstation greife ich zum Trinkbecher. Das Wasser schwappt, und mir bleibt nur ein Minischluck. Nach 20 Minuten hin und her setze ich mich von den drei Kameraden ab, mache die nächsten Meilensteine in Sichtdistanz aus. Der Weg ist nun kurviger, auch steiler und steinreicher. Meine schlanken Adidas Takumi Ren sind kompromisslos: Sie drücken und quetschen sich über Wurzeln, Matsch und Geröll, nie lange genug am Boden, um dem Fuß die manipulierende Erholung des Umknickens einzuräumen.

Nur noch fünf vor mir, drei davon uneinholbar enteilt. Ich fühle mich gut, frei, weder Druck noch Müdigkeit laufen mit, nur die Lust am Auf und Ab. Der Fünftplatzierte, ein kaum Volljähriger in rotem Shirt, rückt in Berührungsweite. Ich fühle mich schnell, schnell in einer Form, die nicht im Widerspruch zur Geduld steht: Es dauert, bis ich den rot Gekleideten überhole. Beinahe einen Kilometer hält er noch Schritt. Ich bin mir sicher: bloß das letzte Winden eines Geschlagenen.

Wichtig: bei all dem kein einziger Blick auf die Uhr. Rennsteigliche Zeitunabhängigkeit.

Es rollt gut bergab - schon vorbei am Vierten. Für einen Moment spüre ich bewusst den waldig-weichen Boden unter meinen Füßen. Ein paar Hundert Meter später ein Hecheln am Ohr. In einer Kurve drehe ich leicht den Kopf. Der schon Geschlagene im roten Shirt ist wieder da. Mann, was für ein entschlossener Blick; wir beide in Wahnsinnstempo, auch bergab kein Ausruhen, Beschleunigung. Ein sturer Kopf, der das Murren des Körpers missachtet. Klare Botschaft an die Beine: Hier geht's um was.

Ohne dass wir es in diesem Moment bewusst reflektieren, folgen wir den Pfaden des Sportpädagogen und Mitbegründers des Turnens, Johann Christoph Friedrich GutsMuths, Namenspatron des GutsMuths-Rennsteiglaufs. Körperliche Bildung, Wettkampfcharakter und der Blick in die umgebende Natur als Heilmittel gegen gesellschaftlichen Verfall. GutsMuths selbst zeigte sich von Rousseau inspiriert, der das Spazierengehen in die Aufklärung brachte, der dadurch womöglich erst eine Aufklärung ermöglichte. Zumindest eine ganzheitlich gedachte und gesunde.

Nun also wir beide im Duell, drei vor uns, 10.000 hinter uns, alle in GutsMuthscher Tradition über Deutschlands ältesten und meistbegangenen Fernwanderweg.

„Gut Runst!", würden wir hören, wenn wir dafür noch Ohren hätten, „Gut Runst" grüßen sich traditionell die Rennsteigwanderer. Runst von rennen, wie Brunst von brennen und Kunst von kennen.

An der Kreuzung, an der wir in Richtung Schmiedefeld einbiegen, baumelt ein durchgelaufener Wanderschuh über einem Ast.

Ich schaffe es nicht, den Jungspund abzuschütteln. Lästig wie eine Wespe treibt er zur Eile: irgendwie reagieren. Schließlich wird sein Hecheln stabiler, dann höre ich es gar nicht mehr. Einen Kilometer vor dem Ziel zieht er an mir vorbei. Der sich langsam entfernende rote Tupfer, die beginnende Qual auf dem Doppelverbundpflaster, plötzlich härterer Tritt. Vereinzelt Rentner, die aus ihren Gärten schauen, endlich das Ankündigen der Erlösung: die mikrofonverzerrte Stimme des Zielsprechers, die aus irgendeiner Liste meinen Namen vorliest.

Der peitschende Applaus auf der Zielgeraden erzeugt ein Gefühl, das dem Gliederzucken und Muskelzwicken einen Sinn abringt; meine Mutter fiebernd unter ihrer Sonnenbrille, ich mit erhobenen Armen auf der Ziellinie.

Fünfter Platz beim Rennsteig-Halbmarathon; fast freundschaftliches Abklatschen mit dem, der eben noch mein Konkurrent war. Ein kaum 19-Jähriger, der mir auf dem letzten Kilometer noch viele Sekunden abgenommen hat.

Aufgeregt strahlt er mir entgegen: „Ich habe gedacht, du bist direkt hinter mir, das hat mich angetrieben wie der Teufel."

Ich weiß nicht, was ich darauf sagen soll, schließlich gebe ich ihm als Älterer pflichtbewusst Tipps, wie er beim Abwärtslaufen noch schneller werden kann.

Erster wurde Samson, Zweiter Tom und Dritter Mike, ein Anfangfünfziger aus dem Harz, der mich im Jahr zuvor schon beim Havellauf geschlagen hat. Mike ist ehemaliger Marathon-Senioren-Europameister, auf seiner Homepage gibt er einen Körperfettanteil von 7,2 Prozent an.

Noch immer im abgesperrten Finisherbereich quatsche ich, die Hand voll mit Bananenscheibchen, über den Rennverlauf und sein gerade absolviertes Höhentraining in Kenia. Dann wird er weggerufen, zum Finisherfoto mit seiner teils thüringischen Familie. Ich hänge noch ein wenig im Zielbereich ab, eine offene, etwa 60 Quadratmeter große Fläche, die sich vorerst nur langsam füllt. Später wird hier kaum Platz zum Treten sein.

Es gibt Vita Cola, mit dem Extrakick Zitronensäure.

Ein kurzer Augenschlag, und ich lande in nostalgisch verbrachten Sommerurlauben an der Ostsee in den 1990er-Jahren, meine Eltern, die im Supermarktregal nach etwas greifen, das „anders ist“: kein Lebensmittel, sondern Lebensgefühl. Dennoch das alljährliche Resümee: Es schmeckt einfach nicht mehr wie früher.

Wieder im Hier mache ich mich auf in Richtung Ausgang. Beziehungsweise: Eingang.

Neben dem Zielbereich liegt das Festgelände. Und wenn beim Rennsteiglauf das gemeinsame Singen des Rennsteigliedes der erste eigentliche Höhepunkt ist, ist das gemeinsame Beisammensein, das Feiern im Anschluss, der nächste. Das Festgelände ist gut gefüllt, obwohl bisher erst ein paar Handvoll Läufer des Halbmarathons angekommen sind, noch keiner der anderen Disziplinen. Angehörige tummeln sich bei strahlendem Sonnenschein auf der Festwiese und an den Ständen. Jetzt schaue ich auf die Uhr. Es ist 9:55 Uhr.

Auf der anderen Seite des Zielareals befindet sich die Postwiese. Wie Adonisröschen recken sich die gelben Kleiderbeutel der Sonne zu. Ich wate durch ein Feuchtgebiet zu den noch die LKWs ausladenden Helfern; die Beutel liegen vor mir in Hunderterreihen.

90 Minuten. Das ist die Antwort auf die Rechenaufgabe vom frühen Morgen. Pfeifend wate ich zu meiner Mutter zurück, die etwas erhöht dasteht und fasziniert den Kopf samt Sonnenbrille schüttelt.

Wir klingen ein in den Volkstaumel. Entlang des Zielareals und der Festwiese führt ein dichter Gang mit Ständen. Lange bevor man den ersten der insgesamt vier Bratwurststände erblickt, liegt dunstig der Bratgeruch in der Luft. Original Thüringer, der hiesige Exportschlager schlechthin; authentisch verformt und auf großem Rost gegrillt, nur gedreht, nicht gehoben, alles händisch und handschuhfrei. Handwerk. Drückendes Dilemma für einen sich fleischlos Ernährenden. In der Vorstellung schwanke ich hin und her zwischen verurteilenden Blicken meiner Berliner Peergroup und dem verständnislosen Kopfschütteln meiner bewusstthüringischen Oma. Aus irgendeinem Grund läuft auch mein Trainer Egidijus mir in die Vorstellung, mit seiner stets diplomatischen Antwort: „Musst du selber wissen.“ Als Ausweg befrage ich meinen Körper, er ist es ja schließlich, der am meisten geschuftet hat: Was brauchst du denn eigentlich gerade? Die Antwort erfolgt als Magenknurren. Ich interpretiere das Orakel: eindeutig Eiweiß. Alles klar. Was gut für den Körper ist, ist gut für den Kopf. „So ist's recht, mei Jung“, bilde ich mir die Stimme meiner Oma ein, im vertrauten südthüringischen Dialekt.

Die ersten Läufer mit dem Gratis-Köstritzer-Bier kommen uns entgegen.

Wir kommen vor dem Festzelt an. Noch verwaist, wird hier vom frühen Nachmittag an die größte Läuferparty des Jahres stattfinden. Für Außenstehende ein Mythos: Erfahrene Rennsteigfeierer berichten mit leuchtenden Augen von ausgelassener Stimmung und waghalsigen Beinschwüngen auf den Tischen. Geheimnisvoll nicken sie einander zu, sodass man meint, sie reden über die ersten Goa-Partys oder die Technopartys der 1990er-Jahre im Berliner Untergrund. Der Körper, kurz vorher noch bis an die Grenzen getrieben, spürt beim Eintritt ins Festzelt nichts mehr; will nichts, lässt bloß geschehen. Keine Spur von Schwere oder Ziehen in den Beinen, im Gegenteil, flüssiges Durchführen von Bewegungen, die bis dahin nicht mehr für möglich gehalten wurden. Alte Freunde treffen, neue Freunde, die beim nächsten Zusammentreffen schon alte Freunde sind: „Weil's so schön war, ist doch klar, trifft man sich im nächsten Jahr."

Rennsteigveteranen, Lebensgenossen: Wenn auch nicht gemeinsam, haben sie doch im jeweils Eigenen viel Gleiches erlebt. Dadurch bilden sich hier neue Bekanntschaften, die vom ersten Moment so sind, als würde man sich ein ganzes Leben kennen.

In einer verschämten Ecke des Zelts hole ich mir die ebenfalls im Starterpaket enthaltene Suppe ab. Dünne Brühe, lauwarm. Klar, wer nimmt auch schon Suppe, wenn es Bratwurst und Bier gibt.

Meine Mutter biegt ab und holt sich eine Waffel, nicht so eine belgische, dichte, sondern eine lockere, eine echte Ostblockwaffel; der süß-teigige Geruch zieht mir in die Nase, noch so ein Sommerurlaub-Heimatgefühl.

Lange Schlange am Zuckerwattestand daneben, lange Schlange am Köstritzer-Gratisbierstand. Ein Sammelsurium an Dialekten, dicht und durcheinander um die Feststände.

Wir warten auf die Siegerehrung, legen uns auf die Festwiese. Alle paar Minuten hole ich mir eine probiotische Joghurtprobe und beobachte die mehrmenschgroße Blasfigur aus beiger Plane, die dort hilflos verwachsen herumschlackert.

Aus dem Gras der Festwiese schauen glückliche, erschöpfte Gesichter, die nichts wollen, nichts brauchen. Ein wenig 1. Mai in unaufgeregt, friedlich. Es sind erstaunlich viele Menschen hier, die keine Sportklamotten tragen, aber ebenso glückliche und aufgeheizte Gesichter wie die eben Gelaufenen haben. Der Rennsteig ist nicht nur ein Lauf an einem besonderen Ort, er ist eine andere Zeit. Für einen Moment ist alles gut.

Die Siegerehrung ist wie bei den meisten Volksläufen von eher geringem Interesse: höfliches Applaudieren an der Bühne, ein viel zu hohes Podest, auf das ich als Studierendenmeister und Sieger meiner Altersklasse zweimal springe, ungeachtet der Verletzungsgefahr. Ehrungen für alle Altersklassen, weiblich, männlich. Die Zeremonie für den Halbmarathon dauert beinahe eine Stunde.

Wir verlassen den Festbereich, als der Stimmungspeak längst noch nicht erreicht ist. Durch Straßensperrungen und Umleitungen verzetteln wir uns zwischen Google Maps, Straßenatlas und Intuition; nur bedingt ein Ort für Ortsfremde. Einmal das Rennsteigfest verlassen, zurückgeworfen auf uns im Auto, plötzlich still, spüren wir eine eigenartige Spannung, die das eben Erlebte ins Traumnahe rückt; unwirklich, wie nie geschehen, dennoch Spuren hinterlassend: das Ende von etwas Wichtigem.

Wir fahren schweigend, jeder in eigenen Gedanken.

Der Rennsteig ist nicht nur ein Lauf an einem besonderen Ort, er ist eine andere Zeit. Für einen Moment ist alles gut.

Zwischen Alltag und Beton

Berlin

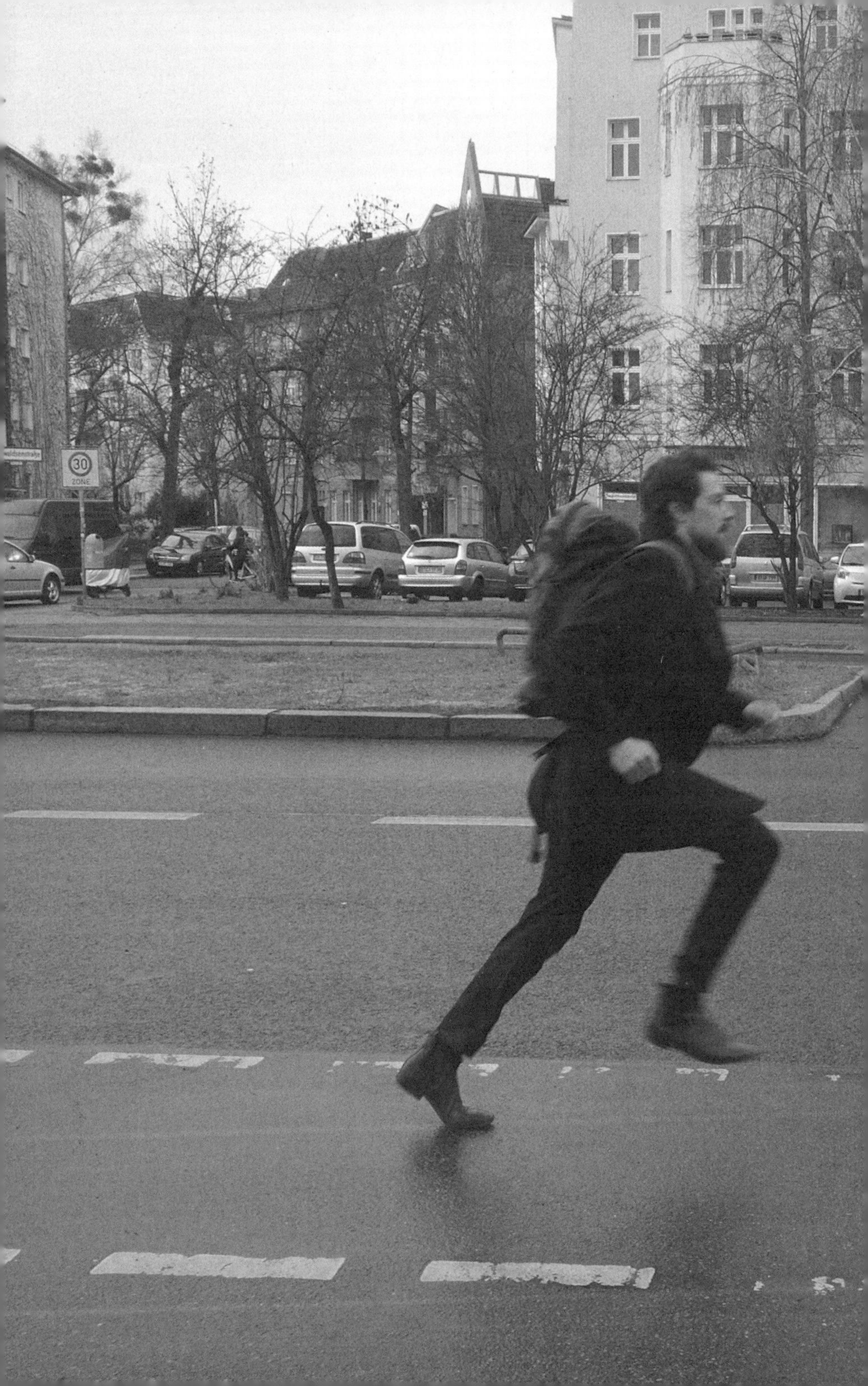
30
ZONE

Ich stehe im schattigen Wohnungsflur. Ich beuge mich hinunter und hebe ihn hoch, mit beiden Händen; spüre den Verschluss an den Furchen der inneren Handflächen. Die rechte Hand vergriffen in der Oberseite, schiebe ich den linken Arm durch den leeren Raum hinter dem Gurt. Die glatte Außenseite schaut nach außen, die feine Oberflächenstruktur aus abgerundeten Sechsecken schmiegt sich halbseitig an meinen Rücken. Mit der linken Hand halte ich den Gurt auf Höhe der mittleren Rippen fest, fixiere ihn eng, indem ich nach unten ziehe. Meinen rechten Arm beuge ich nach hinten, sodass sich zwischen Ellenbogen, Schulter und Hand, am Übergang zwischen Lenden- und Brustwirbel, ein Dreieck bildet. Die Hand offen, das Handgelenk auf beinahe 90 Grad eingeknickt - die demütig abgewandte Erwartung einer Gabe -, dreht sich in horizontaler Pirouette durch den zweiten Hohlraum zwischen Gurt und Innenseite. Der Stoff segelt meinen Arm entlang, von der Handoberseite bis hin zur Ellenbogenbeuge. Die Bewegung, bis dort als Streckung meines Armes, wird fortgeführt durch das Nach-innen-Schieben der Schulter, begleitet durch den sich in Blickrichtung drehenden Arm. Ich halte nun beide Gurte mit meinen Fäusten umschlossen, die Daumen fest auf die Zeigefinger gepresst. Mein Kopf ist etwa 15 Grad Richtung Boden gebeugt, der Blick schwer zu lesen, woran denke ich?

Der Rucksack schließt etwa bei einem Drittel meines Oberkörpers ab, sodass der untere Rücken unbedeckt bleibt. Von links ziehe ich den Gurt horizontal zum Körpermittelpunkt, hake mit dem Plastikstecker des rechten Gurts darin ein, einmal knapp unterm Brustbein, ein zweites Mal knapp über dem Solarplexus. Ich ziehe die hängenden Riemen fest wie bei einem Sicherheitsgurt oder Fallschirmrucksack. Ich spüre kaum Gewicht, spüre nichts Fremdes - der Rucksack schmiegt sich an wie eine Weste. Die Festtagsweste Erinnerung gewordener Kindheitsgeburtstage, zugleich die zum Alltagsgegenstand gewordene Warnweste. Ich drücke die metallene Türklinke und schiebe mich durch einen Spalt nach draußen.

Der Rucksack fasst 15 Liter. In ihm ist alles, was ich für den Tag brauche: mein 13"-Laptop mit Ladekabel, Ohropax, Handy, Portemonnaie, Schlüssel, Reis mit Gemüse und Tofu in einer Plastikbox, Essstäbchen, ein Apfel, ein dickes Langarmshirt, Socken und Pullover zum Umziehen, ein zweites Set Laufklamotten für den Abend.

Lydia nennt meinen lila-weißen Laufrucksack einen quietschigen Düsenmotor.

Ich trete aus dem freistehenden Hinterhaus in den Innenhof, vorbei an den spitzen Tulpen und weit geöffneten Osterglocken, den flach fliegenden Bienen und Hummeln, die man erst erkennt, wenn man den Blick auf der Fläche ruhen lässt. Ich gehe weiter durch den prachtvollen Eingang des Vorderhauses, Stuckverkleidung, ein postergroßes Schwarz-Weiß-Foto, das das Haus zu Beginn des 20. Jahrhunderts zeigt, die Ladenfläche eines Schusters, sein dunkler Dreifuß dort, wo heute die Behandlungsliege der Heilpraktikerin steht. Die Sonne im Rücken wirft Lichtfenster auf den Boden und die Wände vor mir. Ich trete aus der schweren Tür des Vorderhauses.

Unser Nachbar, frisch pensionierter Jurist, kommt mit einer Tüte Bäckerbrötchen auf mich zu. „Ist es nicht ein wenig kalt für kurze Hose und T-Shirt? Die Sonne täuscht."

Lächelnd schüttele ich den Kopf. Fünf Schritte, bis ich inmitten der häuserhohen Platanenallee der Cranachstraße stehe. Ich laufe los.

Ich laufe Richtung Norden, zur Arbeit im Coworking Space Factory Mitte an der Bernauer Straße, später zum Kaffeetrinken mit Freunden in Kreuzberg. Am Abend zurück in die Cranachstraße. Laufe, wohin ich will.

Ich biege rechts in die Peter-Vischer-Straße ein, die so schmal ist, dass mit Mühe ein Auto hindurchpasst, sodass an ihren Enden die Autofahrer häufig kurbeln, zurücksetzen, gespannt den richtigen Moment abpassen, um die Straße für ihre Richtung einzunehmen; überquere die Rubensstraße, den Grazer Damm, „Gra-azer Damm", versuche ich Blixa Bargeld von den Einstürzenden Neubauten zu imitieren; die Autos tauchen hier in Schwärmen auf. Der Verkehr ist schwer einsehbar hinter bis zur Querstraßenkante parkenden Lieferwagen, schwer hörbar im allgemeinen Straßenrauschen. Und immer Nachzügler, die den wertvollen Abstand zum nächsten Schwarm verkürzen. Allesamt verschwinden sie in der Unbedeutsamkeit. Man fordert sein Glück heraus, an solchen Straßenquerungen.

Nach kurzer Aufwärmphase gesteigertes Tempo, Atem, der sein Mitlaufen deutlich macht, unterm Handgelenk und nahe den Ohren spürbarer Puls. Vor der Kleingartenkolonie Kaninchenfarm e. V. geht es nach links in den Riemenschneiderweg - an der Ecke ein breiter Buddha, daneben, unmöglich, ein noch breiterer Gartenzwerg - bis zum großen Lidl, ausweichen, um nicht über den Dackel oder seine gehwegüberspannende Leine zu stolpern, rechts auf den Vorarlberger Damm; das Malerviertel durchquert, Gewerbegebietatmosphäre, rechtsseitig weitere Kleingartenkolonien, linksseitig morgenverwaiste Sportplätze; dahinter das große Autobahnkreuz. Es rauscht im Dauerzustand. Am Möbelhaus rechts zum Südkreuz, je nach Grünphase entweder über die vordere oder hintere Ampelkreuzung, Not und Freiheit der schnellen Entscheidung, der Lauffluss muss erhalten bleiben. Am Südkreuz beschleunigt mich das Vernehmen des vertrauten S-Bahn-Türschließgeräuschs, ich fühle mich wie Paul Kalkbrenner als DJ Ickarus in *Berlin Calling*. Durch den Tunnel, rechts, links, über den geteerten Fahrradweg Leipzig-Berlin an den Schienen der S2 und S25 entlang, im Strom der Radelnden, mit denen sich nicht selten ein kurzweiliges Duell ergibt. Der Schwerbelastungskörper aus der Nazizeit, die Sichtachse, die den Blick auf Kreuzberg und Viktoriapark eröffnet, die Kupferspitze des Schinkel-Denkmals, Erinnerungen an Herumtreiberabende und Scherbenwiesen.

Vorbei an dem neu gebauten Wohnkomplex an den Yorckbrücken, Kästen im weiß-grau-postmodernen Berlin-Stil, Rewe, Bio Company, Hisar Rindfleisch-Döner, Fitnesscenter, alles für Eilige in Minutendistanz. Am Hellwegparkplatz über Schleichwege in den Gleisdreieck-Park, dessen namensgebender Bahnhof bei der Inbetriebnahme 1902 noch Abzweig- und Knotenpunkt des neuen Berliner Hochbahnnetzes war, nun, unterflächig begrünt, geduldig seinen Platz im Metropolenwandel sucht. Und tatsächlich, dort an der Schöneberger Wiese fühlt sich Berlin am großstädtischsten an: zwei U-Bahn-Linien, die auf hohen Brücken über einen hinwegdonnern, aus einem Nichts kommend im nächsten verschwinden. Abends Ansammlungen Berliner Kids, zwischen scharf gespannten Trampolinnetzen, moderne urbane Spielgestaltung, in großen Pulks um Musikboxen, hierhergezogen auf den Sackkarren ihrer Eltern. Die Farbe blättert ab von ihnen, während die Kids so tun, als ginge sie das alles nichts an.

Wenn ich nachts an ihnen vorbeilaufe, schrecken sie auf, aus tiefer Konzentration gerissen.

Ich laufe weiter, entlang der BRLO craft beer Brauerei, den neu gebauten, lange unbezogenen Suiten, die wirken, als wären sie entworfen von auf Baucontainer spezialisierten Architekten, eine schmucklose Ferienanlage, die alles Umliegende mitbanalisiert. Dahinter die Station Berlin, ein Veranstaltungsort, an dem schon genauso die re:publica wie die Berlin-Marathon-Messe stattfanden.

Auf der Brücke über den Landwehrkanal werde ich herausgefordert. Die Rotphase ist unproportional lang, die Autos hinter der scharfen

Kurve schwer einzuschätzen: Hier kämpfen regelmäßig Todestrieb und Achtsamkeitsgeduld. Weiter die Gabriele-Tergit-Promenade, vorbei am Scandic Hotel mit dem ewig blöd blickenden Elch vor dem Eingang und am Pavillon der Einheit, einem Tempel in chinesischem Stil, den Südkorea den beiden Berlins schenkte, als sie eins wurden. Direkt dahinter der Potsdamer Platz. Chaos. Bedeutet für mich: Kräftemessen mit Autofahrern und im Slalom um Touristen. Fest und stur meinen Weg wählen. Unter irritierten Blicken Raum einnehmen.

Rechts von mir die Leipziger Straße, die Mall of Berlin, der Bundesrat, lasse beides rechts liegen, weiter die Ebertstraße hoch, vorbei am Taylor Wessing Haus mit dem unermüdlichen LED-Männchen an der Fassade: Bewegung, die über das algorithmusbestimmte Aufflackern einzelner Lampen simuliert wird; das Licht bewegt sich, man mag meinen, ein Mensch tut es. Die Ministergärten, das jüdische Mahnmal, links der Tiergarten: kaum Durchkommen durch die Touristenmassen jetzt, die wie Gangs die Straßen in Beschlag nehmen. Polizisten vor und hinter der amerikanischen Botschaft, lange Schatten des Brandenburger Tors auf den Pariser Platz, mein Grinsen wild in den dort täglichen am Selfie-Stick hängenden Sich-selbst-Bewusstmachungen. Ein unendlicher Spaß.

Links in die Wilhelmstraße, Schrittfrequenzsenkung für die Ampelphase, vorbei an Regierungsgebäuden, deren lange Entscheidungswege mir wie als matter Kontrast zu meinem freien Lauf scheinen; kalte Architektur, wärmer werdendes Sonnenlicht, Beschleunigung an der Baustellenumgehung, weiter hoch und mitten durch das Gelände der Charité; ein Gitterwagen mit frischer Wäsche, der über einen Fußgängerüberweg klackert. Grün befahnt treffen am Invalidenpark die ersten Jugendlichen zur Fridays-for-Future-Demo ein. Enge Passage, beinahe stoße ich gegen eine Straßenbahn, die nahe dem Bordstein fährt. Vom Nordbahnhof die Bernauer Straße entlang, parallel zum Sophien-Friedhof II, schräg gegenüber die Gedenkstätte Berliner Mauer; Plattenbauten, die über die Straße zur Kapelle der Versöhnung winken. Schließlich die Factory Berlin Mitte, der rötliche Industrieklinkerbau, auf den man weißgerahmte Glasrechtecke gesetzt hat. Elf Kilometer, 42 Minuten.

Auf einem Rasenstück vor einer Infotafel zur deutschen Teilung löse ich die Klemmen des Rucksacks: absetzen, den Atem ankommen lassen, nachschwitzen, umziehen. Ich melde mich am Empfang des Coworking Spaces, schlurfe in die Küche, befülle unter lang laufendem Wasser eine ovale Glaskaraffe, nehme mir vom tiefschwarzen Filterkaffee; noch etwas unrund stöckle ich in den bibliotheksähnlichen Stillarbeitsraum, das Hinsetzen schon flüssiger, den Laptop raus. Arbeiten.

Es braucht nicht viel, um einfach so durch die Stadt zu laufen. Im Grunde ist es bereits in den Worten eindeutig angelegt: laufen, einfach so. Das ist es. Ebenso wie es sich einfach läuft, läuft es sich zweckvoll: von Punkt A nach B kommen, weiter zu C und zurück zu A.

Manchmal laufe ich auch ohne Rucksack, dann und wann in klobigen Winterschuhen oder barfuß. Das Material ist unwichtig und selbst die Motivation nebensächlich: Zeit sparen, die sonst zusätzlich entweder für Anfahrtsweg oder Training anfallen würde; dem Stress des Pendlerverkehrs entgehen; den Kopf nach einem Arbeitstag leer bekommen, ausgeglichen zu Hause ankommen; Lust am Laufen ortsunabhängig erleben. Alles gleich gut, alles gleich legitim.

Manchmal laufe ich einfach drauflos, einfach, weil ich es gerade möchte.

Manchmal plane ich mir ein: Montag, Mittwoch und Freitag werde ich läuferisch unterwegs sein, meine Laufschuhe als Verkehrsmittel nutzen.

Manchmal muss ich an Philipp Pflieger denken, der in einer agenturentwickelten Marketingaktion ein Wettrennen mit den Berliner U-Bahn-Linien U2 und U6 veranstaltete, zehn Laufkilometer, vom Berliner Naturkundemuseum bis zum Westend. Eine Handkamera und ein fahrradfahrendes Filmteam begleiten ihn über Bordsteinkanten und rote Ampeln.

Manchmal muss ich an den Film *Die Träumer* von Bernardo Bertolucci denken, in dem die drei Protagonisten durch den Louvre laufen, um den Durchquerungsrekord zu brechen, der 40 Jahre zuvor in einem Film von Jean-Luc Godard aufgestellt wurde. Im Louvre ist Laufen verboten, was ihnen die Freude daran sichtlich verstärkt. Händchenhaltend sprinten sie über die Fischgrätendielen, unaufhaltsam entlang starr blickender Gemäldeaugen. Neun Minuten, 28 Sekunden.

Das Kreuz-und-quer-Rennen, das Laufen durch die Stadt mit oder ohne festes Ziel: sich laufend in die Straßenkurven legen; nicht wissen, was einen an der nächsten Ecke erwartet; genau wissen, was einen dort erwartet; das erhabene Gefühl: mit den anderen Fortbewegungsmitteln mithalten können; in der Bewegung die Namen von Geschäften, Restaurants und Kneipen lesen; Verwandlungen: Menschen, die zu Slalomstangen werden; diese in der Ferne erblicken, sich ihnen Stück für Stück nähern, sie hinter sich lassen; das Fahrrad nicht in die Reparatur bringen müssen; spontanes Loslaufen, ständig sprintbereit, plötzliche Eile, oder einfach mal fix zum Bäcker. Einbauen von Trainingsphasen: schnelle Intervalle, dann der Versuch, über einen langen Zeitraum ein gleichmäßiges Tempo zu halten; der ständige Wechsel städtischer Gerüche; der ständige Wechsel städtischer Geräusche; mit der Stadt spielen: die Steigung hochsprinten, abwärtstraben, Fahrradfahrer überholen, auf dem Fahrradweg laufen, auf der Straße laufen, dort laufen, wo kein Durchkommen für Autos und Fahrräder ist; Ampeln als Empfehlung verstehen, den antizipierenden Blick trainieren, wissen, was als Nächstes geschieht, schon vorher darauf reagieren; das Optimieren der Strecke anhand von Ampelphasen, Charakter und Menschendichte; anpassen und gestalten, nachdenken und beobachten, abschalten, die Beine mal machen lassen; sich nicht fragen müssen, wann laufe ich, sich nicht fragen, laufe ich. Das Gefühl verschiedener städtischer Untergründe: Rauer Beton fühlt sich anders an als der glatte Asphalt einer modernen Schnellstraße, auf weiter Fläche läuft es sich anders als in Häuserschluchten - der Hall verlängert die Schritte, während der Körper sich unter ihm wegduckt; der Blick der anderen; das Zwitterhafte, beides, Geher und Fahrer, Chimäre, keines, Pilot; das Ringen zwischen Aufgehen im Außenseitersein und Kampf um Akzeptanz; das Ringen mit sich selbst, in Überlegungen, wo die nächste S-Bahn-Station ist; ein neues Verorten des städtischen Raums, von sich selbst in ihm; eine neue Art des Ankommens, am Zielort, der Arbeitsstelle, Cafés, Restaurants, Freunde, Partys.

Merken, dass die Schönheit der Stadt eines ist, der Wert, den sie beim Durchlaufen erhält, ein anderes.

Dem Stadtläufer sitzen die Augen seitlich im Kopf: Er schaut mit den Augen eines Fluchttiers, ohne fliehen zu müssen. Er schaut nicht nur nach vorne, oder besser, trichterförmig ausgerichtet wie ein Scheinwerfer; auch hinter ihm drohende Gefahren nimmt er wahr.

Der Stadtläufer schaut mit dem Blick des Jagdtiers: das Fokussieren der Verkehrslücke wie Beutetier. Instinktgetriebene Direktkommunikation: Richtungsweisung an den Körper, Kraftbefehl an die Beine.

Im Hintergrund die Rechenmaschine gesammelter Beobachtungen,

Big Data, Intuition: die Ahnung, wie sich welcher Verkehrsteilnehmer als Nächstes verhalten wird, welche Konsequenzen das für Raum, Zeit und das Verhältnis zum eigenen sich bewegenden Körper hat. Unablässige Aufmerksamkeit, die Kopfmaschine läuft mit.

Ein anderer Blickwinkel: Keine Frage, ob und wie weit ich laufe - beides ist vordefiniert über die Eckpunkte meines Alltags.

Die Distanz schwindet, das Laufen wird selbst zur Alltagshandlung.

Es sind nicht nur die Erlebnisse, Eindrücke und Erkenntnisse, die das Besondere des Stadtlaufens und Turnschuhpendelns ausmachen. Gerade weil es mir zur Alltagshandlung wird, wird es für mich auch zum kulturellen und sozialen Phänomen, dessen genauere Betrachtung sich aufzwängt. Neuartige Fragen und Herausforderungen entstehen.

Großes Thema I: Schwitzen, und der Umgang damit. Steht am Zielort keine Dusche zur Verfügung oder ist man nicht geneigt, diese zu nutzen, beginnt erst das Abenteuer. Wie angemessen kleiden, dass das Nachschwitzen möglichst gering gehalten oder sogar vermieden wird? - Im Winter mit brutalem Kaltstart verbunden, im Sommer unmöglich. Wie verhält man sich unbefangen unter anderen, im Wissen, dass man gerade heftig geschwitzt, sich hinterher nur mit Deo ausgeholfen hat? Wie begrüßt man diese anderen, streckt man ihnen einfach so die Hand entgegen? - Das klassische Dilemma: Je stärker ich darüber nachdenke, desto stärker verhalte ich mich abweichend vom Üblichen, desto deutlicher wird für andere, dass etwas komisch ist; sie schalten ihre Spürnasen ein. Einzige Lösung: am besten die Frage direkt wieder vergessen.

Und weiter: Wie gehe ich selbst damit um, dass ich mir eben einen guten Prozentsatz Flüssigkeit aus dem Körper geschwitzt habe? - Sicherlich die essenzielle Frage, für die eine einfache Faustregel gilt: Stinkt es für mich, stinkt es für andere. Stinkt es für mich nicht, gibt es die Chance, dass auch andere nichts riechen. Der entscheidende Trick: Das Klebrige des alten Schweißes ist zu einer teuren, professionellen Hautcreme umzudichten. Die Königsfrage: Was mache ich, wenn ich noch nachschwitze, aber der existenziell wichtige Termin gerade beginnt?

Verräterisch: der Laufrucksack. Unbarmherzig fordert er ein, dass man auch nach dem Laufen zu ihm steht. Durch ihn erahnen andere den

Läufer - und Schwitzer -, auch wenn er längst im Anzug dasteht.

Warnung. Es ist möglich, dass Rückstände feiner Salzkristalle im Gesicht zurückbleiben.

Großes Thema II: Umziehen. Klar, wenn man zu Freunden läuft oder ins Büro, hat man dort in der Regel simple Möglichkeiten, sich den Augen der Öffentlichkeit entzogen umzuziehen. Anders ist das, wenn man zu einem Termin in einem Café läuft und sich weder von den zu Treffenden noch dem Personal in schwitziger Läuferkleidung sehen lassen will. Da ist es manchmal der gegenüberliegende Hauseingang, den gerade zufällig jemand verlässt, Fuß in die Tür, nettes Lächeln, Geduld bewahren und ins oberste Stockwerk steigen. Herausfordernd ist auch, wenn man sich im Büro zwar umziehen könnte, dort aber nicht in kompromittierender kurzer Hose an den Kollegen vorbeischleichen will.

Es geht also um etwas Grundsätzliches: das Nicht-gesehen-werden-Wollen. Beim Laufen selbst ist es für die meisten schon okay, manche genießen es sogar, passen ihren Laufstil den erwarteten Vorlieben der Blickenden an - laufen also meist schneller - und stoppen gar im Moment des Vorbeilaufens den Atem, lässig, geben sich von der eigenen Bewegung unbeeindruckt. Unmittelbar nach dem Laufen, Stichwort roter Kopf, und beim Umziehen: Spätestens da will man lieber für sich sein.

Es ist so, die Kunst ist die Selbstverständlichkeit. Hier gelten ganz klare Regeln: Wenn du dich mit dem Selbstverständnis umziehst, dass es das Normalste auf der Welt ist, werden auch andere es nicht hinterfragen. Unterwäsche ist hier gegebenenfalls ausgenommen. Hilfreich ist auch die Wahl eines Ortes, an dem eh schon so viele zwielichtige Personen rumhängen, dass einer mehr, in eigener Sonderlichkeit, auch nicht mehr auffällt.

Wenn beim Umziehen jemand dabei ist, den man kennt, einfach währenddessen mit dieser Person quatschen. Für Geübte ist so sogar das Umziehen inmitten belebter Plätze möglich.

Berliner Orte, die ich besonders zum Umziehen empfehlen kann: in Neukölln: der Karstadt am Hermannplatz, vierter Stock; in Kreuzberg: der dritte Innenhof des Creative Spaces neben dem SO36, zwischen den großen Mülltonnen; gleich zwei Orte an der Berliner Friedrichstraße: Erstens, das monumentale Kulturkaufhaus Dussmann, sofern man akzeptieren kann, dass man einmal komplett durchs Geschäft und rauf in den dritten Stock muss und es außerdem nur zwei Kabinen gibt. Achtung: Buchliebhaber können überraschend schnell ungeduldig werden, spätestens nach dem ersten Anklopfen sollte man das Tempo erhöhen. Zweitens, die Jakob-und-Wilhelm-Grimm-Bibliothek der Humboldt-Universität zu Berlin - eh einer dieser spannenden Einblicke, die man durch das Durch-die-Stadt-Laufen gewinnt: Im unmittelbar Sichtbaren repräsentativ eingerichtet, wandelt sich der Eindruck der Bibliothek, je mehr Treppen man hinabsteigt. Jedes Stockwerk ranziger, offenbart sich eine nicht für äußere Blicke gedachte Innenwelt.

Es gilt: Wem das mit der Selbstverständlichkeit noch zu heikel ist, für den bleiben in der Stadt Orte, die mindestens eines der folgenden Kriterien erfüllen: hoch oben, tief unten oder weit hinten.

Ich merke, dass das Durch-die-Stadt-und-zu-Terminen-Laufen nicht einfach nur etwas ist, was ich tue. Es ändert den Blick anderer auf mich: Die Frage „Bist du heute wieder hergelaufen?" ist mittlerweile eine der ersten, die ich bei Treffen mit Freunden und auf Partys höre; Lydia, die mich fragt, ob sie wieder meine Sachen in der Bahn mitnehmen soll, als es darum geht, ihre Eltern in Berlin-Staaken, 21 Kilometer von uns entfernt, zu besuchen; oder die sich beinahe jeden Morgen erkundigt, ob ich heute das Fahrrad, die Bahn oder die Laufschuhe nehme.

Mein zweijähriger Neffe, der den Mund nicht mehr zubekommt, als ich mich verabschiede und einfach so loslaufe, der seitdem auch immer und überall laufen und „so schnell wie Onkel Flo" sein möchte. Mein Freund Jannis, der mich dreimal fragt, wo mein Fahrrad steht, der erst überzeugt ist, als ich mich mitten auf unserem Spazierweg in der Rummelsburger Bucht umziehe.

Mein niederländischer Freund Jenne Jan, der mich in einer engen Straße Warschaus kopfschüttelnd von seinem Rad aus beim laufschrittigen Hüpfen über Bordsteine auf dem Weg zum Kino filmt.

Und nicht zuletzt Cem, der einen Kopierladen in der Hermannstraße besitzt, der sowohl den Lykischen als auch den Karischen Fernwanderweg in der Türkei komplett und allein durchwandert hat, Cem, den ich bei einem Zwei-Tages-Seminar zu interkultureller Kommunikation kennenlerne; Cem, der durch seinen zum Zopf gezwirbelten Bart sagt: „Jetzt mal ehrlich. Irgendwie bist du für mich ohne deinen Laufrucksack gar nicht vorstellbar."

I’m still learning how to walk

Yosemite-Nationalpark

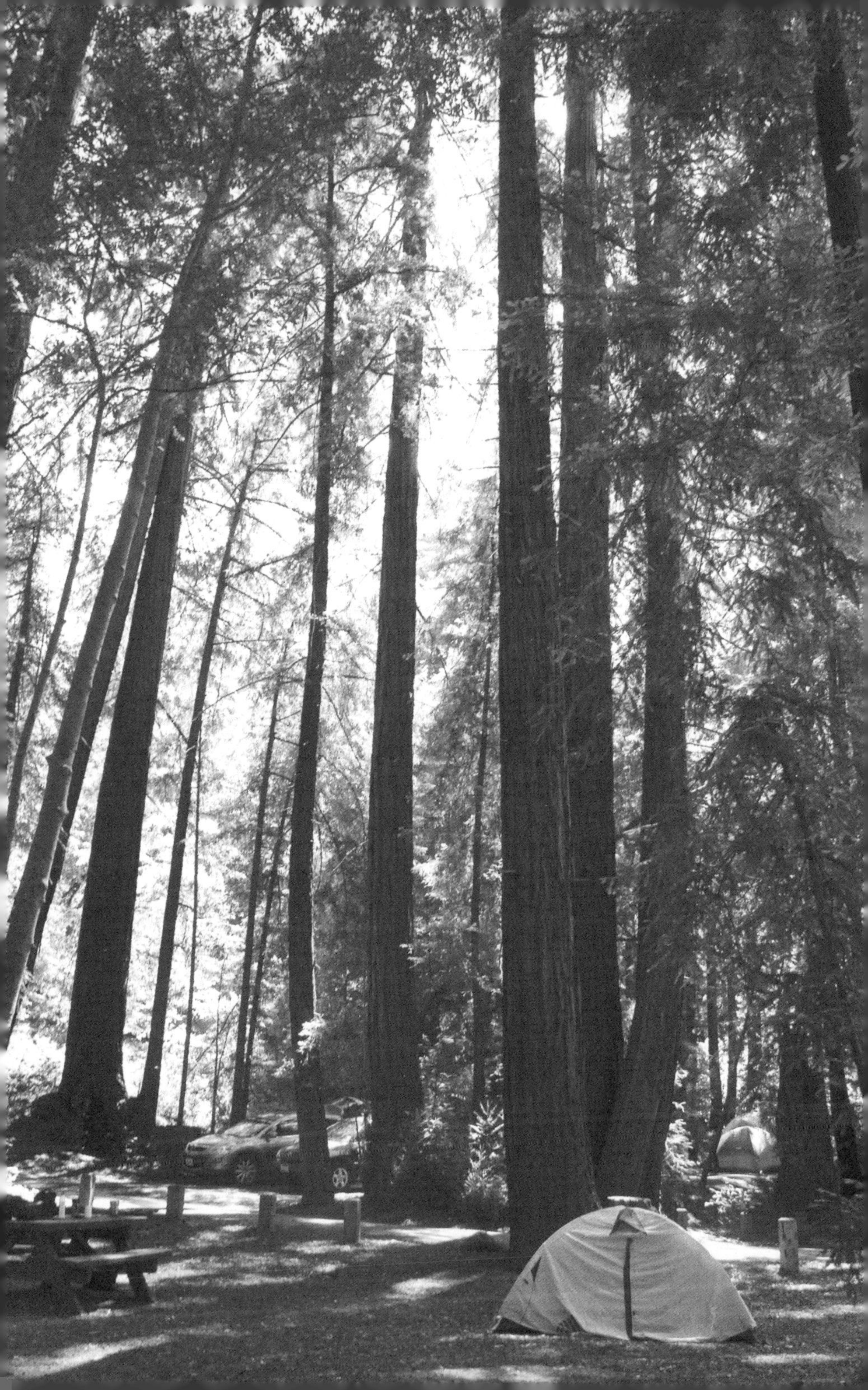

Ich hatte mir keine Gedanken gemacht. Der Busfahrer fragt mich kurz vor dem Aussteigen, anscheinend fühlt er sich verantwortlich für seinen letzten, sich nur zögerlich bewegenden Fahrgast. „Have you booked a spot ahead for your tent?"

Ich schüttle den Kopf. Er seufzt. Wie einer, der wider seine Ahnung auf bessere Antwort gehofft hat, einer, der merkt, dass es nun an ihm ist, Optimismus zu versprühen.

„Alright. No worries. It's mandatory to do so, so better don't bother to tell anyone tonight. Just go on the site, find yourself a nice little spot and behave normally."

Er zwinkert mir zu, die Türen vom Bus klappen seitlich ein. Als sich die Hydraulik aufstellt, gibt es dieses unbeschreibliche Geräusch, das man nur aus genau dieser Situation kennt: der sich zur Abfahrt bereit machende Bus; das Gefühl, das etwas endet, etwas Neues beginnen muss. Die Reifen quietschen, als sie am Bordstein langschrammen, feiner Sandstaub im dumpf roten Rücklicht.

Ich baue mein Zelt in die Dunkelheit, hinein in die Flächen anderer Zelter, deren skeptische Blicke ich hinter schimmernden Lagerfeuern vermute. Ich baue das Zelt unter Kiefern und Sequoias, Mammutbäumen, von denen ich nichts erkenne, als dass sie weit in den tiefblauen Sternenhimmel ragen.

Der feine Beat Feiernder, Lagerfeuergesprächsbrummen, Flackern von Flammen hervor hinter Bäumen und Zeltverdecken. In meinem Zelt liege ich auf dem Rücken, nur Millimeter Kunstfasern getrennt vom Yosemite-Nationalpark in Kalifornien. Aus der Seitentasche meines Rucksacks ziehe ich die Flasche Jim Beam Black Label heraus, Kentucky Straight Bourbon, den ich mir beim Umsteigen im Liquor Store des Nicht-Ortes Merced gekauft habe. In der Aufregung des Neuen ist kein Schlaf möglich, im Zustand des Eingeschlichenen, des Illegalen, bleibe ich unauffällig, mucksmäuschenstill; im stummen, verständnisvollen Dialog mit Jimmy.

Unter mir spüre ich Pinienzapfen, kleine Steine und Wurzeln. Schlafplatzwahl in nächtlicher Blindheit: die unterschiedlichen Optionen nicht zu sehen, greenhornig, die Kriterien unklar. Wenn ich ganz still liege, ohne Bewegung, flachatmig, wird die Körperempfindung an den drückenden Stellen weniger schmerzhaft, irgendwann angenehm taub.

Mit dem Morgengrauen stehe ich auf und stelle mich in die Schlange für die Anmeldung der Spontanzelter. Ein Platz wird mir zugewiesen, nun darf ich hier sein. Mit größtmöglicher Selbstverständlichkeit baue ich mein Zelt ab und am neuen Standort wieder auf, kaufe im Valley-Supermarkt Weizentoastbrot und einen guten Brocken Cheddar, eine Handvoll Möhren und ein paar Dosen Budweiser, alles für 22 Dollar. Brot und Käse, von denen ich noch nicht weiß, dass sie mein Essen für die nächsten zwei Tage sein werden, Frühstück, Mittag-, Abendessen: In der Hitze des Tals, die beides klebriger, matschiger macht, werden sie sich in Form und Fassung immer stärker einander annähern, bis sie zwei handliche, schwitzige Klumpen bilden.

Erst vor ein paar Tagen bin ich mit einer Mitfahrgelegenheit von Los Angeles nach Berkeley gefahren. Mir hängt noch der Duft der spätsommerlichen Blumen der Viertel Elmwood und Claremont in der Nase, vor Augen und Ohren tänzeln verrückte Berkeley-Rentnerinnen, die einst gegen den Vietnamkrieg demonstriert haben, jetzt Co-op-Cafés, Co-op-Häuser und Co-op-Leben gründen, mit Geigen auf die Straße gehen, immer mittwochs, protestieren gegen das, was sie eben gerade stört.

Berkeley war wundervoll, ein einladender Prolog zur spontanen Yosemite-Reise. Am Morgen sprach ich mit meinen Gastgebern, Bekannten der Exfreundin eines Freundes. Sie kramen in ihrem verstaubten Schuppen, „Hier", sagen sie, „nimm doch unser Zelt".

Da eine Stange fehlt, schicken sie mich zum Reparaturdienst des Outdoorgeschäfts, unten in Oakland. Normalerweise dauere es ein bis zwei Tage, bis er eine Kopie fertig habe, meint dort der Mitarbeiter in beiger Outdoorhose ohne Träger.

Er sieht mich an. „Aber vielleicht hast du Glück und ich habe noch eine ähnliche Stange da."

Er geht, kommt wieder, klappt die schwarzen Metallstecken in seiner Hand aus, über ein Seil verbundene Alustangen, die zischend ineinanderfliegen und sich zu einem ungetümen Stock ausweiten. Ein paar Biegungen hier, Anspitzungen dort, und er übergibt mir die Stange nach nur einer halben Stunde. Vom Impuls, nach Yosemite zu reisen, und dem Moment, in dem ich alles dafür vorbereitet sehe, das heißt, Zelt, Schlafsack, Gepäck und Leselampe, vergehen nicht einmal drei Stunden. Es ist 12 Uhr mittags, mit meinem dicken Reiserucksack sprinte ich zur Oakland Station, um noch den einzig passenden Amtrak-Zug zu erreichen.

Mit dem Auto dauert es von Berkeley dreieinhalb Stunden bis zum Valley, mit Zug und Bus ist es fast eine Tagesreise.

Müder Morgen im Yosemite-Tal, die Führlinie des Merced River, sandige Stellen, tatsächlich wacklige Wackelbrücken, befestigte Spazierwege, Valley Loop Trail und Bike Lane, Lodges, Häuschen, die nach außen mit Baumstammhälften staffiert sind, wirken, als hätte die Natur sich in praktischer Weise geirrt und Bezugsfertiges statt Rohmaterial hervorgebracht; stabiler als die typischen amerikanischen Wohnhäuser. Davor Urlauber in kurzen weißen Hosen und hellblauen und blassrosa Poloshirts, glatte Beine über wuschelhaarigen Füßen in Sandalen; ein paar Wohlbeleibte auf Holzbänken, allgemeines, unbewegtes Schwitzen, Sonnencreme, die in Flatschen aus der Packung blubbert, aufgetragen auf weiße Haut; dort verrinnt sie mit dem Schweiß zu einer trüben Flüssigkeit, die sich zögerlich hinabhangelt, in den Speckfalten verschwindet. Alles schreit jetzt auf mich ein: Lauf los.

In der vollen Cafeteria Aufzug der Sommergäste, Tabletts mit Pancakes, Sirup, Toast, Spiegelei und Bacon; ich genieße ihn, meinen einfachen, schwarzen, verdammt unschlagbaren Fünf-Dollar-Kaffee.

Endlich beginnt die Tour. Deswegen bin ich hier. Ich renne los ohne Ziel, einfach laufen. Aber das stimmt nicht; es gibt ein Ziel, auch wenn es nicht greifbar, nicht konkret ist; es steht nicht am Ende, sondern am Anfang: Es ist der Wunsch, das Tal hinter mir zu lassen, der Wunsch, erst das Tal, dann mich in der Natur verschwinden zu lassen.

Was heißt das, einen anderen Zustand finden: Auflösungszustand, Natureinkehr. Aus mir heraus oder in mich hinein. Zu etwas, das ich nur hier draußen finde, zu dem es mich, außerstande es sprachlich zu fassen, mit brachialer Kraft zieht.

Ich muss es für mich nicht auflösen: das erste Paradox, nicht zu wissen, was genau ich suche, dabei zu spüren, dass ich etwas suche. Auch das zweite Paradox, dass ich weiß, es hier zu finden, ohne mit Sicherheit sagen zu können: „Das ist es."

Ich weiß nicht, was ich erwarten kann, nichts Wesentliches, nichts Beständiges. Vielleicht ein Gefühl, vielleicht gerade kein Gefühl. Ich lasse meine Gedanken an das zu Erwartende fahren. Da ist nichts. Statt Erwartungen finde ich etwas ganz anderes.

Ich laufe also erst einmal los.

Der Spiegelsee, Mirror Lake, gibt eine erste Gipfelrührung: Ein Steinwurf, und das runde Dach des Half Dome zittert andächtig.

Es gibt Bären im Yosemite-Nationalpark, Braunbären, Schwarzbären, ein paar Grizzlys. Im Tal sieht man sie selten, höchstens nachts, wenn offenes Essen und menschliche Abwesenheit sie anlocken; wie das wäre, ihnen in den Tiefen des Parks, weit weg, von wo ich gestartet bin, zu begegnen.

Das Paradox vom Suchen und Finden: Unbedingt will ich einem Bären begegnen. Als man mir im Outdoorladen eine abschreckende Bärenglocke empfahl, kaufte ich sie.

Ich bin zerrüttet in dieser Zeit. Seit mein Großvater gestorben ist, ist mein Existenzgefüge irritiert. Stehe ich einmal still, scheint alles andere sich umso schneller zu bewegen, und ich fürchte, zurückzubleiben. Was dann. Auf meiner Tour treffe ich auf die alte Frage: Läuft man *fort von sich* oder *um sich zu finden?* Längst bin ich mitten im Loslaufen, doch immer wieder bricht sie hinein, in kleinen Momenten des Übergangs. Ich lerne, sie nicht als Zweifel zu verstehen, sondern als Frage, die es sich dezidiert zu beleuchten lohnt. Sie wird mir ein treuer Begleiter.

Ich verlasse das Tal am Nordostrand. Es hat 30 Grad, die Sonne knallt, ein Schild mahnt zu Beginn der Steigung des Snow Creek Trail, in den Sommermonaten mindestens 2,5 Liter Wasser dabeizuhaben. Meine Nalgene-Flasche aus Tritan-Copolyester fasst 0,7 Liter.

650 Meter aufwärts auf 3,5 Kilometer Strecke. Rasselt es, ist es entweder der Atem oder eine Klapperschlange.

Die ersten Steigungen nehme ich viel zu schnell, schon nach 100 Höhenmetern japse ich nach Luft, die heißer einströmt als gewünscht; der erste Löffel Suppe, der einem den Geschmack verbrüht. Heißluft schlürfen. Es gibt keinen Baum, keinen Schatten auf diesem Weg, alles Stein, Sand, ein wenig Gestrüpp. Ich lasse den Atem kommen, damit er sich beruhigt, trinke ein Drittel der Flasche leer. Es geht besser. Ich laufe die Steigungen nun ruhiger an, versuche, den Rhythmus zu halten. Die Wege werden schmaler, die Serpentinen enger. Ich begegne niemandem, die Sommergäste habe ich im Tal gelassen.

Erst auf der Hälfte des Aufstiegs treffe ich einen Mann, graues Haar, einzelne dunkel eingefärbte Stellen, starke Arme und Schultern, der

Bauch souverän herausgedrückt, ein riesiger Rucksack, an dem, umringt von Schnallen und Riemen, Isomatte und Schlafsack baumeln. Michael, stellt er sich vor, Aussteiger. Ich habe keine Ahnung, was er damit meint. Wir gehen ein Stück gemeinsam.

Michael erzählt, Michael durchquert die USA, einmal komplett von Osten nach Westen; seine Spielart der Devise vom Manifest Destiny bis zur Eisenbahnindustrialisierung: Go West. Seit anderthalb Jahren sei er unterwegs, ist mal gewandert, mal per Anhalter gefahren, mal Zug, Boot, Fahrrad, Motorrad, wie immer es ihm gerade passte, was sich ihm, wie sich ihm der Ort anbot. Nach den ersten Monaten, in denen er ständig etwas Neues entdeckt hat, Städte, Landschaften, spätestens seit er die Rockys durchquert hat, sind es vor allem die Menschen gewesen, viel mehr noch, ihre Geschichten, die ihn weiterziehen ließen. Dass keine genau wie die andere war, das habe ihn berührt; ihn beruhigt.

Seine Reise ist beinahe am Ende, viel mehr Westen ist da nicht. In San Francisco will er ein paar Tage ausspannen. Was dann kommt, keine Ahnung. Er hat ein wenig Angst davor, denkt aber selten daran, warum auch. Oder? Vielleicht steigt er einfach wieder ein, vielleicht macht er dann alles anders; vielleicht alles genauso wie vorher.

Wenn er eines auf seiner Tour gelernt hat - und er wollte gar nichts lernen, das schwört er hochheilig, obwohl er nicht religiös ist -, dann, dass auf einen Tag immer ein weiterer folgt.

Nach einem undefinierbaren Stück Weg - ich habe kein bisschen auf Schritte und Umgebung, Körperbewegung und Landmarken geachtet - verabschieden wir uns. Zu meinem Erstaunen dreht er sich um und geht abwärts. Er hat mich entgegen seiner vorherigen und anschließenden Gehrichtung begleitet, ohne dass ich es bemerkt habe.

Ohne auf den Wasserstand zu achten, nehme ich einen großen Schluck aus meiner Nalgene-Flasche und laufe weiter durch die schattenlose Hitze; sie zehrt aus.

Ich ziehe mein T-Shirt aus und denke an Umkehr. Ich habe fast kein Wasser mehr, und ein Drittel der Steigung liegt noch vor mir. Von Zeltschlaf, schnellem Start und Dehydrierung bin ich bis zur Durchlässigkeit erschöpft. Ich beschließe, mein Gefühl in den nächsten Kurven entscheiden zu lassen.

Ich stehe für einen Moment still und starre auf die Granitfelsen, Half Dome, Quarter Domes, Clouds Rest, unergründlich in ihren Wölbungen und Abbruchkanten; Bäume, die sich um sie ranken, Wasserfälle, die auf das Tal einstürzen, bringen Rettung und Verderben; das alles zwischen dem Hier und dem Unter-mir: der existenzielle Schwindel, der einen ergreift; einen Schritt vom Nichts entfernt, erschöpfte Versuchung.

Ich denke an meinen Großvater; da ist ein Etwas, das sich in der Bauchgegend bildet, sich löst und nach oben steigt, warm und körperlos, sich im Gehirn als Freude anmeldet, im Gesicht als Hochschieben von Mundwinkel und Wangen entäußert; zuletzt ein lautes, wölfisches Jaulen ins Tal, das sich von Felswand zu Felswand voranhallt. Eine Erwiderung an alles, das hinter mir und um mich liegt, dem Kommenden voraus. Auflösungszustand.

Dann Stille.

Weiterlaufen.

Vier Serpentinen später steht dort, an die Felswand gelehnt, eine Ein-Liter-Plastikflasche mit schmalem, weißem Deckel. Eine durchsichtige Flüssigkeit darin: Wasser. Ich schraube den Deckel auf; die Temperatur ist weder heiß noch kalt, gefällig springt es von den Lippen direkt in die Kehle. Ich nehme, so viel ich brauche, und stelle die Flasche mit dem restlichen Wasser zurück an ihren Ort an der Felswand.

Oben angekommen, auf knapp 2500 Metern, einige einzelne Bäume, der Duft trockener Pinien, ein paar alte Tannen, die unentschlossen in die Gegend blicken.

Es ist früher Nachmittag, noch immer knallt die Sonne. Ohne einen Schutz für den Kopf laufe ich weiter, wie lange kann das gut gehen, das Gelände nun zwar eben, ohne weitere Steigungen, aber das ist der Sonne egal. Für sie bin ich schon empfindlich nah.

Als ich ein Rauschen höre, biege ich vom Weg ab. Ein paar Hundert Meter weiter sehe ich es flackern, die Strömung des Porcupine Creek, ein flacher, klarer Wildbach, mitten im Spiel der Strahlen. Als ich schon fast am Wasser bin, sehe ich einen Gegenstand auf einem flachen Stein liegen: ein Brooks-Cap, schwarz mit silbernen Streifen an den Seiten; der Mützenteil ist weich, er passt sich meiner Kopfform an. Ich schaue mich um. Da ist niemand. Bis auf Boxershorts und das schützende Cap ziehe ich mich aus, lege mich erst auf die hellen Kiesel im flachen Wasser, dann auf einen trockenen, warmen Fels, lege mich auf die Seite wie ein schlafender Bär.

Als ich einigermaßen trocken bin, laufe ich weiter, ausgeruht, stabil im Tempo; Hemlock-Tannen, Weißkiefern und Pinien, die sanft übergehen in Schwarzkiefern, Wacholder und Wildblumenwiesen. Dazwischen Findlinge, wie kleine Inseln; Vogelgeräusche, ohne dass ich Vögel sehen kann.

Nach drei, vier Kilometern langsamen Laufens erscheint irgendwo in dem Ganzen eine Gestalt, tänzelnd auf einem unwahrscheinlich langen Baumstamm, einem gefallenen Mammutbaum, springt ab, kommt vor meinen Füßen in sicheren Stand. Alles, was die Gestalt dabeihat, trägt sie in ihren Händen: eine Gallone, 3,785 Liter, Wasser im durchsichtigen Plastikkanister, dessen blauer Tragegriff sich in die Innenseiten ihrer Fingergelenke bohrt; und eine riesige Tüte Nüsse.

Gabriel. Aussteiger, 18-jähriger Frankokanadier - der schon jetzt genug hat. Genug von was? Genug von allem.

„Dann doch lieber nicht genug", sagt er und strahlt, wie angestachelt durch meinen verwunderten Blick, „aber dafür hier draußen. Wo man gerade recht an allem hat, gerade so, dass es einem nie genug wird."

Einladend öffnet sich sein Arm in den Naturraum um uns. Ich lasse mich nicht lange bitte. Wir laufen, hüpfen, springen, bewegen uns im Zeitlupensprint, halten an, um den Eigengeräuschen des hoch liegenden Waldes zu lauschen, dem blätterrauschigen Nachhall unserer eigenen Existenz; wir berauschen uns an der Natur, wenn wir auf die verschiedenen Untergründe treten, wenn wir ein Gebüsch streifen, einen Stamm berühren, das Unterholz unter unseren Füßen knackt.

Gabriel erscheint mir als Kenner des Waldes, Weiser der Fortbewegung, Schelm des Entziehens. Von einem morschen Kiefernstumpf aus zitiert er Kierkegaard: „Ich bin zu meinen besten Gedanken gegangen, und ich kenne keinen Gedanken, der so bedrückend wäre, dass man ihn nicht gehend hinter sich lassen könnte."

Er lacht, schüttelt den Kopf, er lerne noch.

„I am still learning how to walk. With every step I am coming closer to the right, the interesting thoughts."

Als vor uns eine Bergspitze auftaucht, springt er von Findling zu Findling, kaum kann ich ihm folgen, bis an die höchste Stelle, die äußerste vor dem Abgrund. Er greift in seine Hosentasche, zieht ein Etwas heraus, eine Mundharmonika, und spielt ein paar Blues in den Sog des Nichts.

Ich stehe hinter ihm und halte mein Cap im Wind.

Wir gehen den Rest des Tages zusammen, üben uns im ruhigen

Schritt, die Körper in gleichförmigem Rhythmus, um den wir uns nicht zu kümmern brauchen; jeder Gedanke als spontane Reaktion auf einen anderen, alles ist wichtig, einzigartig; kein Wort, das in der Erinnerung haften bleibt.

Über den Sierra Point und die Yosemite Falls laufen wir hinunter ins Tal; am letzten Ausblick grüßt uns die halbe Kuppel des Half Dome mit gleißendem Goldlicht. Wir verabschieden uns, als Gabriel eine Mitfahrgelegenheit zu seinem abseits gelegenen Campingplatz findet.

In der Nacht wache ich auf durch einen lauten Knall. Keine Frage, ein Schuss. Manchmal kommen Bären, um die Mülleimer zu plündern. Hoffentlich bloß ein Warn-, höchstens ein Betäubungsschuss.

Das alles hier kommt mir vor wie ein Traum. Es ist mir einerlei. Wenn ich meinen Körper spüre, meinen eigenen Atem in den Ohren, fühlt sich das ziemlich echt an.

Am nächsten Morgen mache ich das neu Erlebte zur Routine: frühes Aufstehen, kalter Toast und weiche Cheddarscheiben. Ich sitze vor dem Zelt, kaue, umringt von Pinienzapfen. Einzig der Kaffee in der Kantine, zwischen den Sommergästen. Wieder geht es aus dem Tal hinaus, nordwestlich, zunächst in den Strom der Urlauber, die sich zu den Yosemite Falls hochschleppen. Nur einen kurzen Moment fühlt es sich falsch an, dort hinauf, wo ich gestern herunterkam.

Dort, wo es der Weg hergibt, dränge ich innen vorbei, den Blick gesenkt. Überall Beine, bis zu den Becken; der Rest verschwindet im nächsten großen Schritt. Ich stocke erst, als ich zwischen all dem bare Füße entdecke. Auf Granitstein, mit teils scharfen Kanten und abgebröckelten Steinchen, in der so unangenehmen Größe von zwei bis drei Zentimetern. Barfuß, darauf wäre ich hier nicht gekommen. Die Barfüßlerin trägt eine pinke Hose, ein beiges Top und ein blaues Cap, aus dem dunkelblond ihr Dutt durchschlägt. Das Cap sieht diese Lücke nicht vor, sie muss sie selber eingeschnitten haben. Ich spreche sie an.

Sie nickt verständnisvoll.

„Just try it yourself", sagt sie, mehr Worte gibt es dazu nicht.

Schon laufe auch ich barfuß. So steigen wir einen Moment gemeinsam; auch in den Momenten, in denen wir nicht reden, erkennbar gemeinsam, für die von uns Überholten untrüglich markiert als zusammengehörig: wir Barfüßigen.

Wie das Barfußlaufen unsere Wahrnehmung beeinflusst, beeinflussen wir die Wahrnehmung anderer. Urlauber, die uns fragen, wie es sich denn so läuft, die nervös lachen, wenn wir sie mit unserer Antwort zum Mitmachen auffordern, sich den Schweiß mit braunrändigen Tüchern von der Stirn wischen.

Unsere Fußsohlen sind blassfarbig vom beigen Sandstein. Aline. Sie erzählt mir von dem Retreat, den sie in Yosemite macht, ihrem Yogi, der am Abend eine spirituelle Sitzung leiten wird.

„Komm doch vorbei."

Dieses Mal ist sie hier, weil ihr Vater vor Kurzem gestorben ist. Nein, sie trauert nicht mehr; sie ist auf der Suche.

„Listen", es klingt fast beschwörend, „when we lose something invaluable, what we lose is in fact nothing in itself essential and discrete: what we lose is a certain combination of different, doubtless important, components."

Wenn wir also meinen, wir verlieren ein großes Ganzes, verlieren wir eigentlich die Kombination an vielen uns wichtigen Teilen.

Diese Komponenten verstehen wir „as a continuous whole. But we can find all treasured parts, everything we loved", alles, das wir geliebt haben, „we can find that all again - in other facets. Nothing gets ever lost, everything remains, just changing its forms and ways."

Nichts geht verloren, alles bleibt - es ändert bloß sein Aussehen.

Während die Kiesel sich längst sanfter in unsere Fußsohlen drücken, wir die Blicke der anderen längst gewohnt sind, erzählt Aline immer weiter.

Sie mache Yoga, sie wandere, sie lerne Menschen kennen, durchstreife die Natur. Sie sucht, indem sie Raum zum Kommen gibt. Sie braucht nicht explizit darauf zu vertrauen, muss sich nicht einreden, dass sie findet. Sie weiß ja, dass es da ist. Sie weiß es dadurch, dass sie es zuvor schon erlebt hat, wenn auch in anderer Form.

Sie vertraut implizit, weil sie sich nichts vorstellen kann, das sie so erschüttern kann, ihrer Haltung das Vertrauen zu entziehen.

Als ich Aline von meinen Erlebnissen des Vortags erzähle, das Wasser am Wegesrand, das Cap, genau in den Momenten, wo ich es am dringendsten brauchte, nickt sie bloß.

„Ja", sagt sie, „ich habe schon davon gehört."

Von was hat sie gehört?

Sie winkt ab, als wäre das doch alles ganz klar.

Ich fühle mich Aline nah, genauer kann ich es nicht benennen. Gleichzeitig spüre ich in dem Moment, als wir die Klippenkante erreichen, dass wir an dieser Stelle auseinandergehen. Ich ziehe meine Schuhe wieder an. Wir umarmen einander, zögerlich, in einer Situation, für die die Konventionen fehlen, geschwind haben wir im Gehen tiefe Nähe aufgebaut, jetzt im Stehen ist es anders, und wir bemerken es. Ohne mich umzudrehen, laufe ich also los, fort von Sommergästen, Yogis und Badefreunden, die sich alle um das Becken der Yosemite-Wasserfälle zu einer momentanen, eintönigen Einheit sammeln.

Ich laufe 15 Meilen, ohne jemandem zu begegnen. Die Toastbrotscheiben und das Käsestück verkleben sich endgültig zu einem matschigen Ganzen, einem Klumpen, der mit dem Rucksack die Beine schwermacht.

Mit jedem Schritt spüre ich jetzt meine Oberschenkel stärker, die gestrige Tour macht sich bemerkbar, die Beine drücken mich auf den Grund; das gleichförmige Rauschen des Yosemite Creek wird mir zum Schlaflied. „Hush-a-bye you sweet little baby and don't you cry anymore."

Bäume, die einmal umgekippt, den Weg blockieren, naturbelassen, große Boulder, die den Durchgang erschweren; weniger tänzeln, mehr steigen. Jeder Umweg bringt mich der Wildnis ein Stück näher.

Mittag und Nachmittag gehen viel zu schnell; Natureinkehr; so wie es möglich ist, laufe ich ihnen hinterher. Von meinen Mühen lasse ich mich nicht langweilen.

Ich bin auf einer Pendelstrecke, kein Rundweg, jeder Schritt bringt mich weiter vom Tal weg, was gut ist, genauso aber vom Zeltplatz, was schlecht ist. Wenn ich es in einer Stunde zur Tioga Road schaffe, bekomme ich dort vielleicht noch den Bus, bevor es dunkel wird.

Ich sehe einen Wegweiser, noch drei Meilen, das lässt mich hoffen, auch wenn die Kräfte nachlassen; manche verlorenen Kräfte kann auch ein Brot-Käse-Klumpen nicht wiedererwecken. Den zweiten Wegweiser muss ich übersehen haben, denn ich lande im Nichts. Aus dem Nichts heraus finde ich einen Weg, es muss ein anderer sein; ich laufe zwei Stunden und sehe die Straße immer noch nicht.

Dann sehe ich: Hinter einem Baumstumpf hockt der Kleine, braun, halb verdeckt; als unsere Augen sich treffen, läuft er davon, schaut sich noch einmal um, ohne anzuhalten. Er, der Bär.

Ich habe einen Bären gesehen. In meine Erschöpfung mischt sich unfassbares Glück.

Diese Erschöpfung ist eine andere als die, die ich aus dem Arbeitsalltag kenne, auch eine andere als die aus den Lauftrainings und Wettkämpfen. Diese Erschöpfung ist Brennholz, sie erwartet an jeder Ecke den Funken, der sie zu Glück entzündet.

Ich gehe vergnügt, *Running up that Hill* von Kate Bush auf den Lippen, weiter den Pfad entlang, der nur zur Straße führen kann. Oder eben überall sonst hin.

Es dämmert schon, als ich die Tioga Road erreiche. Endlich an der Haltestelle lese ich, dass der letzte Bus vor über einer Stunde gefahren ist, der nächste erst in über zwölf Stunden fährt.

Warten. Einen Abend, eine Nacht, einen Morgen.

Was kann ich tun? Ernsthaft auf den Bus warten? Doch was ist die Alternative, zurück durch den Wald im Dunkeln über Wurzeln, Steine und Stämme, gemeinsam mit Bären und was weiß ich? Nicht meine erste Wahl.

In Kalifornien kursieren eine Menge Horrorgeschichten über das Hitchhiking, das Per-Anhalter-Fahren. Es ist so verrufen, dass es mittlerweile wirklich nur noch die Verrückten tun, sowohl mitfahren als auch die Mitfahrt anbieten.

In den Horrorgeschichten sind es deutlich häufiger die Mitgenommenen als die Fahrer, die sich als Serienmörder entpuppen. Also, was soll's.

Die Dämmerung ist schnell verzogen, es ist dunkel. Auf ein Stück Pappe, das ich im Mülleimer der Bushaltestelle finde, schreibe ich dennoch in krakeliger Schrift „YOSEMITE VALLEY". Das Schild halte ich hoch, während ich langsam ganz am Rand der Tioga Road, dem Highway 120, entlanggehe. Vielleicht werde ich mitgenommen, so oder so schaffe ich ein paar Meter, erste Schritte auf den 40 Meilen um das geschützte Naturgebiet herum. Wenn ich abwechselnd gehe und laufe, sollte ich wohl im Morgengrauen ankommen, vielleicht würde der Bus mich noch für die letzten Kilometer einsacken.

In der ersten Stunde kommen vier Autos, davon keines, das überhaupt langsamer wird. In der zweiten Stunde kommt kein Auto mehr; ich zweifle, ob man das Schild im Dunkeln überhaupt noch lesen kann.

Ich habe keine Angst, es ist bloß anstrengend.

Dann wieder: Die Anstrengung ist berechenbar, aber die Wogen der Angst, die kurz aufschwappen, wenn ich von irgendwoher ein Geräusch höre, wecken mich, jagen meinen Puls hoch.

Es geht ja, ich bewege mich ja, das hilft.

Angst, Anstrengung und der kleine Rest, der daneben noch von mir übrig bleibt, spielen miteinander, in ständig wechselnden Arten. Wir alle drei, yogische Verwandlungskünstler.

Hier draußen im Dunkel des Yosemite Park. Es ist ein Spiel, weil ich ganz sicher bin, dass es irgendwann vorbei sein wird.

Tatsächlich sehe ich nach zwei Stunden Highway-Gehens hinter mir einen Wagen heranfahren. Ich halte mein Schild schon gar nicht mehr hoch, weil ich nicht damit rechne, dass ausgerechnet nachts jemand einen Hitchhiker mitnimmt; ich bin selbst unsicher, ob ich mitfahren würde. Der Wagen wird merklich langsamer, hält direkt hinter mir. Ich drehe mich um. „Park Patrol", lese ich. Keine Ahnung, ob das gut oder schlecht ist.

Zwei Jungs steigen aus, mit massiven Taschenlampen leuchten sie mir ins Gesicht.

18 oder 19 Jahre alt, einer mit kurzem Militärhaarschnitt, der andere mit Elvis-Tolle, nach hinten gelegt, nicht gegelt.

Der Erste schaut mich fest an: „Sir, do you have a gun?"

Ich kann nicht anders, ich lache laut los - die Frage trifft mich unvorbereitet.

„No", antworte ich, „no, Sir", halte ihnen meinen Rucksack zum Beweis hin, etwas zu überschwänglich, etwas zu dicht unter die Nase.

„Where are you staying?", fragen sie weiter.

„Down in the valley."

Sie schauen einander an, ungläubig; der eine tritt sich tatsächlich mit einem Fuß auf den anderen, schabt daran.

„Alright", sagt er schließlich, „let's see what we can do."

Sie beraten sich, sprechen etwas in ihr Walkie-Talkie, nicken mir endlich zu.

„Hop in."

Wir fahren beinahe eine Stunde. Ich merke jede einzelne Minute davon. Nicht so, wie man sonst Zeit merkt, das Verstreichen von Zeit; sondern als hyperpräsente Messpunkte einer Alternativwelt, eines lang gezogenen Gedankens: Wahnsinn, beinahe wäre ich das alles gegangen. Wahnsinn, weil: unvorstellbar.

Als wir, 50 Minuten später, am Zeltplatz ankommen, drucksen wir herum. Wir wissen nicht, was zu sagen. Ich bin einige Jahre älter als sie; sie, die Jüngeren, erwischen den Älteren bei einem kindischen Streich, aus dessen Konsequenzen sie ihn retten. Sie setzen ihn zu Hause ab.

Wie ein Schulkind fühle ich mich, ertappt nach einer verbotenen Aktion: verschämt, dankbar, dass es vorbei ist; und irgendwie stolz; im schwer zu greifenden Gefühl, alles richtig gemacht zu haben.

Ich freue mich, freue mich, wie gut der Brot-Käse-Klumpen jetzt schmeckt, wenn ich, zwischen Pinienzapfen sitzend, mit Dosenbier nachschütte.

Ich hatte mir keine Gedanken gemacht.

Ich hatte mir keine Gedanken gemacht, und nun liege ich hier im Zelt und denke an die beiden vergangenen Tage; als wären sie nicht nur gefährlich und verdammt aufregend gewesen, sondern auch unvergleichlich schön.

Vielleicht war es so.

Trainings-tagebuch Berlin

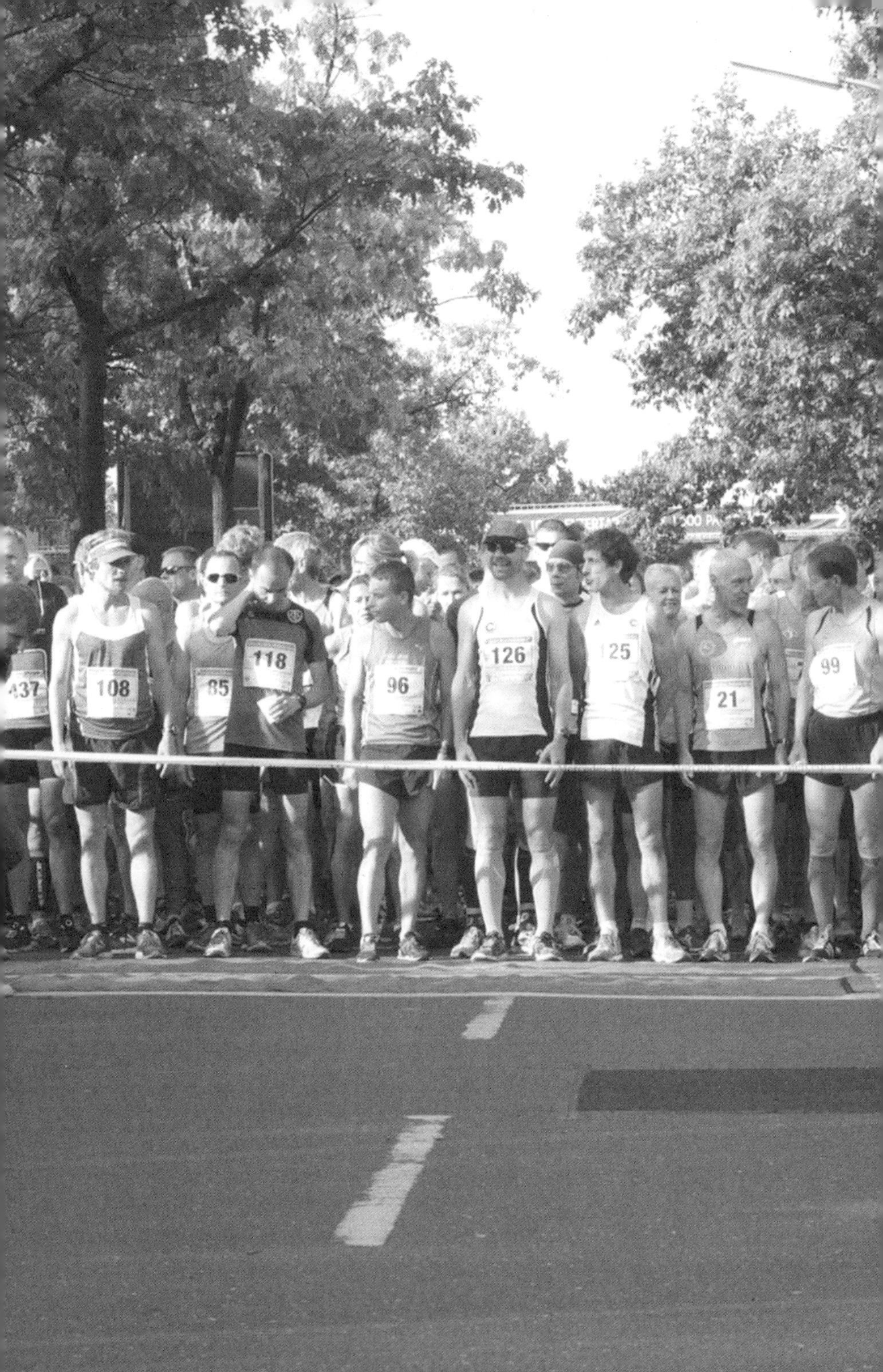

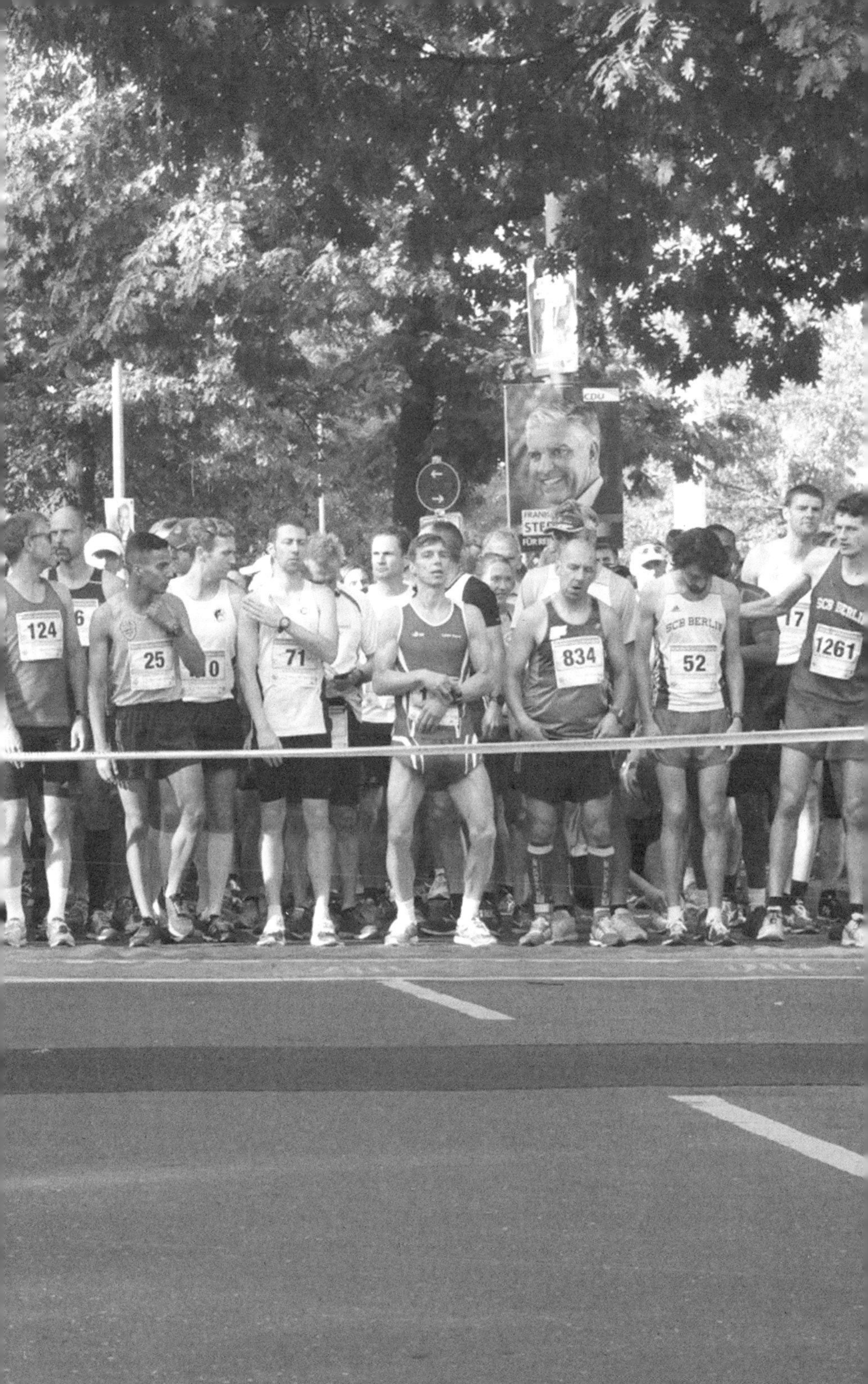
CDU
124
25
71
834
SCB BERLIN
52
1261

Der Trainingseinstieg ist hart: der Körper schwer von Sommergedankenlosigkeit, gerade erst im Akt der Befreiung vom Regime des ausschweifenden Genusses, der ausgedehnten Pause, dem Reisen und Weglaufen, dem Fortsein und Vergessen. Die Beine drücken sich mehr in den Boden, als dass sie sich von ihm abheben. Ohne die stoßhafte Abdrückbewegung versickert mit dem bloßen Fallen des Beins jede Kraft in der Erde. Die Reflexe des vorzeitigen Aufgebens fühlen sich noch in unangefochtener Herrschaft, sehen sich im Dauerrecht; Schweiß, der schon nach ein paar Hundert Metern das gerötete Gesicht hinunterrinnt. Die Waden verhärten sich nach wenigen Kilometern, verhaspeln sich in Steifheit und Krämpfen; sprechen die Verweigerungssprache. Mir bleibt nichts, als die Augen zusammenzukneifen, die Trotzklötze mitzuschleifen, als verstünde ich ihr Anliegen nicht.

Für den Kopf tut es gut, Egidijus' Anweisungen zu folgen, fünf Runden warmlaufen, dann Fersenlauf, Kniehub, Prellhopser, Skischritt, Dehnen, dreimal 2000 Meter auf der Bahn, zuletzt 200-Meter-Sprints, Erholung erst, wenn das Tempo unter 27 Sekunden rutscht. Gamification im Marathontraining, durch Ehrgeiz die Aufgebreflexe aushebeln: Natürlich will ich so oft es geht unter diese 27 Sekunden kommen.

Für den Kopf tut es gut, beim Warmlaufen mit Filip zu quatschen, der mir seine Arbeit erklärt, computergestützte Hirnforschung. Es tut gut, dass er erzählt, auch wenn ich kein Wort verstehe.

Ich brauche das, dass es dem Kopf gut geht. Denn ich tue es wieder: der nächste Versuch, unter die 2:30 zu kommen.

2:30. Noch lässt mich jeder Gedanke an Läufe an der Tempogrenze und jenseits der 20 oder sogar 30 Kilometer innerlich erzittern.

Filip schüttelt den Kopf. „Flo, das hast du doch in deiner letzten Marathonphase auch schon geschafft, und in der davor. Es ist immer dasselbe."

Es ist immer dasselbe, das ist es ja; jedes Mal wieder von vorne.

Jedes Mal die Hoffnung, dass noch etwas da ist vom letzten Mal.

Immerhin: jedes Mal wieder bis zum Ende, bis zur Ziellinie.

Zweidreißig, wie gut das klingt.

Es hilft nichts, also stürze ich mich in die fünfte Jahreszeit: die Marathonzeit. Ab Ende Juli heißt es: fünf- bis sechsmal die Woche trainieren,

Intervalle, Tempoläufe, Fahrtspiele, lange Läufe, Steigungen, Steigerungen, Athletiktraining; Rumpfstabilisierung, Lauf-ABC, Dehnen, Koordination, Regeneration.

Yalla, auf geht's.

Noch neun Wochen bis zum Marathon.

Mit den ersten intensiveren Einheiten treten Stimmungsschwankungen auf; plötzliche Gereiztheit, innere Spannung und ständig das Gefühl, in irgendetwas eingesperrt zu sein: der Wohnung, der Beziehung, der beruflichen Situation. Der Körper ist die Belastungen noch nicht gewohnt, er reagiert mit panischen Hormonausstößen, die das Gehirn nicht zu interpretieren versteht. Es kommt zu Verwechslungen: wer oder was verantwortlich ist für die Gefühle der Belastung und Unzufriedenheit.

In der Mittagspause gehe ich am Potsdamer Platz spazieren, aufrecht, mit hellen Augen und angespanntem Kiefer, frage mich, ob die Leute mich erkennen: als künftigen Marathonhelden. Fragen mich Freunde, ob wir demnächst mal einen trinken gehen, mache ich ein wichtiges Gesicht und schlage einen Termin in neuneinhalb Wochen vor.

Am Donnerstag bin ich als Einziger beim Training, 20-mal 300 Meter auf der Aschenbahn. Beim Start hebe ich die Hand, Egidijus wartet mit Stoppuhr an der Ziellinie, alles verschwindet im trockenen Staub.

Acht Wochen.

Beim heimischen Treppensteigen plötzliche Trainingswärme in den Beinen. Ich laufe die vier Stockwerke gleich fünfmal rauf und runter, den Rucksack voll mit Supermarkteinkäufen lasse ich zur Verstärkung des Effekts am Rücken.

Auf der Bahn synchronisiert Egidijus das Team: Filip, Matt, Nikolai und ich laufen alle in einer Reihe, langsam auf der Innenbahn: Der Vorderste bestimmt das Tempo und die Schrittfrequenz, die anderen passen sich an. Nach jeder Runde schiebt sich der Hinterste außen an den anderen vorbei nach vorne und übernimmt. Wir fühlen uns wie ein Profiradrennteam bei der Tour de France. Im Laufen bestimmten wir die Schrittfrequenz, kommen beim Zählen durcheinander: Nikolai und Filip zählen die Schritte eines Beines, Matt und ich die von beiden zusammen. Die Zahlen unterscheiden sich deutlich, sind für den Moment schwer zu übersetzen. Mit der gedanklichen Verwirrung verlieren wir auch den

Gleichschritt. Unsere Einheit fällt auseinander. Wegen Mathe.

Am Wochenende gemeinsame Fahrt nach Buckow: In den Hügeln der Märkischen Schweiz, einmal weg von der Bahn, toben wir uns aus. Wir, die einfallende Städterhorde. Anschließend Schnittlauchrührei, vier Eier und Hochzeitssuppe im kleinen Café am Kirchplatz.

Ich fühle mich ausgeglichen, entspannt. Arbeit und Schreiben laufen gleichförmig dahin, ich verschwende keinen Gedanken an Deadlines und andere Maßgaben.

Sieben.

Das ewige Thema: die richtigen Schuhe. Ich frage Filip und Egidijus um Rat. Beide: „Das kommt ganz darauf an …"

Also doch das Internet. Prinzipiell werden hier alle Schuhe der aktuellen Saison angepriesen, das Vokabular ist dabei im Rotationsprinzip, Webseite/Schuh, austauschbar: „überraschend leicht, trotz guter Dämpfung"; „gute Stabilität bei hoher Flexibilität"; „sicher nicht für jeden, aber für die dann top". Aber ich kann doch nicht alle kaufen! Eine Testseite überrascht mit komplexen Metriken und hohem Standardisierungsgrad. Das überzeugt mich.

Am Freitag Partygespräch mit Michel, der in der Jugend Leistungsschwimmer war. „Ungewöhnlich", meint er, „so spät, so intensiv in den ambitionierten Sport einzusteigen."

Normalfall: in der Jugend Leistungssport, dann mit Abschließen der Schule neue Ziele. Vielen macht es zu schaffen, nach Jahren als Jahrgangsbester mit Eintritt in die Erwachsenenklasse plötzlich nur noch ein kleiner Fisch zu sein. Die Sinnsuche beginnt. Erwachsenensinn.

Ich genieße es, so viel an der frischen Luft zu sein.

Sechs.

Ich habe es mir angewöhnt, an den Clubtrainingsabenden eine Stunde vor dem Start, Punkt 18 Uhr, einen starken Kaffee zu trinken. Manchmal bekomme ich einen Blähbauch davon.

Highlight: Leichtathletik-Europameisterschaft in Berlin. Ich sitze mit Lydia, ihrer Freundin Kathrin, Filip und Fabian, Profiläufer im SCC Pro Team, hinter der Hochsprunganlage. Unten im Oval läuft Gesa Krause unbeeindruckt über Hürden, platscht in Wassergräben, sichert sich den Titel im 3000-Meter-Hindernislauf. Wir trinken Cola, essen mitgebrachte Brötchen; das Adrenalin wohlgenährt von all dem Futter.

Wenn ich zum Training komme, habe ich keine Ahnung, was mich erwartet, der Informationszuwachs erfolgt Stufe für Stufe: erstmal Warmlaufen, dann Lauf-ABC, aktives Dehnen, schnelles, kurzes in die Dehnung Gehen, dann: unklar, banges Warten auf die Anweisungen vom Coach. Klar, da ist schon immer so eine diffuse Angst vor dem Training. Aber es ist besser, als den ganzen Tag an eine konkrete Einheit am Abend zu denken. Es lässt Raum für angenehme Überraschungen.

Vom Vorteil, einen Trainer zu haben: sich nicht selbst zwingen zu müssen, nicht sich selbst Vorgaben zu machen, nicht über sich selbst urteilen zu müssen. Nicht alles selbst wissen zu müssen. Die Wissenschaft sagt: Das Treffen vieler und komplexer Entscheidungen ermüdet.

Egidijus, der auf dem Grün des Fußballfelds hockt und unergründliche Dinge in sein Notizbuch schreibt.

Egidijus' Antwort, als ich ihm sage, dass ich statt des von ihm vorgeschlagenen intensiven 20-Kilometer-Laufs lieber einen Lauf über 32 Kilometer in gemäßigterem Tempo, dafür mit Endbeschleunigung absolvieren möchte: „Musst du selber wissen."

Wettkampf.

Der SportScheck RUN Berlin - „Deine Stadt, dein RUN" -, eine Städtelaufserie, die seit ein paar Jahren in ausgewählten Städten ausgetragen wird. In Berlin wird der Lauf auch als „die Generalprobe" bezeichnet, da er einen Monat vor dem Berlin-Marathon stattfindet. Läufer haben die Möglichkeit, entweder 10,5 Kilometer - eine Runde, meine Distanz an diesem Tag - zu laufen oder auf der Halbmarathondistanz - zwei Runden - zu starten. Nach dem Fokus auf Tempotraining die letzten Wochen ist der Lauf eine Standortbestimmung für mein Speedlevel. Und ein Sinnnachschub: Es ist vor allem die Messbarkeit meiner Zeit im Verhältnis zu anderen, die einen besonderen Reiz ausmacht. Faszinierend ist, dass schon allein die Anwesenheit anderer nicht nur eine bessere, sondern auch eine eher dem Leistungsstand entsprechende, also wahrere Leistung herauskitzelt. Eine schöne Vorstellung, wie wir Laufenden uns gegenseitig Bestzeiten ermöglichen, und ganz beiläufig Wahrheit schaffen.

Sowohl mein Team als auch Lydia sind anderweitig unterwegs, sodass ich allein mit der U9 zum Start fahre, verloren auf der langen Sitzbank der Bahn, nichts dabei als eine Flasche Wasser und eine Banane für den Fall, dass ein Resthunger durchkommt oder ich nervös werde. Tausende Menschen entlang der Schlossstraße in Berlin-Steglitz, 45 Minuten vor dem Start schon geschäftiges Drängeln, Laufschuhe, die gebunden werden, Läufer, die sich die Anspannung wegplappern. Ich laufe vorbei am Spielwarenladen, mache mich in den Seitenstraßen entlang der Bahnschienen der S1 warm, Zunicken entgegenkommender Läufer, ein paar Schnurrbart-Jugendliche, die vor einem Café lungern und das Treiben skeptisch beobachten, eine ältere Dame, die mit Obst und Gemüse in Plastiktüten aus dem Späti tritt. Gegenüber die Postfiliale, die ich als Ort unmenschlicher Grausamkeit kennengelernt habe: tiefste Abgründe, samstagnachmittags kurz vor Schließung.

Ich bin tatsächlich etwas nervös, heute werde ich sehen, wohin mich die letzten Wochen Training geführt haben. Natürlich bieten die Intervall-, Tempo- und langen Läufe an sich auch aufschlussreiche Zahlen, doch: Wettkampf ist Wettkampf.

Ich esse die Banane und trinke mein Wasser. Obwohl noch früh, ist es schon verdammt warm, und das sind meine letzten Tropfen Flüssigkeit. Ich dehydriere schon beim Gedanken an den Lauf, ärgere mich über meine Nachsicht. Geld habe ich auch keines dabei, in meiner Tasche finde ich nur den bereits jetzt klebrigen Fahrschein für die Rückfahrt. Es sind nur noch ein paar Minuten bis zum Start - und ich suche verzweifelt nach einem Schluck Wasser. Durstig zu starten, ein Horrorszenario. Oder, wie Herbert Steffny schreibt, sobald du Durst spürst, ist es eigentlich schon zu spät. Die Muskeln brauchen Wasser, der Kopf braucht Wasser. Der Kopf braucht, dass die Muskeln Wasser haben.

Im Gewusel der Läufer gibt es kaum ein Durchkommen zu den Verpflegungsständen. Meine letzte Hoffnung: der italienische Eisladen an der Ecke. Die beiden Verkäufer schauen einander an, fragen nach, ob sie richtig verstanden haben. Ja. Schließlich füllen sie mir zwei Pappeisbecher mit Leitungswasser.

Anderthalb Minuten vor dem Start klettere ich über den die Strecke seitlich begrenzenden Zaun und ordne mich in der dritten Reihe ein. Ein Blick nach hinten offenbart mir ein weiß-blaues Meer - bei diesem Lauf ist es verpflichtend, das Brandingshirt des Veranstalters zu tragen. Mit einigen der Läufer werde ich bald wieder im Feld stehen, dann unter mehr als 30.000 weiteren. Ich checke meine Nebenleute ab: Wer von euch sieht so aus, als würde er in etwa mein Tempo laufen, an wen gilt es sich anzuhängen, wen gilt es abzuhängen? Ich lausche den Gesprächen, welche Pläne werden feilgeboten?

Dann der Startschuss. Die Spitze aus fünf Läufern donnert davon, ich in einem Pulk aus zehn bis 15 Läufern dahinter. Auf den ersten drei Kilometern dünnt es sich aus, der Pulk wird schütter, bis wir schließlich nur noch zu dritt sind: ein Strammer in grün-weißem Trikot eines Stuttgarter Vereins, der irgendwie einen Weg um die Kleidervorschrift gefunden hat, und ein junger Blondschopf mit einer Art kurzem Topfschnitt, den ich immer mehr als die aktuelle Läufermode erkenne. Die Vorderen weit enteilt, die Hinteren wohl geschlagen.

Die Beine fühlen sich gut an, und obwohl ich es für taktisch falsch halte, setze ich mich immer wieder an die Spitze unserer Dreiergruppe, einfach weil es anstrengender wäre, bewusst zu bremsen. Wir sehen Fabian am Rand, der als Tempomacher für die Elitegruppe schon nach etwa fünf Kilometern ausgestiegen ist.

„Ihr müsst zusammenarbeiten", ruft er.

Sichtlich irritiert laufen wir an ihm vorbei.

Noch drei Kilometer. Jetzt wird es hart, jetzt verlässt der Kopf den ruhigen Flow der Gegenwärtigkeit des Laufens und zieht dem Körper voraus; Richtung Ziel, in Gedanken bei den letzten Metern, Hoffnung und Zweifel abwägend, Gefühle von Sieg und Niederlage antestend. Auf schweren Beinen kommt es nun auf die Tempohärte an. Und den Willen. Das ist ein Gedanke zu viel, der stramme Stuttgarter zieht davon, noch mit genug Puste, um uns Verbliebenen zuzuwerfen: „Keine Sorge, Jungs, ich laufe noch eine Runde mehr."

Ich rechne durch: Von den noch verbleibenden vorderen vier müssten drei den Halbmarathon laufen, sodass, wenn ich richtig liege, Topfhaarschnitt und ich um den zweiten Platz laufen.

Ich weiß nicht, ob ich langsamer werde oder er schneller, in jedem Fall entfernt er sich, und ich habe Mühe zu folgen. Den letzten Kilometer schleppe ich mich in zunehmend gewohnter Haltung, gebeugt, der Schwerpunkt vor den Beinen. Ich muss fürchterlich aussehen, sicher nicht wie ein Läufer. Erst auf der Zielgeraden nehme ich wieder aufrechten Gang an, zwischen Händen, die gegen die Bande klatschen; es braust und tost - wodurch der Eindruck entsteht, ich liefe doch schnell.

Zieleinlauf.

Anschließend große Unsicherheit, ob es wirklich für den dritten Platz gereicht hat oder ob einer der Halbmarathonläufer doch spontan nach der ersten Runde ausgestiegen ist. Aus irgendeinem Grund kann mir das keiner genau sagen.

Vier, fünf Becher Wasser, Obst, Laugengebäck, dann die Gewissheit durch eine Zuschauerin, die mir ihr Handy leiht. Yes. Auslaufen, ein paar Schwätzchen mit Läuferbekanntschaften, anderthalb Stunden Warten auf die Siegerehrung. Schließlich stehen wir auf dem Podest, mehr fürs Foto als alles andere. Händeschütteln, es gibt - Überraschung - einen SportScheck-Gutschein; dazu eine Sonnenblume und eine knallrote Kuscheldecke der IC-Hotels-Kette.

Ich nehme meine Schuhe in die Hand und watschle barfuß zur U-Bahn-Station. Vorher, das kann ich mir nicht verkneifen, gehe ich noch bei den Eisverkäufern vorbei, die mit den zwei Wassern im Becher meinen Lauf gerettet haben. Unter ihren verblüfften Blicken überreiche ich ihnen die Finishermedaille.

Gefühlt passt die Zeit, 34:56 Minuten für die 10,5 Kilometer. Die anderen Läufer schweigen, als ich ihnen nach dem Lauf sage, ich peile einen Marathon unter 2:30 an. Zu Hause gebe ich die Zeit im Laufzeitprognoserechner von Peter Greif ein, der in einem komplizierten Verfahren - unter anderem unter Einbezug eines Ermüdungsparameters „eps" - als realistische Zielzeit für den Marathon angibt: 2:36:02. Hui. Ernüchterung.

Was mich hoffnungsvoll macht: Dass ich noch ein paar Wochen habe, dass ich vor dem Marathon durch die Trainingsreduzierung erholter sein werde und dass ich verdammt noch mal Marathonläufer bin, kein 10- oder 10,5-Kilometer-Läufer. Meine ersten beiden Marathons bin ich ganz ohne Standortbestimmungen vorher gelaufen. Alles, was mich reizt, darum allein geht es mir: Marathon. Genauso wahr, wie es Ausrede ist: in etwa so überzeugend wie die Ankündigung von Sonnenschein inmitten regengrauer Wolken.

Der Läufervolksmund sagt: Was läuferisch nicht da ist, muss kämpferisch ausgeglichen werden. Auf dem im Internet veröffentlichten Eventfoto zum Lauf sehe ich aus wie ein waldschratiger Waschbär.

Noch fünf Wochen.

Matt bei einem seiner selten gewordenen Trainingsbesuche. Er trainiert diesen Herbst nicht für einen Marathon, sondern für den Berliner Mauerweglauf, auch bekannt als „die 100 Meilen von Berlin". Im Trainingsplan: zwei bis drei 60- bis 80-Kilometer-Läufe wöchentlich, sehr viel Dehnen. Beim Auslaufen diskutieren Filip, Matt und ich die großen Fragen für einen 161,7-Kilometer-Lauf: Wie viele Gels braucht man? Hochgerechnet von den kolportierten drei für einen Marathon landet man bei zwölf - beinahe der Zuckeranteil eines ganzen Kuchens. Wie sollte das Verhältnis von Glukose und Fruktose sein, und in welchem Abstand ist die Einnahme physiologisch am sinnvollsten? Emmh ... Zumindest die Frage der Einsamkeit des Läufers auf dem Ultra-Ultra ist geklärt: Matts Frau hat versprochen, ihn den ganzen Weg über auf dem Fahrrad zu begleiten. 15 bis 16 Stunden im Sattel sitzen, hoffentlich hat sie eine Fahrradhose.

Der Mauerweglauf: entlang dem früheren Patrouillenweg der DDR-Grenztruppen um das westliche Berlin; außerstädtisch sandiges Einsinken, Birken in lockerer Haltung säumen die Pfade. Übersichtliche Beschilderung, Informationstafeln, städtische und ländliche Passagen, immer wieder Mauerreste und Spuren von Wachanlagen. Einmal im Jahr 50 Frauen und 250 Männer, die unermüdlich die Grenze abschreiten. Zur Erhöhung der Abwechslung wird jedes Jahr die Laufrichtung gewechselt.

Die Sonntage sind festgelegt: frühes Aufstehen und Müslifrühstück, eine Stunde Verdauungspause, dann 35-Kilometer-Lauf durch den Grunewald. Diese Woche im Anschluss zum Österreicher am Südwestkorso in Wilmersdorf: Semmelknödel mit frischen Waldpilzen und Salat, Kaiserschmarrn mit Pflaumenröster.

Kurz zuvor laufe ich auf dunkle Rauchschwaden zu. Ich ignoriere sie, ich muss mein Tempo halten. Drei Polizisten stehen am Eingang der Rauchstraße. Ich laufe bis auf drei Meter an sie heran, biege erst ab, als einer von ihnen mir mit ausgebreiteten Armen den Durchgang versperrt: „Wenn Ihnen Ihre Lunge lieb ist ..."

Ziehen im Schienbein: Bandagen, Retterspitz, eine Art Kräutertinktur - meine Oma schwört darauf -, Schonung, Absage der Geburtstagsfeier eines guten Freundes.

Spätabendliche Verdauungsspaziergänge, die wir uns zur Gewohnheit gemacht haben.

Weniger und weniger habe ich einen großen Plan im Kopf. Ich denke von Training zu Training, mit dem immer gleichen Ziel: die jeweils unmittelbar vor mir liegende Einheit so gut es geht durchziehen, in jedes einzelne Intervall alles reinlegen, als wäre es das alles Entscheidende.

Noch vier.

Diskussion beim Training über unterschiedliche Wege, sich auf einen Marathon vorzubereiten. Oft laufen schon Hobbyläufer 110 bis 130 Kilometer pro Woche. Egidijus: „Das ist viel zu viel, davon wird der Körper nur müde, beim Marathon bist du wie ausgequetscht."

Sein System: den langen Lauf, 30 bis 35 Kilometer, abwechseln mit kürzeren, dafür intensiveren Tempo- und Steigerungsläufen, 20 bis 25 Kilometer. Wenn Hobbyläufer über 130 Kilometer die Woche trainieren, dann spricht das eher für Unsicherheit als für einen ausgefeilten Trainingsplan.

Immer wieder diese bohrende Frage: Woran merke ich eigentlich, dass ich mich verbessere, dass ich richtig trainiere?

Egidijus, der uns nach einer harten Crosseinheit im Wald überrascht: noch zusätzlich 30 Minuten Krafttraining.

Egidijus, der nach dem Training spontan eine Packung Schokokugeln rausholt, jedem von uns sechs, sieben Stück in die Hand drückt.

Ich gehe stolz durch die Bibliothek: Bis auf zwei, drei noch bevorstehende Kracher sind die schwersten Einheiten absolviert; ich schaue auf die Arbeitenden: Wenn ihr wüsstet. Beim Training nehmen wir es zum ersten Mal in den Mund: sub 2:30, wir halten es für möglich.

Die Durchlässigkeit der Erschöpfung im Berliner Spätsommer: erste fallende Blätter, von der noch hellen Sonne in Szene gesetzt. Unplanbare Serotoninausschüttung.

Wettkampf.

Der Mercedes-Benz Halbmarathon in Reinickendorf, Berlin-Brandenburgische Meisterschaft.

„Auf geht's", sagt Egidijus, „lokale Meisterschaften, hier geht's um was"; das Prestige innerhalb der Laufclubszene.

Die Teilnehmendenlisten hängen aus, wir durchforsten sie gemeinsam, rechnen unsere Chancen aus. Filip hat Ambitionen auf den Titel, seine härtesten Konkurrenten werden Niels Bubel von der LG Nord, Rainardus van Wel vom SCC Berlin und Mustapha el Ouartassy vom VFL Fortuna Marzahn sein. Ich werde voraussichtlich nicht weit dahinter landen, schwer einzuschätzen, wer heute meine unmittelbaren Konkurrenten sind. Unser Hauptziel für heute ist eh ein anderes: ein Podestplatz in der Teamwertung. Die Laufzeiten der schnellsten drei Läufer werden zum Teamergebnis addiert. Wir sind heute nur zu dritt, Filip, Egidijus und ich, das heißt: in jedem Fall durchhalten und alles geben, Verrücktheiten und Stabilität im Rennverlauf ausbalancieren. Natürlich will ich auch eine vielversprechende Zeit laufen.

Umziehen in der Mercedes-Benz-Filiale: Läufer zwischen den polierten Neuwagen, Boxershorthintern auf den Sesseln der Mitarbeiter, hier und da ein Shirt über eine Schreibtischlampe gehängt.

Gemeinsames Aufwärmen im Team, Startaufstellung, die Meisterschaftsläufer vorne, etwas Gedränge; die meisten in ärmellosen Hemden, Arme, die aneinander reiben. Ich laufe zum ersten Mal im Clubtrikot. Im Team laufen, mit der Zugehörigkeit kommt auch Verantwortung.

Startschuss. Die Favoriten vorweg, dann das Hauptfeld, ich dazwischen hängend. Ich schaue mich um, aber es findet sich keiner, der mein Tempo geht.

Egidijus, der mir von hinten zuruft „Geh mit", ich, ihn ignorierend.

Ich weiß, dass die da vorne zu schnell sind, und mit dem Wissen endet die Fantasie. Wer weiß, was möglich wäre, wenn ich es nicht wüsste. Ich gehe nicht zu sehr ins Risiko. Vielleicht ist es passende Selbsteinschätzung, vielleicht Gemütlichkeit: Ich laufe lieber gleichmäßig.

Stück für Stück setzen sich die vier von mir ab, ich versuche, so nah dranzubleiben, dass ich sie zumindest auf langen Streckenabschnitten noch in der Ferne sehe, wo sie mir als kleiner werdende Orientierungspunkte den Weg weisen. Niemanden unmittelbar vor, neben oder hinter mir ist es herausfordernd, gleichmäßig zu laufen.

Abwechselnd der Blick auf die Uhr und Sightseeing gegen die drohende Langeweile: Streckenposten, Ortsansässige in Warnwesten auf Campingstühlen, die freundlich den Weg winken, dann und wann „Super" rufen. Die Schneckentreppe über die S-Bahn-Schienen: eine rostige Wendeltreppe, die man mit leichtem Schwindel verlässt. Die Straßenkreuzung, die man pro Runde dreimal überquert, die winkende Lydia. Durch die enge Fußgängerzone, Menschen, mit Sonntagskaffee, Croissant und Tageszeitung, in der ersten Runde neugierige, in der zweiten genervte Blicke; die Promenade am Tegeler See, Sicht auf ruhiges Wasser, vorbei an den Borsigwerken, den ehemals weltweit zweitgrößten Lieferanten von Dampflokomotiven; abbiegen Richtung Ziel. Eine Runde, dann von vorne.

Zusammen mit Egidijus habe ich vor dem Lauf einen Plan ausgetüftelt: die ersten drei bis vier Kilometer schneller als die angepeilte Durchschnittsgeschwindigkeit laufen, dann diese konstant halten, ab Kilometer 13 kurz ein etwas ruhigeres Tempo gönnen, um dann die letzten fünf Kilometer alles zu geben. Das funktioniert erstaunlich gut. Und spätestens nach dem Pendelstück, wohin auf der zweiten Runde die Halbmarathonläufer gelenkt werden, gebe ich tatsächlich Vollgas.

Nach langer Zeit der Einsamkeit sehe ich wieder einen Läufer, auf dem Pendelstück noch in entgegengesetzter Richtung laufen wir aufeinander zu. Einen Zeitlupenmoment schauen wir uns an, die Augen weit aufgerissen, der Atem angehalten. Wir demonstrieren Lockerheit. Nervosität, dann Beruhigung: Er muss ja erst einmal um die Wende herum.

Wieder allein kämpfe ich mich am roten Industrieklinker vorbei, die einsetzende zweite Art der Müdigkeit: Ich will nicht mehr.

Lydia, die am mittlerweile läuferwuseligen Knotenpunkt steht und sich die Seele aus dem Leib schreit: „Da musst du lang, da!"

So fokussiert bin ich, dass ich beinahe falsch laufe. Die letzte Ecke, Erleichterung beim Zieleinlauf. Ich werde Vierter.

Vorne hatte sich ein Drama zwischen Filip, Niels und Reinardus abgespielt, Mustapha war ausgestiegen; ein helles Hin und Her, das schließlich Reinardus für sich entschied.

In der Teamwertung landen wir auf dem zweiten Platz, obwohl Egidijus einen Zwischenstopp in einem der Cafés in der Fußgängerzone hatte einlegen müssen.

„Wir haben gestern Abend gegrillt", sagt er und hebt entschuldigend die Hände, „war vielleicht etwas fahrlässig."

Etwa drei Minuten hat uns das gekostet. Drei Minuten, über die wir froh sind: Das wird uns wohl noch eine Weile beim Training erheitern.

Ich tippe meine Zeit, 1:12:51, in den Greif-Prognoserechner ein: 2:33:34 wird nun für den Marathon kolportiert. Na bitte. Mein Ziel und ich, wir nähern uns einander an. Andererseits: Viel Zeit für Verbesserung bleibt nicht mehr.

Fish'n'Chips an der Tegeler Seepromenade.

Drei Wochen.

Gewühl auf der Laufbahn. Die 20 Hockeyspielerinnen, die jedes Mal mit unheimlicher Kraft brüllen, wenn wir innen - erste Bahnregel: innen Speed, außen Schiet - überholen wollen; beeindruckend diese Disziplin, die Fähigkeit zur funktionalen Kommunikation: Die Botschaft wird einmal ums Oval mündlich weitergetragen, sodass sie zuletzt wieder bei uns ankommt.

Am Donnerstag bin ich schlecht gelaunt, langsam werde ich ungeduldig. Nach dem Training kommen wir im Gespräch auf Anna und Lisa Hahner, die „schnellsten Marathonzwillinge der Welt". Meine Stimmung heitert sich auf, als ich später im Internet lese, dass es ein Vortrag von Joey Kelly war, der die beiden zum Laufen gebracht habe, und dass ihr Manager erfolgreicher Treppenläufer und Weltmeister über 10.000 Meter ist. Im Rückwärtslaufen. Irgendwie schön.

Der Kreislauf sackt mir nun regelmäßig ab, ich werde blass, trinke Unmengen von Wasser, esse Salzbrezeln, trinke mal extra viel, dann wieder keinen Kaffee, ohne dass ich verstehe, was wie wirkt. Einzige Beobachtung: Es passiert immer an Nachmittagen vor den Clubtrainings.

Noch drei Wochen und die Luft scheint wie vorzeitig entwichen. Wofür das Training, der Verzicht, die Erschöpfung; wofür, wenn ich am Ende nicht einmal sicher mein Ziel erreiche?

Radiointerview für den Jugendsender Fritz des RBB, die ein kleines Feature über den Marathon machen. Im Garten ihrer Eltern hält mir Kim das große gelbe Mikrofon unter die Nase - „Nee, musst schon noch dichter" - und ringt mir Antworten zu Gründen und Zielen meines Laufens ab. Sie schneidet exzellent, trotzdem ist mir das Ganze recht peinlich. Als der Beitrag im Radio läuft, lachen Lydia und ich uns kringelig, als wir mein Motivationsgedusel in Fußballtrainerjargon hören. Irgendwie die passende Auflockerung zum richtigen Zeitpunkt.

Zwei.

Nur noch zwei Wochen. Wow.

Gemischte Gefühle mit Beginn der Tapperingphase, in der die Umfänge deutlich reduziert werden. Das Ziel ist nun die richtige Balance zwischen perfektem Trainingsstand und maximaler Erholung. Beruhigend: Ich habe definitiv die härtesten Einheiten hinter mir. Bedrohlich: Ich habe definitiv die härtesten Einheiten hinter mir. Keine Ahnung, ob es reichen wird.

Meine Stimmung wechselt zwischen superentspannt und superangespannt.

Egidijus, der mich mit einer Knallereinheit überrascht: 16 Kilometer auf der Bahn, im Schnitt 3:30er-Pace. Auf sein Klatschen hin beschleunige ich für einen Kilometer auf 3:20. Hart. Wenigstens ist mein Kreislauf nicht vorher abgesackt, mein Körper ohne Chance zur Selbstsabotage.

Vier brutale Male klatscht Egidijus: insgesamt 16 Kilometer in 55 Minuten - und hoffentlich die richtige Balance.

Eine Woche vor dem Marathon.

Ich bin jetzt ständig müde, der Körper fährt runter, drinnen wie draußen Übergangszeit, es ist nass, und eine schleichende Kälte krabbelt mir durch die Finger und Zehen. Mit meinen mittlerweile 63 Kilo bei 1,81 Meter Körpergröße habe ich kaum noch schützende Polster.

Mit dem Körper fährt der Kopf runter: Es ist, als wäre das Entscheidende schon getan, als wäre nicht der Marathon, sondern die Vorbereitung das Ziel gewesen. Es reicht ja jetzt auch. Sagt der Körper, sagt der Kopf. Es ist verdammt hart, noch Spannung aufrechtzuhalten.

Ich muss mich doch freuen, auf das, was da unmittelbar vor mir liegt. Ich muss mich doch freuen auf etwas, auf das ich drei Monate mein Leben ausgerichtet, dem ich alles untergeordnet habe.

Am Mittwoch vor dem Marathon sehe ich auf dem Weg zur Bibliothek die ersten Absperrgitter, die rund um das Brandenburger Tor aufgebaut werden. Kaltes Metall, das in mir warmes Gefühl erzeugt. Schilder mit Warnungen, das Auto nicht entlang der Strecke zu parken, deutlich sichtbar hinter den ersten Parklücken. Die Stadt bereitet sich vor. Die Läuferklientel wird internationaler, am Tiergarten kommen mir Japaner, Spanier, Australier entgegen. Wie eine Modewelle schwemmen Läuferbeine in die Stadt.

Jetzt kommt sie, die Freude, die Aufregung, das Hinträumen zum Marathonsonntag.

Der Blick auf die Vorbereitung erweist sich als Chamäleon. Aktuelles Farbmuster: kunterbunt.

Donnerstag, Freitag, Samstag, Carboloading: Reis, Kartoffeln, Quinoa. Am Freitag kurzer Besuch bei der Abschiedsfeier eines Freundes: Ich bringe mein eigenes Essen mit, in einer Tupperdose.

Samstag ein ruhiger Spaziergang, Langeweile, nichts riskieren.

Wie das Wetter morgen sein wird?

Abends das alte Dilemma: Wie mit den Adrenalinvorschüssen einschlafen?

Am Marathonmorgen das übliche Frühstück. Wir spazieren durch die leeren Straßen. Beinahe wehmütig, eine Jahreszeit endet.

Zwischenläufe II

Amsterdam
Berlin
Warschau
San Francisco

Eine neue Jahreszeit beginnt, Postmarathonzeit.

Ein paar Tage in Amsterdam, bierbeschwingter Rückweg von einem Lesungsbesuch. Wir müssen ein merkwürdiges Paar abgeben: Jenne Jan auf seinem Rad, wie hoch zu Ross, wenige, kraftvolle Tritte, freihändiges Stehen in den Pedalen. Seine braune Lederjacke, die kurzen Haare, vorne zu einem Stirnwall hochgegelt. Ich jogge neben ihm, höre hin, wie er Allen Ginsbergs *Howl* auswendig zitiert. Meine blanken Füße platschen ihm trommelnd den Rhythmus. Wir fühlen uns verbunden „to the starry dynamo in the machinery of night."

Ich nutze die Postmarathonzeit zur Abstandsgewinnung, geografisch wie psychisch. 2:31:16. Ich habe meine Bestzeit beim Berlin-Marathon um acht Minuten unterboten, die magische Marke sub 2:30 habe ich nicht geschafft.

Lydia weiß hinterher nicht, wie sie mir begegnen soll, ich selbst weiß es nicht. Die Stimmung bei unserer kleinen Marathonfeier wirkt aufgesetzt.

Das Gute: Das Ziel bleibt da, unverändert. Die ersten Tage ist es schwierig, wie eine Niederlage. Dann schiebe ich die Hoffnung auf das nächste Jahr - die nächste Marathonzeit. Es fühlt sich gut an, auch wenn ich weiß, dass in der nächsten Trainingsphase wieder alles von vorne beginnt. Es fühlt sich gut an, jetzt erst einmal nicht auf ein Ziel hinzutrainieren, dennoch weiterzulaufen, in anderer Form.

Ein paar Wochen später laufe ich durch Warschau, Besuch bei Jenne Jan, der als Osteuropakorrespondent der niederländischen Tageszeitung *de Volkskrant* gerade hierhergezogen ist. Die Stadt ist am Morgen abgesperrt in Erwartung der Jubiläumsfeierlichkeiten zum polnischen Unabhängigkeitstag, der die Befreiung Polens von Preußen, Österreich-Ungarn und Russland markiert. Schon am Vorabend kamen wir an hausgroßen rot-weißen Flaggen vorbei, davor ein paar Bodenscheinwerfer, frisch aufgestellt, grell.

Am Morgen laufe ich über leere Straßen die Wawelska hinunter, vorbei an den geschlossenen Geschäften, der georgischen Bäckerei, der medizinischen Fachbuchhandlung, im dichten Nebel bis zum Łazienki-Park. Es ist zu kalt, um barfuß zu laufen. Still liegen die Paläste und angelegten Teiche. Auf der befestigten Agrykola, die ich Richtung Legia-Warschau-Stadion laufe, höre ich Pferdetrappeln: sieben Reiter, in schweren, langen Mänteln, ordensbedeckt, Hauben, säbelflankiert. Wir sind zu acht im selben Nebelort - sieben Umhänge und ein Polyestershirt. Ich bleibe stehen, weiche auf die Fahrradrinne an der Seite aus. Sieben Offiziersköpfe im polnischen Nebel, die mir kaum merklich zunicken, den Kopf angestrengt aufrecht unter unsichtbaren Lasten. Der Vorderste, mit einem Schnäuzer, um den ihn Kaiser Wilhelm sicher beneidete, Józef Piłsudski, Held der Zweiten Polnischen Republik. Gemächlich entfernen sich die Pferde, nach 100 Metern sind sie im Nebel verschwunden. Ich pausiere noch einen Moment, unsicher, ob mir die Müdigkeit einen Streich gespielt hat. Dann laufe ich zurück, bedächtiger irgendwie, in einer Pace, die meinen Puls im Normalbereich hält.

Später am Tag Trubel in der ganzen Stadt. Ein organisierter Volkslauf die Jerozolimskie entlang, Massen in rot-weißen Shirts, viele, die, mit rot-weißen Köpfen, ihren einzigen Lauf im Jahr absolvieren. Rundherum Reisebusse, die Landbevölkerung ins Zentrum bringen. Nach der großen Runde am Morgen habe ich, angesteckt von der Feierlaune, spontan Lust auf einen weiteren kleinen Lauf bekommen. Am Kulturpalast - dem ehemaligen Stalinpalast, einem sozialistisch-klassizistischen Empire State Building, einem „Geschenk der sowjetischen Nationen an die polnische Nation" - kaum noch Durchkommen. Ich gebe es auf, dies scheint weder Ort noch Zeit zum Laufen; bleibe stehen, pinkle gemeinsam mit ein paar anderen, die sich rot-weiße Fahnen wie Umhänge angeklemmt haben, an einen Stromkasten. Ich überlege, ob es ratsam wäre, mich an einem der zahlreichen Merchandisestände einzudecken, mindestens ein rot-weißes Schweißtuch, oder ein Schlüsselanhänger.

Ein neuer Nebel zieht auf: das pinke Licht von bengalischen Feuern, die Rauchschwaden, die am Kohlestaub in der Luft hängen bleiben. Mittlerweile ist es sicherlich besser - zumindest für meine Lungen -, dass ich kein Durchkommen finde.

Am Rondo Dmowskiego Zehntausende, die die polnische Nationalhymne singen. Um mich herum: alternde Nationaltreue, Rechtsradikale, religiöse Fanatiker, auch zahlreiche Familien mit Kindern und Picknickdecke am Rucksack. Ich würde gerne laufen, aber es geht ja nicht.

Das alles verwirrt mich, ich bekomme es nicht zusammen; arbeite mich vor zu einer Bar unweit des Kulturpalasts, bestelle ein Bier. Bewegungslos sitze ich da, beobachte das Schwinden des Schaums, warte darauf, dass Jenne Jan seine Interviews beendet und mir das alles erklärt.

„What sphinx of cement and aluminum bashed open their skulls and ate up their brains and imagination?"

Am nächsten Tag wird die Stadt wieder leerer sein und ich werde wieder laufen können.

Erinnerung an den Sommer, Barfußlauf in San Francisco, auf den Spuren der Beatniks, Ginsberg, Burrough, Kerouac, Weiss, Kyger. Wie leicht die Füße sich heben, wenn sie von den Gedanken und Worten Kerouacs getragen werden. Ich will es machen wie die Beatniks: Ich pausiere den Lauf, um im Vesuvio Cafe abzuhängen, in der 255 Columbus Avenue. Zwischen Drucken von Toulouse-Lautrec sitze ich in der oberen Etage, trinke Whiskey Cola und schaue zur Bar hinunter. Es ist dunkel hier drinnen, man sieht den Schweiß nicht, der mir hinunterrinnt. Nach dem Drink gehe ich ein paar Meter weiter, zum Stöbern in den Citylights Bookstore. Betüdelt kaufe ich eine Postkarte mit dem Konterfei der Schriftstellerin Joyce Johnson, schreibe Lydias Adresse darauf, lasse sie ansonsten leer; am Rand die Abdrücke angeschmutzter Schweißfinger.

Der Alkohol lockert mir die Beine, was in der Hügelstadt San Francisco Konsequenzen hat: Auf abschüssigen Wegen schlackern die Gelenke unkoordiniert, auf Steigungen fehlt mit der Spannung auch der Tritt. Ich schleiche sie hoch wie ein Verkaterter auf seinem persönlichen *Walk of Shame*.

Mein nächstes Ziel: 1010 Montgomery Street, Ginsbergs Apartment. Ich stelle mich unter das Fenster, das ich als seines vermute, mit dreckigen Füßen, stinkend, jaule für eine ganze Generation. Mit wildem Blick schaue ich den verschreckten Passanten dabei zu, wie sie die Straßenseite wechseln.

Im Citylights Bookstore ist mir Georges Batailles *A Story of Rats* in die Hände geraten. Schon mit den ersten Zeilen ist es um mich geschehen: „Incredible nervous state, trepidation beyond words: to be this much in love is to be sick (and I love to be sick)."

Die letzten Kilometer jogge ich entspannt durch Wohngebiete. Ein Mädchen verkauft selbst gemachte Limonade für 50 Cent; genau wie in den Filmen, haargenau so, denn auch hier ist keiner, der etwas kauft, die Straße ist menschenleer. Ich kaufe ein Glas, gebe einen Dollar. Wie stolz sie ist, ihr erster Business Case, freudiges Umdrehen zur Mutter, die sich mit einem Lächeln bei mir bedankt. Dann weiter zum Coit Tower.

Ein amerikanischer Teenager im Identifikationsshirt irgendeiner Highschool, der seine Mutter am Ärmel zwickt, auf mich zeigt: „Mum, look, he doesn't have shoes. Do you think, he is poor?"

Sie zieht ihn fort. „Let's go, honey."

Es sind meist die Kinder, denen das Barfußlaufen auffällt. Die unvermittelt aussprechen, was sie da sehen.

Neulich im Prenzlauer Berg, Kollwitzkiez. Über den Bürgersteig platschend überhole ich eine junge Familie, die Tochter, die sich zur Mutter wendet: „Mama, guck mal, der läuft ja barfuß. Warum darf der das?"

Die Kinder, sie sprechen direkt aus, was ihnen in den Kopf kommt; no filters. Sehr wahrscheinlich bekommen sie gesagt, warum es wichtig ist, Schuhe zu tragen - wahrscheinlich nicht, was schön daran ist, es nicht zu tun.

Am besten gefällt mir die These der kleinen Mädchen, etwa fünf und acht Jahre, die ein paar Straßenblocks lang in Friedenau hinter uns laufen, die lauthals fachsimpeln, so gekonnt, dass wir die Luft anhalten, um alles verstehen zu können.

„Der hat keine Socken und keine Schuhe an, schau mal."

„Warum macht der das?"

„Vielleicht, damit er nicht so langsam ist."

Ein feiner Gedanke, man spürt den Beat aus ihm: Nicht die Hightechschuhe, nein, die Stinkefüße machen schnell.

Die magische Marke

Düsseldorf

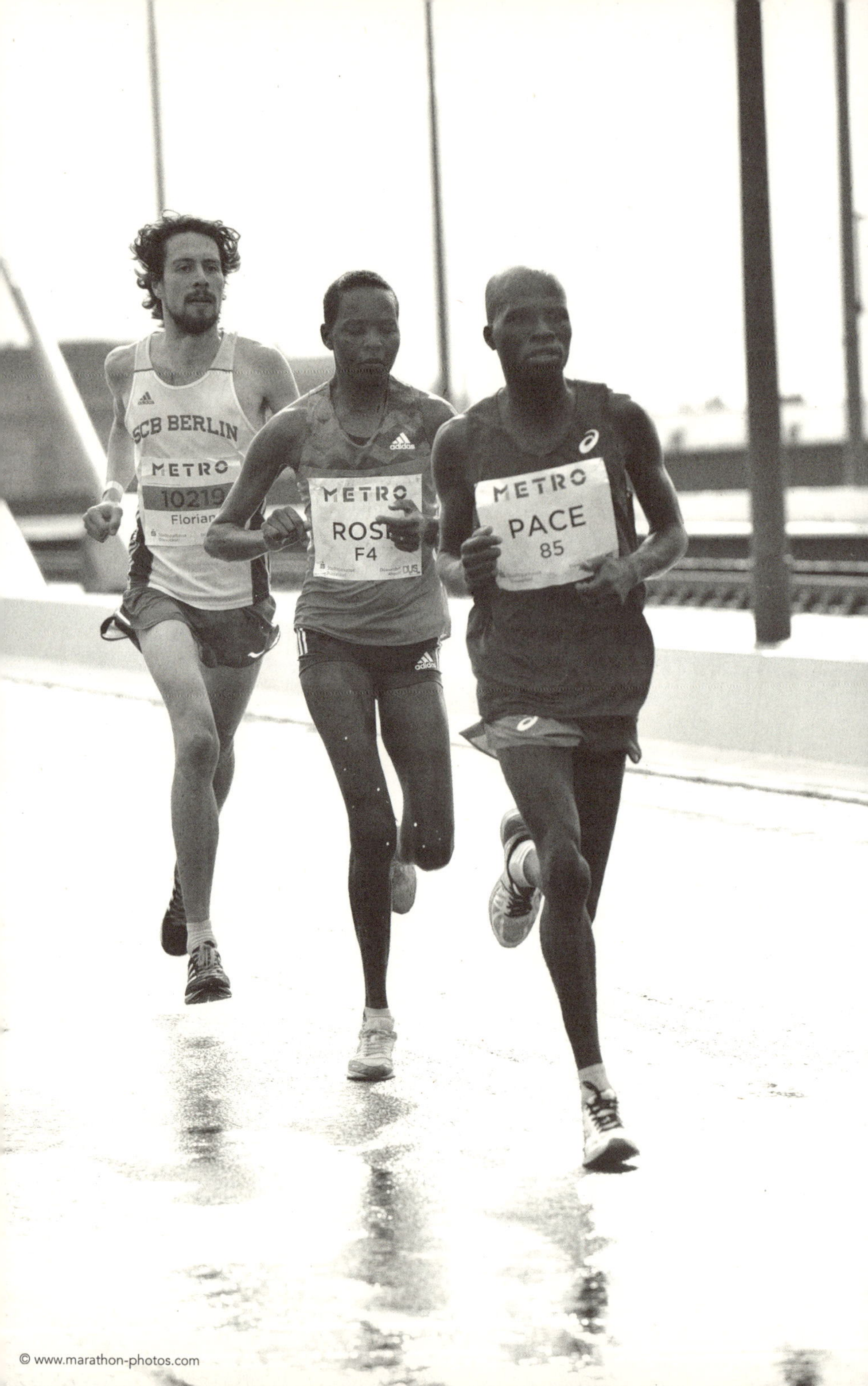
SCB BERLIN
METRO
10219
Florian
adidas
METRO
ROS
F4
adidas
METRO
PACE
85

Hätte mir eine Lauf-Fee drei Wünsche zur Erfüllung geboten zur Wahl für meinen nächsten Marathonort, ich hätte keinen Moment gezögert: Tokyo, Boston und der Marathon des Sables, ein Etappen-Ultralauf durch die marokkanische Sahara. Die Fee kam nicht, und nun ist es also Düsseldorf. Auch okay. Wirklich.

Düsseldorf ist anders, Düsseldorf ist ambitioniert. Modestadt Düsseldorf. Es kommen besondere Fragen auf vor einem Marathon hier: Wie ist das, wenn heutzutage schon blasse Provinzläufer in den neuesten Nike-Shirts laufen, als hätten sie diese gerade frisch vom Werbeplakat gerissen - womit setzen sich die hiesigen Szeneläufer von ihnen ab? Düsseldorf ist ambitioniert. Schnell will man meinen: Sie laufen mit Belstaff-Westen im Quadratmuster, Barbour-Wachsjacken, Handtaschenhunden - ein Marathonlauf, der aussieht wie eine britische Treibjagd.

Mit Spannung und Respekt blicke ich auf die Streckengestaltung: Beuys'sche Fettecken statt technischer Messmatten? Und die Musik vor dem Start: Kraftwerk, „Wir sind die Roboter, Wir funktionieren automatik, Jetzt wollen wir tanzen mechanik, Wir sind die Roboter". Und dann in Dauerschleife „Wir fahren auf der Autobahn", bis der Letzte entkräftet ins Ziel rumpelt?

Ja, es kommen besondere Fragen auf vor einem Marathon in der Mode- und Musikstadt Düsseldorf.

Natürlich ist das alles Quatsch. Warum sollte das in Düsseldorf anders sein als überall sonst? Sicher werden wir auch hier über klebrige Matten und durch labbrige Aufblastore laufen, von Alan Parsons *Sirius* auf die Strecke gekloppt werden.

Ich weiß, was los ist: Ich bin einfach nervös und versuche, mich aus meiner Anspannung hinauszufantasieren.

Schließlich ist es ja auch schon etwas, das ich mir vorgenommen habe. Endlich die 2:30 knacken. Düsseldorf ist ambitioniert.

Die Entscheidung zum Düsseldorf-Marathon kam spontan. Eigentlich war ich nur dabei, Grundlagen aufzubauen nach einer anstrengenden Saison und dem knapp verpassten Ziel im letzten Jahr; mich langsam zu steigern bis zu meinem diesjährigen Hauptlauf, dem Zugspitz Ultratrail im Sommer. Marathon wollte ich eigentlich erst wieder im Herbst laufen, um die Ziele weiter zu spannen, sie abzuwechseln. Aber dann ist da eben dieser Frühling, die Vögel zwitschern lockend, es duftet, zieht nach draußen.

Wir sind vor wenigen Monaten in den Süden Berlins gezogen, und ich entdecke neue Wege, habe wenig zu tun, seitdem ich meine Dissertation eingereicht habe. Da ist eine Frische im ausgeschlafenen Körper, eine seltene Entspanntheit; die Beine merken das, sie sind ungeduldig, haben plötzlich keine Lust, bis zum Sommer zu warten. Sie machen auf sich aufmerksam, indem ihnen alles scheinbar mühelos gelingt. Jetzt geben sie den Takt vor. Sie bearbeiten den Kopf, bis dessen Einwände brüchig werden. Raum tut sich auf für eine gute Gelegenheit: die Deutschen Marathonmeisterschaften Ende April - ein neuartiger, intensiver Lockstoff. Düsseldorf also. Mitte März melde ich mich kurzentschlossen an.

Die Deutschen Meisterschaften im Marathon sind offen, das heißt, jeder, der Mitglied in einem Laufverein ist und einen Startpass hat, kann starten, ohne vorherige Qualifikation. Ursprünglich wurden die Meisterschaften in extra dafür angelegten Rennen durchgeführt - doch mit der zunehmenden Einführung und Professionalisierung der städtischen Volksläufe ging es dann rasant runter mit der Attraktivität der geschlossenen Läufe. Viel Aufwand für wenig Anerkennung.

Um nicht mit den „Volksläufen" zu konkurrieren, wurden die Meisterschaften eine Zeit lang im Sommer ausgetragen, teils bei 30, 35 Grad Celsius.

Heute ist es so, dass sich die Städte um die Austragung der Meisterschaften bewerben können, sie werden in die Volksläufe integriert. Ein Meisterschaftslauf garantiert Prestige, ein dichtes, schnelles deutsches Feld und höhere Anmeldezahlen. Prinzip der gegenseitigen Lockung.

Oelde, Herxheim, Hannover, Frankfurt, Hamburg, Berlin, Regensburg, Frankfurt, Hamburg, Duisburg, Frankfurt, Berlin, Duisburg, Hannover, Regensburg, München, Mainz, Mainz, Mainz, Mainz, Hamburg, München, München, München, Frankfurt, Frankfurt, Frankfurt.

Düsseldorf.

Vom Deutschen Leichtathletik Verband (DLV) erhalte ich ein paar Wochen vor dem Lauf ein Zusatzmerkblatt mit Informationen. Eigenverpflegung ist sichtbar zu kennzeichnen; Einspruch gegen die Laufwertung ist spätestens 20 Minuten nach Bekanntgabe der „Vorentscheidung" und „unter Hinterlegung von 80,00 € an der Einspruchstelle" einzureichen.

Das „V" im DLV-Logo erinnert stark an den Nike-Swoosh.

Mit dem neuen Jahr hat es Änderungen in unserem Laufteam gegeben. Nikolai, der mehr Zeit mit seiner wachsenden Familie verbringt, Matt, der zurück in die USA gezogen ist. Ein paar Neue, die ich schnell ins Herz schließe.

Insgesamt eine gemäßigte, verträgliche Vorbereitung.

Laue Abende, an denen Filip und ich uns als Pacemaker für den anderen Runde für Runde auf der Stadionbahn abwechseln.

Eine Menge Läufe im Freien-Training-Modus - ohne Zeitvorgaben laufen, allein aus Freude an der Herausforderung, Atem und Puls bis zur Grenze treiben. Kurze Läufe in Schönebergs Südzipfel, Stadterkundungen durch Kleingartenkolonien, Genossenschaftsbauten und die renaturierten Bahnanlagen des Südgeländes; ein Metallsteg, der zwischen überwucherten, rostbraunen Schienen entlangführt. Man zahlt einen Euro Eintritt an nicht wechselnden Kassenautomaten; an sonnigen Tagen schlechtgelaunte Kontrolleure, an denen Jogger mit bedecktem Gesicht vorbeihuschen.

Am Tag vor dem Düsseldorf-Marathon denke ich darüber nach, was mir diese 2:30 eigentlich bedeuten. Ehrlich gesagt, ich denke oft darüber nach. Wie sehr mein Laufen sich auf dieses eine Ziel ausrichtet; diese eine Zahl.

Die Marke hat sich festgesetzt in meinem Kopf, über die letzten beiden Jahre hat sie das Label „magisch" eingenommen. Die Mystifizierung tut gut. Trainingsanstrengungen, Wettkampfeifer: Mit der 2:30 bekommt das alles einen Sinn. Und irgendwie auch alles andere.

Vielleicht glaube ich, dass die 2:30 mich davor trennt, wirklich ein ambitionierter Läufer zu sein, ein ernstzunehmender. Ich stelle mir vor: Wenn ich jemandem erzähle, ich laufe Marathons unter 2:30: staunende Blicke, Anerkennung.

Vielleicht liefert es mir auch einfach Grund, immer weiterzulaufen, ohne dass es sich bloß wie ein abstraktes *Immer* und ein ungerichtetes

Weiter anfühlt. Es läuft auf etwas hinaus - ich laufe auf etwas hinauf.

Sicher ist, ich will mir etwas beweisen.

Da Lydia am Marathonwochenende keine Zeit hat, durchlaufe ich das Startunterlagenabholritual ohne sie. Die oberen Etagen der Stadtsparkasse Düsseldorf sind schon leergefegt, kaum Messestände, seltsam ruhige Atmosphäre. Ich gebe meine Eigenverpflegung bei den netten Helferinnen ab. Sie lächeln andauernd und zu allem, umsorgen mich wie ein Kind, das sich verlaufen hat: zwei Flaschen FruchtTiger von DM, die einen hochschiebbaren Plastikverschluss haben, aus dem man die Flüssigkeit direkt raus und in den Mund squeezen kann. Den Mehrfruchtnektar mit Beerengeschmack habe ich ausgekippt, stattdessen eine Mischung aus Energy Gel und Wasser eingefüllt. Es ist mein erstes Mal Eigenverpflegung, und ich bin etwas aufgeregt. Normalerweise trage ich bloß Gels in der Gesäßtasche meiner Laufhose, wo sie meist verkleben.

Filip hat mir den Tipp gegeben, die Flaschen gut sichtbar zu kennzeichnen, damit ich sie auf den Tischen vor den allgemeinen Verpflegungspunkten während des Laufs schnell erkenne. Natürlich hatte ich es vergessen, und nun krame ich zwei Stifte aus meinem Rucksack hervor und befestige sie notdürftig mit Tesafilm am Flaschenhals. In der Hoffnung, dass sie zwar erkennbar herausstechen, mich aber beim Trinken nicht stören werden.

Düsseldorf ist mein erster Frühjahrsmarathon. Bisher war Marathon für mich ganz klar eine Sache, die man im Herbst tut.

Ich checke ein im Hotel Karolinger in Düsseldorf-Bilk, gehe noch eine Dreiviertelstunde entlang der Düssel spazieren, Plattenläden, thailändische Restaurants, ein paar Antikhändler, esse mitgebrachten Kartoffel-Quinoa-Salat mit Gurke und Sonnenblumenkernen. Im Hotelzimmer lege ich die Kleidung für den nächsten Tag bereit, lese zuletzt noch ein paar Seiten Karl Ove Knausgård, blicke in ein anderes Leben, um einschlafen zu können; liege ganz still im Versuch, nicht an die 2:30 zu denken.

Am nächsten Morgen früher Kaffee, der Hotelangestellte nickt aufmunternd, als er ihn mir in einer weißschnörkeligen Porzellantasse serviert; lässt sich nicht anmerken, dass ich seine Morgenroutine störe, stattdessen: „Viel Glück."

Ich esse meine zwei Standardweizenbrötchen, selbst mitgebracht, nicht mehr ganz frisch, Tomate, Banane, Wasser, mit etwas Salz versetzt.

In der U-Bahn müde Gesichter, Überbleibsel aus der mit Aufstiegsfeierei des Fußballclubs Fortuna Düsseldorf verbrachten Nacht neben frühwachen Marathonläufern, den Organismus in Gärungsgewährung zur Leistungsbereitschaft; alle Gesichter gleich müde, der Blick in unbestimmbare Ferne gerichtet. Auch die Körper ähnlich müde, nur die Schlaffheit der Mundwinkel der Gesterngroßen unterscheidet sich von den straff angespannten der Läufer.

Bunte Laufschuhe, die sich kaum vom altbiermockklebrigen U-Bahn-Boden heben lassen.

Ich ziehe mich um in einem weißen 200-Menschen-Zelt auf dem Burgplatz, neben mir ein paar angegraute Italiener, die sich am ganzen Körper mit Vaseline einreiben; minutenlang, sodass sich dicke weiße Schlieren bilden, an denen Joseph Beuys sicher seine Freude gehabt hätte. In die Gesäßtasche meiner hellblauen Adidas-Hose stecke ich mir drei Gels, die beim Laufen auf- und abschwappen werden, wie ein loses Stück Haut. Unter unheilvollen Wolken geht es im Hopserlauf rüber zum Start am Rheinufer, Warmmachen im Hofgarten, ein Mann, der, sich an zwei vor ihm hängenden Zweigen festhaltend, im Gebüsch hockt. Er entschuldigt sich, als ich an ihm vorbeilaufe.

In der Startaufstellung treffe ich Piet, einen Potsdamer, dem ich beim Schlösserlauf 20 Kilometer gefolgt bin. Die ab der Rückseite von Schloss Sanssouci einlaufenden Zehn-Kilometer-Läufer hatte er noch aus dem Weg geschrien, dann habe ich ihn einen Kilometer vor Ende des Laufs überholt, um Rennzweiter zu werden. Hier in Düsseldorf klatschen wir uns ab wie alte Freunde. Er erzählt, dass er gerade als Training für einen Berglauf sämtliche Treppen Potsdams austestet; hoffentlich halten die Knie. Ich nicke, schiebe mich in der Startaufstellung noch etwas nach vorne.

Vor mir laufen die deutschen Spitzenläufer noch ein paar Steigungen, 100 Meter, auf denen sie in drei oder vier Stufen beschleunigen. Philipp Baar, Tom Gröschel, Markus Schöfisch, Sebastian Reinwand, gemeinsam mit zehn türkischen Läufern, in der Hoffnung, sich für die Leichtathletik-Europameisterschaft in Berlin zu qualifizieren. Dazwischen ein paar Frauen, die Weißrussin Wolha Masuronak, die vor ihrer Laufkarriere erfolgreiche Geherin war, Rose Jepchoge Maru aus Kenia, Siegerin des Münster-Marathons, Fabienne Amrhein, Crosslaufliebhaberin und Einserabiturientin; alle flankiert von Pacemakern, die ihnen das richtige

Tempo angeben sollen. Nicht weit entfernt mache ich die blonden Locken von Tobi Singer vom Berliner LAC Olympia 88 aus, der bei meinem ersten Bahnwettkampf vor ein paar Monaten dabei war.

Ansonsten sind da noch zehn bis 20 deutsche Läufer, die sich eine Zeit unter 2:30 erhoffen. Wie wir da in der Masse stehen, alle mit ähnlichem Ziel bei unterschiedlicher Geschichte, fühle ich mich wie in einem Gursky-Bild: verschwindend in einem überdimensionierten Gesamteindruck.

Ich stehe nervös an der Startlinie, wackle mit den Beinen. Ohne das dem Training zum Opfer gefallene Fett gibt es dort kaum Bewegung. Meine Brust fühlt sich eng an, gleichzeitig läuft lauwarm die Vorfreude durch meinen Bauch. Unmittelbar vor dem Start lächle ich. Gleich geht es auf die Strecke. Das Engegefühl verdichtet das Glücksempfinden. Jetzt ist er da, der entscheidende Moment - der hoffentlich nicht ganz zweieinhalb Stunden dauern wird.

Startschuss. Ein Regenschauer begrüßt uns im Rennen.

Meine Beine strampeln los, ich schaue auf die Uhr. Für einen Marathon in 2:29:59 brauche ich eine Pace von 3:33 Minuten pro Kilometer - 17 Kilometer pro Stunde. Meine Uhr zeigt die Pace bloß in Fünf-Sekunden-Schritten an, und gerade am Anfang des Laufs benötigt sie ein wenig, um sich einzupendeln. Über die Uhr versuche ich, den richtigen Schritt zu finden, gleichzeitig bugsiere ich meinen Körper innerhalb der Kartierung der anderen Läufer. Mit jedem Kilometer werden es weniger um mich herum, Flucht nach vorne, Flucht nach hinten; dort suche ich diejenigen, die mir am ähnlichsten laufen.

Es ist dasselbe bei jedem Marathon: Das erste Ziel - noch vor den großen Fragen, wie man das durchstehen soll, oder den etwas kleineren, wie wann das nächste Gel genommen werden sollte - ist es, andere zu finden, mit denen man gemeinsam laufen kann, die ein ähnliches Tempo gehen, das gleiche Ziel anpeilen. Die Suche beginnt mit genauer Beobachtung und losen Vermutungen.

Will man vorne mitlaufen, sollte man vor dem Lauf das eigene Tempo und die rahmengebenden Zahlen kennen, das heißt, die Vorergebnisse des Düsseldorf-Marathons und der in diesem Jahr angemeldeten Läufer. Recherchearbeit. Beim Start dann möglichst schnell in das eigene Tempo kommen, die Augen offenhalten, wer konstant um einen läuft.

Das Problem ist, dass es immer wieder Läufer gibt, die in der Startatmosphäre so angeheizt sind, dass sie wild drauflospreschen und nach den ersten zwei, drei Kilometern - sprich 39, 40 Kilometer vor dem Ziel - hechelnd realisieren, dass sie am falschen Ort sind. Manchmal reduzieren sie so schlagartig das Tempo, dass ich ihnen vertrauensdusselig in die Hacken laufe.

In beinahe jedem Lauf muss ich mich irgendwann entscheiden, zwischen Zeit und Einsamkeit.

Es hat unermesslichen Wert, einen Marathon in einer Gruppe oder zumindest mit einer anderen Person zu laufen. Beim Marathon willst du möglichst wenig Energie in anderes als zum Laufen Notwendiges investieren. Effizienzoptimierung, allgemeine Abwägungen: Das Einschlagen mit Kinderhänden am Streckenrand kostet Energie für den Schlenker, bietet Potenzial für Steigerung durch die Motivation. Den Unterstützern winken gibt ein warmes Gefühl, kostet Fokus. Schuhebinden: sollte lieber nicht nötig werden.

Wenn ich mit den richtigen anderen laufe, muss ich nicht ständig auf die Uhr schauen, wenn ich mit anderen laufe, muss ich nicht ständig darüber nachdenken, wie viele Kilometer vor mir liegen, wie ich mich fühle, und ob ich das wohl schaffe; wenn ich mit anderen laufe, kann ich mich verstecken, hinterherlaufend Energie sparen, den psychologischen Vorteil des Windschattens genießen. Ich entgehe dem Druck, mich von anderen verfolgt zu fühlen. Was bleibt, sind angenehm beschäftigende Kleinaufgaben: die eigenen Füße zwischen denen der anderen ordnen.

Wenn ich mit anderen laufe, wird mir nicht langweilig.

Wir laufen nicht im Wettkampf gegeneinander - wir laufen gegen die Zeit, jeder für sich, gemeinsam.

Nachdem ich im Berlin-Marathon im letzten Herbst unter die Räder gekommen bin, lange Zeit vom Tross um die beste deutsche Läuferin herum vorangetrieben, schließlich überholt und zurückgelassen wurde, will ich es dieses Mal richtig machen.

Die ersten Kilometer laufe ich mit Tobi Singer und Fabienne Amrhein, die ebenfalls eine Zeit knapp unter 2:30 anpeilt. Als beide nach etwa zehn Kilometern langsamer werden, setze ich mich schweren Herzens von ihnen ab und schließe über die nächsten zwei Kilometer hinweg zu einer

Vierergruppe auf, in der unter anderen anderem David Schönherr und Nikki Johnstone laufen. Letzterer ist eine regionale Ikone, im Jahr läuft er vier, fünf Marathons, bevorzugt im Rheinland und Ruhrgebiet, die er in der Regel mit Podestplatzierung abschließt. Einen seiner größten Erfolge wird er im Herbst beim Berlin-Marathon erreichen: Guinness Book World Record „for Fastest Marathon Dressed as Elvis Presley"; in weißer Schlaghose und Fliegerärmelhemd mit schwarz-goldenen Streifen, schwarzer Wuschelperücke, metallisch-glänzender Sonnenbrille; dazu neongrüne Asics-Sportschuhe. Die Schuhe trägt er auch heute und hier. Die vier scheinen die sub 2:30 zu suchen. Aber sie laufen zu schnell, zu eifrig.

Ich will nicht zu viel riskieren, lasse mich etwas fallen, laufe dafür ein paar Kilometer allein. Die 20er beginnen, Ödland, die einsamsten Kilometer, niemand in Sichtweite vor oder hinter mir, breite Straßen, sich vorm Regen zurückziehende Zuschauer, die den Eindruck des Alleinseins noch verstärken. Dann tauchen hinter dem wässrigen Vorhang Rose und ihr Pacemaker auf. Sie platschen ein feines Tempo in die Pfützen. Das könnte passen. Ich schließe auf und mache, ungefragt, aus dem Zweier- einen Dreierbund.

Fünf Kilometer laufen wir so, fünf Kilometer, in denen ich mich so aufgehoben fühle, dass alles möglich scheint. Im kurzen Sonnenschein über die Oberkasseler Brücke zurück ins Rechtsrheinische. Als würde die Sonne uns auf etwas lang Vergessenes besinnen, werden wir langsamer; Roses Pacemaker, in dem typischen schwarz-weißen Leibchen, das mich jedes Mal an einen Eishockeyschiedsrichter denken lässt, läuft voraus, Rose ruft ihm etwas zu. Ich schaue auf meine Uhr, noch ein Stück langsamer. Das reicht nicht. Die nächste Gruppe, in die ich nicht dauerhaft passe. Es ist ein komisches, wehmütiges Gefühl, als ich mich verabschiede, hinein in den leeren Streckenabschnitt vor mir. Wehmütig auch, weil die 2:30 wieder ein Stück weiter entfernt scheinen.

Schon jetzt scheint sich der Abstand der Kilometermarken am Streckenrand kontinuierlich zu vergrößern. Eine der Tücken des Marathons: Mit der Dauer des Laufs nimmt die Länge zu, die ein Kilometer umfasst.

Ich komme am Tisch mit der Eigenverpflegung vorbei: 20, 30 Flaschen, dicht aufgereiht, manche mit hochragenden Fähnchen, bunt beklebt. Sogar eine mit einer vom Regen vollgesogenen Pfauenfeder sehe ich. Doch keine FruchtTiger-Flasche mit Stift. Ich laufe weiter zum Wasserstand. Zum Glück habe ich noch die Gels in der Tasche.

Als ich bei Kilometer 28 noch der trauten Dreisamkeit hinterhertrauere, sehe ich durch den wiedereinsetzenden Regen hindurch die beiden dunkel gekleideten Figuren, die einsam an einer Kurve stehen. Sie scheinen zu warten. Worauf? Auf mich. Zwei existentialistische Gestalten, ausgeworfen vom immer aufs Neue überraschenden Düsseldorf-Freigeist, erst ausdruckslos, suchend, zwei Ohngesichter aus Ghiblis Märchenstudio, die wie ein Spiegel scheinen für einen in Zielstrebsamkeit halb durchsichtig gewordenen Läufergeist. Max, der seine Brille hochschiebt, Christian, der die Handgelenke schüttelt und ein lang gezogenes Geräusch macht. Es klingt wie „Öey", ein Anfeuerungsruf, denke ich durch den Regen. Auch wenn sie noch vieles lernen können - schwarze Kleidung bei Regen und vor grauen Betonwänden, also bitte -, brechen sie meine Einsamkeit aufs Herrlichste. Ich winke.

Mittlerweile habe ich keine Ahnung, wo ich bin. Ich erkenne keine Straße, kein Gebäude, nichts. Meine Uhr spinnt in den Häuserschluchten Düsseldorfs, schwankt von astronomisch schnell zu besenwagenlangsam. So vollkommen dem eigenen Rhythmus ausgeliefert, laufe ich einfach; laufe einfach.

Boing Boom Tschak. Von irgendwoher höre ich plötzlich den Kraftwerk-Klassiker. Im Regen gedämpfter Schlagrhythmus.

Einen Kilometer später läuft Tobi Singer neben mir, er hat sich vorgekämpft. Plötzlich ist da wieder Hoffnung. Schweigend laufen wir nebeneinander, eine ganze Weile.

Tobi Singers breite Schultern, die abwechselnd auf- und abwippen, immer kontrapunktisch, denen ich vertrauensvoll folge. Ich sehe nichts mehr von der Stadt, nur Schultern.

„Wir stecken hier zusammen drin", raunt er, mittlerweile ein gutes Stück vor mir gelaufen, und bedeutet mir, indem er sein Handgelenk seitlich abknickt, doch auch einmal die Führungsarbeit zu übernehmen. Ich drehe die Schrittfrequenz hoch, versuche es wirklich, komme im Maximum aber bloß neben ihn. In meinen Überholversuchen wird er nicht für eine Sekunde langsamer, vielleicht sträubt sich etwas in ihm, mich vorbeizulassen. Dann spüre ich meinen Atem sich in gefährlicher Weise steigern. Schneller geht jetzt nicht. Zwei Kilometer laufen wir so nebeneinander, dann reihe ich mich wieder hinter ihm ein. Wir halten das Tempo. So schaffen wir es, bin ich sicher, für einen Moment mit geschlossenen Augen.

Laufen in Aspik: der Regen, der mit der Sicht das Gefühl der Positionsveränderung des Körpers in Relation zu den Fixpunkten der Bäume und Gebäude einschränkt. Das Gefühl, gleichzeitig dahinzugleiten und nicht voranzukommen. Überraschende Brüche durch das Platschen in den Pfützen.

„Ich kann nicht mehr."

Ich schüttle den Kopf, nein, das geht jetzt nicht.

„Lauf allein weiter."

Tobi wird langsamer. Nein, will ich rufen, wie im Abenteuerfilm, doch gleichzeitig will ich Kraft sparen. Also doch nur ein knappes Nicken.

So kurz davor. Jetzt laufe ich nicht mehr gegen die Zeit, sondern gegen das Nagen im Kopf. Ich rechne die Zeit aus, die ich noch ungefähr unterwegs sein müsste, das hilft mir, denke ich. Ich traue mich nicht, auf die Uhr zu schauen.

Noch drei Kilometer, und es wird immer knapper, der herausgearbeitete Zeitpuffer schrumpft, die Beine werden schwer. Unzählige Kurven jetzt auf der Strecke, die ich eng an den Innenseiten der Metallgitter laufe; sie bieten gerade den rechten Unterhaltungswert. Die Nähe zum Ziel hält mich auf den Beinen.

Marathonmathematik: Überflüssig zu verdeutlichen, dass der Unterschied zwischen 2:29:59 und 2:30:00 nicht eine Sekunde ist.

Da, wieder Max und Christian. Es ist heller geworden, ihre schwarze Kleidung sticht hinter dem Metallgrau kontrastreich hervor. Im Augenwinkel Christians besorgter Blick, Max' zur Jubelpose geballte Faust. Später werden sie erzählen, dass ich sehr viel Sabber im Bart kleben hatte und ihre Schreie nur mit einem trägen Augenblinken beantworten konnte.

Einen kurzen Moment spüre ich die Gewissheit, dass ich die 2:30 knapp verpassen werde; eine Trauer, die den Körper mit Gleichgültigkeit zu retten genauso wie zu vergiften sucht; ein Kloß, der mir im Hals festsitzt. Ich will mich nicht auf Traurigkeit verlassen, nicht auf die Gleichgültigkeit. Plötzlich ist da etwas Pragmatisches: Nach dem Lauf wird genug Zeit für Gefühle sein - welcher Art sie auch sein mögen.

Die letzten 400 Meter führen am Rheinufer entlang, wobei vom Fluss wenig zu sehen ist: Gitter und Metro-Marathon-Düsseldorf-Planen davor.

Als ich die Zeit auf der Zieluhr erkenne, weiß ich: Ich schaffe es. Sie schlägt gerade auf die 2:29 um, und ich habe nur noch 200 Meter vor mir. Der Kloß ist noch da, in der Gefühlsrichtung unentschieden, vielleicht ist es doch nicht Traurigkeit. Auf den letzten Metern streikt der Körper, ich laufe an der Kante zur völligen Übersäuerung, der Kopf lässt es zu, scheint schon angekommen. Bilder von ins Ziel Krabbelnden, einen Moment Furcht, Tempodrosslung, dann letzte lange Schritte ins Ziel.

Es bricht aus mir heraus. Ich weine zehn Minuten lang, schluchze mit zitterndem Körper. Die Medaille, die man mir umhängen will, schiebe ich wortlos beiseite, Tobi Singer, wir schlagen ein; ein Helfer, der mich fragt, ob alles in Ordnung sei. Ich nicke, sehr in Ordnung. 2:29:46. Zwanzigster der Deutschen Meisterschaften.

Hinterher ist es schwer, sich umzuziehen, unter starren, ungläubigen Augen - den eigenen - und mit einem Kopf, der nicht aufhört, sich von einer Seite zur anderen zu schütteln.

Als Erstes rufe ich Egidijus an: Er klingt überrascht, gratuliert. Lydia ist überglücklich, ärgert sich aber, dass sie gerade dieses Mal nicht dabei war.

Ich bin völlig gedankenfrei.

Unter aufgeklartem Himmel gehe ich barfuß zwischen meinen Existentialistenfreunden an Marathonorten vorbei, die ich nicht wiedererkenne, um uns hochambitionierte Barbour-Jackenträger und Frauen mit Handtaschen, aus denen Pudel bellen. Ist schön hier. Wir essen Burger, trinken Bier und hören Kraftwerk aus Handylautsprechern.

Von nun an wird es hart

Zugspitze

Die Goaßln peitschen nur zentimeterweit von unseren Köpfen durch die Luft. Wir sitzen zusammengekauert auf den Bierbänken, Schulter an Schulter. Es ist eng und laut, dichte Luft steht im Raum; Sonnenreste, die von der weiß-blauen Dachplane stickig warm auf uns geworfen werden.

„Hätten wir auch in der Stadt bleiben können", bemerkt Lydia.

Männer in kurzen Hosen, ledernen Schlapphüten und Schienbeinschonern im Karomuster stehen auf den Tischen, an denen wir eben noch aßen. Einen Fuß wippend, eine Hand in der Hosentasche, schwingen sie die Peitschen durch die Luft. Im Hintergrund läuft Alpenmusik, in die sich ihr Knallen wie Solosänger vor dem Chor einpasst.

„Vergiss das", korrigiert sich Lydia, „so etwas erlebt man nicht in der Stadt."

Unter uns Läufern herrscht Stille, bedächtiges Atemanhalten, einige ängstlich, ducken sich weg, meterweit entfernt von der Gefahr; gerade bei den Neulingen gespannte Unsicherheit. Ohne den Kopf zu bewegen, schiele ich durch den Raum. Über einer Empore vor uns sehe ich Mann und Frau in Trachten vorm Wald, das Wappen der „D' Höllentaler Grainau". Um uns Sand und massive Blumenkübel, eine gemischte Runde aus ambitionierten Läufern und Anfängern. Ein paar, die heute trotz des Bevorstehenden am Bier nicht gespart haben, klatschen inbrünstig hinein in Goaßlschnalzer und Alpenmusik; erweitern die Atmosphäre zur Kakophonie.

Warum knallen die Peitschen? Das Ende ihrer Schnur wird auf Überschallgeschwindigkeit beschleunigt, allein durch den Luftschlag. Beim Durchbrechen der Schallmauer entsteht eine Schockwelle wie bei einem Jet. Ich mag die Vorstellung: ein Haufen Überschallflugkörper, die sich, verkleidet als bayrische Goaßlschnalzer, ins Festzelt des Zugspitz Ultratrails eingeschlichen haben, um den Läufern Antrieb zu geben. Irgendwie extrem.

Mitch verdreht die Augen, nickt uns aus der anderen Ecke des Raumes zu. Ganz geheuer ist mir das Ganze nicht. Morgen früh geht es auf die Strecke, 101,9 Kilometer und 5500 Höhenmeter.

Wir haben Mitch gestern Abend im Haus der Athleten kennengelernt, unserer Unterkunft, die direkt unterhalb der großen Olympiaschanze von Garmisch-Partenkirchen liegt; die trotz des Namens eher gemächlich wirkt. Wir hatten den Parkplatz schon eine Weile beobachtet, als Mitch in seinem dunkelgrünen Golf 3 in den Schotterweg einbog, Staub aufwirbelnd, angestrahlt von den hellen Straßenlaternen Garmischs.

Schulterlange, braun gewellte Haare, gewollt ungepflegter Bart, rote Jogginghose, große Sporttasche, robuste Laufschuhe, Salming Trail 5. Bingo. Als Reaktion auf unsere zarte Frage, ob er denn auch am Samstag laufe und ob er uns in dem Fall morgens zum Startort Grainau mitnehmen könne, strahlt er und hebt den Daumen.

„Feine Sache", sagt Mitch, „aber heute mach ich erst mal ein wenig ruhiger, die 120 Kilometer in den Schweizer Alpen am vorletzten Wochenende sind noch net ganz raus."

Die *Süddeutsche Zeitung* schreibt zur Einführung des Zugspitz Ultratrails: „Ein Wanderer bräuchte für diese Strecke bis zu fünf Tage. Doch so viel Zeit haben die Bergläufer nicht."

Bergläufer: Menschen, die es verdammt eilig haben, Berge hinaufzulaufen.

Das weckt Vorstellungen: Bergläufer, Trailrunner, Berglöwen in ihrem natürlichen Habitat, reißerisch, kompromisslos, als Kinder schon in die Höhen gescheucht, statt Mathehausaufgaben 45-Grad-Steigungen, die Ernährungslehre ausgerichtet auf die Verpflegung vor, während und nach dem Lauf, die ersten, geheimen Dates, einen Spazierlauf entfernt, inmitten der Berge; und später, im Büroleben, in jeder Mittagspause ein harter, ehrlicher Ritt durch alpines Geläuf, Steine, Matsch und wilde Freude. Die Felsen sind hart, ihre Waden härter. Moderne Halbgötter im Alpenolymp. All so ferne Berliner Vorstellungen beim Zeitunglesen.

Am Teufelsberg im Berliner Grunewald, ein Trümmerberg, zusammengeworfen aus Stein, Gummi und Plastik, gibt es immerhin den „Skihang": eine gerodete, abschüssige Fläche, die 112 Meter abwärts führt. In den 1960er-Jahren gab es hier bei Lift und Flutlicht „beinahe alpine Bedingungen". 1986 fand hier tatsächlich ein Ski-Weltcuprennen statt. Die Fernsehkameras hatten damals strikte Anweisung, ja nicht die amerikanische Abhöranlage, quasi das Gipfelkreuz des Trümmerbergs, vor die Linse zu bekommen; normale Kalter-Krieg-Welt. Wenn einem Berliner Läufer heutzutage einmal die Sehnsucht nach den Bergen ernst wird, sucht er hier Abhilfe.

Gestern Morgen haben Lydia und ich uns in den Zug gesetzt, haben stundenlang aus dem Fenster geschaut, beim Verlassen der Stadt die zunehmende räumliche Streckung des Wohnraums beobachtet. Dann das Gleiche noch einmal, nach dem Umsteigen in München; Starnberg, Pasing, Tutzing, Murnau; neben uns Vater und Sohn, die Skier im Anschlag auf dem Weg zum Gletscher, wir, noch als Beobachter in der Fremde, Fett- und Hauchflecken an den Scheiben hinterlassend.

Es ist nicht dasselbe, raus aus der Stadt fahren und raus aus der Stadt in die Berge fahren.

Ankunft in Garmisch. Ganz schön provinziell, so ein Bergbahnhof.

Sicher beginnen die wenigsten Reisen an dem Zeitpunkt, an dem man sich konkret in Bewegung zu dem herbeigesehnten Ort setzt; auch beginnt eine Reise nicht erst an dem Zeitpunkt, an dem man bucht oder sich Überlegungen zum konkreten Reiseziel macht. Man reist aus lang gewachsenem Bedürfnis, man reist, weil es sein muss.

Für gewöhnlich reist man dann entweder, um Träumen nachzugehen, über Orte Ziele zu erreichen - Spezifisches oder abstrakte Zustände, Erholung. Oder um vor etwas zu fliehen, dem Alltag, Stress.

Es gibt noch ein Drittes: die *Flucht zu etwas*, hin zum Unbestimmten, Unerwartbaren.

Nun sitzen wir also im Bierzelt, trinken Wasser aus Maßkrügen, schauen Frauen in Dirndln zu, die Fahnen der 50 Teilnehmernationen hereintragen, eine nach der anderen, sortiert nach der Anzahl der jeweils zugehörigen Teilnehmenden; hören zu, wie ein Vertreter des Salomon-Profiteams Grüße vom französischen Großmeister Kílian Jornet ausrichtet; hören einen Wetterbericht in nicht für möglich gehaltener Detaildichte, das Laufreglement, das sich über zehn Din-A4-Seiten erstreckt, wurschteln uns trotz Sprachbarriere durch den eklektischen Dialektauflauf; lassen uns einstimmen, darauf, dass etwas Großes bevorsteht, lassen uns zur Vorsicht mahnen. Die Goaßln schnalzen dazu zur Untermalung - oder Warnung.

Der „Salomon Zugspitz Ultratrail powered by Ledlenser, ein Plan B Event“. Neben dem Ultratrail gibt es auch kürzere Strecken, zum Gewöhnen an die Bergluft: den Supertrail XL, den Supertrail, den Basetrail XL und den Basetrail. Über 2000 Läuferinnen und Läufer, die jedes Jahr ins deutsch-österreichische Grenzgebiet pilgern.

Bei der Startnummernausgabe am Nachmittag: alle so extrem freundlich hier, eine strahlt mehr als die andere, aus gut sortierten, hellen Zähnen. Fragen und Bitten kommen sie zuvor: „Ois isi", verteilen kostenlose Gesundheitscremeproben, mit verbindlichem Nicken. Geduldig überlegen sie mit Lydia, wie sie ohne Auto an mehr als eine Streckenposition gelangen kann - im Grunde unmöglich. Das alles unter der Holzverkleidung des Grainauer Kurhauses. Keine Messehalle in kaltem Metall, keine Abfertigung und ein halbgares „Viel Glück", nicht die gewohnte Mischung aus abgeklärten Mienen, abgestandenem Läuferschweiß und Verkäufermief. Das hat nichts Verdächtiges, nichts Unauthentisches, im Gegenteil: Es berührt mich, die Szene hat etwas Familiäres.

Eine große Wohngemeinschaft mit anliegendem Kuschelgarten: Läuferinnen und Läufer hängen entspannt in Liegestühlen, die Waden makellos rasiert, nicht an wenigen Beinen Tattoos. Einer hat sich tatsächlich einen Läufer auf die Wade tätowiert, der aussieht wie er selbst, sogar das gleiche Cap.

Barfüßige, Flip-Flop-Quietschen, einige in den roten Salomon-Schuhen, für die Kilian Jornet wirbt. Es liegt eine Coolness in der Luft. Nicht so eine hippe, auf Abstand bedachte wie in der Großstadt, eher so eine, wie sie der große Bruder oder die große Schwester hat, die dieses „So wäre ich auch gerne" auslöst. Das sind gstandne Manns- und Weibsbilder, keine Harings; drahtig, aber muskulös, verschwenderisch sonnengegerbt.

Es gibt Bratwurst-, Bier- und einen Bäckerstand. Lydia und ich teilen uns eine Riesenbrezel und ein Stück Kuchen. Stolz macht Lydia ein Foto von mir und meiner Startnummer: die „100". Wie ein Schuljunge schaue ich darauf, unsicher freudig. Ich habe ein paar Jahre Bergschule nachzuholen, kann es kaum erwarten. Noch nie ein Ultralauf, noch nie ein Wettkampf in den Bergen, und nun hier, die doppelte Premiere.

Ich schlafe viel besser als vor einem Marathon. Zum Frühstück gibt's Salzbrezn, dünn mit Butter bestrichen, zu dritt in Mitchs Golf 3, und schon sitzen wir wieder, noch im Dunkeln, im Festzelt von Grainau.

Ein Teil der Bierbänke ist verschwunden, mit den typischen Metallgittern und rot-weißem Flatterband haben sie in der Mitte des Zelts eine Absperrung geschaffen, eine Art Catwalk für Trailrunner; davor Einlassgitter mit Kontrollstationen. Wir stehen an wie vor einem Starkonzert, stehen in den ersten Reihen und sind dennoch nervös, ob auch genügend Platz für uns ist. Es dämmert. Im Versuch, meine Laufstöcke - nach dem Loslaufen am Fuji sind sie mir zum treuen Begleiter geworden - im ausgefahrenen Zustand an meinen Laufrucksack zu klemmen, steche ich beim Schuhebinden einem anderen Läufer beinahe ein Auge aus. Ja mei. Im Gänsemarsch setzen wir uns in Bewegung. Ich winke Lydia zu, wer weiß, wann ich sie wiedersehen werde, ein Handkuss. Vor uns spielt die örtliche Trachtenkapelle Blasmusik, Posaunen begleiten uns, unweit die rosa Barockkirche mit Bommelturm, alles wie im Heimatfilm. Mit dem letzten Ton schieben die Musiker sich auseinander, geben die Strecke frei. Der Pulk setzt sich in Bewegung, drängt durch, wie herausgequetscht; ein kurzes Stück Laufen, bis zu den Eisenbahnschienen, an denen sich klingelnd die Schranken senken. Die Menge johlt, dann wartet sie schweigend. Zum Glockengeläut greifen wir von unten an die sich lösende Sperre, ducken uns durch die Schranke. Noch ein paar Hundert Meter auf Asphalt, ich bin aufgeregt, weiß nicht, wo ich mich einordnen soll in dieser fremden Welt, laufe drauflos, in Marathontempo. Die erste Steigung, Konzentration, Tritt finden, Beine sortieren. Ich achte auf meinen Atem, ich spüre ihn kaum trotz der Steigung; schon wandert der Fokus weiter. Im nächsten Moment sind wir mitten im Wald, ein schmaler Weg, rechts von uns geht's tief runter, so tief eben, wie wir bisher schon aufgestiegen sind.

Vor ein paar Jahren ist beim Vorläufer des Zugspitz Ultralaufs, dem Zugspitz-Extremberglauf - ein Vertikallauf, 2235 Höhenmeter auf 17,94 Kilometern Strecke - ein Rettungseinsatz ausgelöst worden: Zwei Menschen starben. Der Weg führte damals noch direkt die Zugspitze hoch, nicht wie nun über die umliegenden Gipfel drumherum. Von 15 Grad im Tal zog es aufwärts zunehmend zu, bis hin zu Minusgraden und Schneefall. Viele Athleten waren nur in Shirt und kurzer Hose unterwegs, warm von Willen; dann die Erschöpfung und Elektrolytmangel. Ein paar brachen den Lauf vorzeitig ab, einige erreichten das Ziel, ein paar wurden von der Bergwacht in völlig desolatem Zustand vom Berg gerettet. Erst als die Todesfälle bemerkt wurden, wurde der Lauf abgebrochen. Für die, die es nicht geschafft hatten, ergab die Autopsie „Tod durch Unterkühlung". Man stritt, in der Szene wie juristisch, ob der Wetterwechsel absehbar gewesen sei, ob die Veranstalter früher hätten reagieren müssen. Später sagten manche, die Temperaturen seien nicht das Problem gewesen, damit könne man umgehen auf diesem Leistungsniveau. Aber der Wind, man hatte den Wind nicht ernst genommen. Unbarmherzig war er an diesem Tag über die Läuferherde gefegt.

Ich musste mich dazu wenig selbst erkundigen, meine Verwandten und Freunde, denen ich von meinem Vorhaben erzählt hatte, versorgten mich zur Genüge mit sorgenvollen Kommentaren und Links zu Zeitungsartikeln.

Der Lauf wurde nicht ausgesetzt im Jahr nach der Katastrophe. Ein Verfahren lief, das erst zur Belastung des Organisators führte, dann davon abwich und die Eigenverantwortung der Läufer betonte.

Fünf Jahre nach dem Vorfall ersetzte ein anderes Unternehmen, ein neues Organisationsteam, das vorherige. Die Sicherheitsbestimmungen wurden hochgeschraubt, es zur Pflicht erhoben, neben warmer Kleidung eine lange Reihe an Hilfsutensilien mitzuführen. Lauter Dinge, die mein normales Einkaufsverhalten im Vorhinein überfordert und mir Albträume bereitet haben. Fehlte einer dieser Gegenstände, konnte das die sofortige Disqualifikation bedeuten.

Ich habe keine Angst vor den Gefahren des Laufes, ich habe Sorge davor, dass mein Dreieckstuch nicht der Norm entspricht.

Als Ausrüstung ist laut Reglement mitzuführen: „Geschlossene Trailrunning-Schuhe mit Profilsohle, die für das Laufen im alpinen Gelände geeignet sind, Laufrucksack, Regenbekleidung bzw. Überbekleidung als Regenschutz (mind. wasserdichte Regenjacke), warme Kleidung (Oberteil und lange Hose bzw. Beinlinge) als isolierende Zwischenschicht unter der Überbekleidung (für schlechte Witterung, die im Hochgebirge überraschend einsetzen kann): Hier gilt die Grundregel, dass keine Haut sichtbar sein darf!, Handschuhe und Mütze, funktionstüchtige Stirnlampe mit Ersatzbatterien oder -akku, Beschriftung der mitgeführten Lebensmittel-Verpackungen mit der Startnummer [um später Übeltäter zu identifizieren, die Müll in die Natur- und Landschaftsschutzgebiete schmeißen], Trinkbehälter zur Aufnahme der Getränke an den Verpflegungsstellen, Wasserbehälter mit mindestens 1,5 Liter Fassungsvermögen, Notfallausrüstung (1x Kompresse 10x10, 2x Verbandspäckchen, 2x Handschuhe, 1x Dreieckstuch, 4x Wundpflaster, Notfallpfeife, Blasenpflaster, Rettungsdecke), Navigationsuhr mit eingespeichertem GPS-Track der gewählten Strecke oder alternativ Streckenkarten in gedruckter Version, Mobiltelefon mit eingespeicherter MEDICAL CREW-Nummer zum Absetzen von Notrufen (es muss sichergestellt sein, dass das Handy auch im Ausland

Anrufe tätigen kann); empfohlen wird außerdem u. a.: Sonnencreme, Fettcreme gegen Wundscheuern, eigene persönliche Verpflegung, Sonnenbrille, Stöcke."

Auf der Strecke gibt es anfangs kaum Abwechslung, viel Wald, Wurzeln, rot schimmernde Erde, schattige Pfade, schmal am Fels; die erste Verpflegungsstation nach 57 Minuten. Ohne anzuhalten lasse ich sie hinter mir, pausiere aber kurz danach gezwungenermaßen an einer ruhigen Stelle, um meine Blase zu entleeren, bedauernd, im vollen Bewusstsein des Werts von Flüssigkeit auf so einer Tour. Über die in diesem Abschnitt geringe Steigung - nicht einmal annähernd der Grunewalder Skihang - schließe ich wieder auf zu der Verfolgergruppe von sechs oder sieben Läuferinnen und Läufern, die sich ein paar Minuten hinter dem Spitzentrio über die Strecke schiebt. Zwischen Kilometer 13 und 16 leiste ich mir mit einem Franzosen und einem Polen aufreibende Duelle, die den letzten 100 Metern eines olympischen Laufs gerecht würden. Eine Zeit lang laufe ich dicht hinter Caroline Chaverot, der späteren Siegerin und UTMB (Ultra Trail de Mont Blanc)-Veteranin. Ehrlich erstaunt über ihren dampfkesselartigen Atem, die quadratische Figur, die mit ihren kurzen kraftbetonten Schritten den Erdweg pflügt, komme ich beinahe aus dem Tritt. Plötzlich passender Ausspruch: Jemand tankt sich durch.

Am Rand steht ein Rennoffizieller, ruft: „Relax, Caro, there are still some kilometers ahead."

Stimmt, bestätige ich in Gedanken: noch ungefähr 80. Aber was soll sie tun, die Caroline, schließlich spürt sie meinen Atem im Nacken, mit dem ich ihr ahnungslos Druck mache. Sie weiß ja nicht, dass nur ich da hinter ihr laufe. Damit bringe ich mich selbst in die Bredouille, mit ihr muss auch ich das Tempo anheben, um nicht zurückzufallen. Sacrebleu, a hundsgemeiner Teufelskreis. Dicht hinter mir läuft die Schwedin Kristin Berglund, eine weitere Favoritin, mit langen aufrechten Schritten.

Im Leaderboard der ersten Stunden tauche ich nahe der Top Ten auf. Die WhatsAppgruppe meines Berliner Clubs tobt vor Begeisterung.

Nach etwa 23 Kilometern endet für mich das erste Rennen. Ich falle in den Hungerast, oder wie man im Englischen sagt: „I hit the wall."

Nach der ersten Anstrengung fehlt mir plötzlich die Versorgung mit Nährstoffen, insbesondere Kohlenhydrate. Statt der avisierten 60 bis

120 muss mein Blutzuckerspiegel nun um die 40 Milligramm pro Milliliter liegen. Mit einem Mal träge und unlustig, muss ich chancenlos abreißen lassen. Bei so einem Hungerast kann man nicht viel machen, irgendwie durchhalten, nachladen, auf Wiederaufnahme der Arbeitstätigkeit des Systems hoffen. Ich hatte mich doppelt verzockt: Nicht nur war ich das Rennen viel zu schnell angegangen - ich bereue nichts, was für ein Spaß das war! -, ich hatte mich auch bei den Verpflegungsstationen vertan, mich gegen Gels entschieden, in der trügerischen Gewissheit, kurz vor der nächsten Station zu stehen. Ein Irrtum.

Es sind noch mehr als 75 Kilometer zu absolvieren. Von nun an wird es hart.

Die Vegetation ändert sich, eine große Lichtung, die sich als die Schattenlinie der Baumgrenze entpuppt, mein erster von drei Stürzen. Ich gehe zu unvorsichtig, genauer, ungebremst unkontrolliert bergab in eine Kieswegkurve, komme mit dem äußeren Fuß auf das nasse Gras, rutsche, schlittere, bis ich den Halt verliere; falle, noch immer in Geschwindigkeit, kugle ein paarmal über die Wiese; ganz so wie man sich als Kind den Stadtrandhügel hinunterdreht. Die Eltern meckern hinterher über die grünen und braunen Flecken. Ich kugle mich in einen Hockstand hinein, aus dem ich ohne Unterbrechung weiterlaufe.

Auf dem nächsten Stück bergan, ich wähne mich unbeobachtet, gehe ich ein wenig. Ich bin beinahe allein auf dem Streckenabschnitt, und das bei 560 Ultralaufenden. Die Spitzengruppe vor mir auf Nimmerwiedersehen davon, die Nachzügler noch nicht aufgeschlossen. Ein am Lauf unbeteiligter Trailrunner, der aus dem Nichts erscheint, motiviert mich - durch explizit ausgedrücktes Unverständnis - zur erneuten Aufnahme des Laufschritts. Ein paar Kurven, dann die nächste Alm; Lydia, die überraschend dasteht. Ich gönne mir ein halbes Schmalzbrot mit Salz, ein paar Obststücke - frische Ananas! -, fülle meine Wasserblase unter einem Riesenkanister. Für dieses würdige Buffet haben sich die Torturen jetzt schon gelohnt, säuselt mir jemand ein, die Schönfärbstimme. Leider setzte ich meine Blase falschherum in den Rucksack ein, sodass mich die nächsten Stunden der Zufuhrkanal am Rücken scheuert und eine tiefe Kerbe in der Haut hinterlässt. Ein gutes Gefühl, es ist ein tiefer, ehrlicher Schmerz - es sticht und brennt, aber es ist nicht dumpf. Der Schmerz macht nicht bange, er ist klar, anders als innerer Schmerz oder Muskelkater. Mit salzigen Lippen verabschiede ich mich von Lydia, die noch ein paar Schritte mitgegangen ist. Ich zwinge mich, so lange einigermaßen anständig zu laufen, bis ich hinter der Kurve bin und sie mich nicht mehr sehen kann.

Wie die meisten Bergläufe wird der Zugspitzlauf mit seiner einmaligen Aussicht und der wunderbaren Naturkulisse beworben. Ich bekomme nichts davon mit. Klar, die markanten Momente brennen sich tief ein, doch hat das hier wenig mit einer Sightseeingtour zu tun, zu viel Konzentration ist nötig, zu viel Multitasking: zum Beispiel jammern und gleichzeitig das Jammern zum Schweigen bringen wollen. Hinterher kann ich mir gerne anschauen, woran ich vorbeigelaufen bin.

Der schmale Grat des Bergkamms, links und rechts geht es Hunderte Meter ungebremst hinab; wie schaffen das Leute, die nicht so fit sind, wie kommen sie darauf, sich dieser Gefahr auszusetzen? Vielleicht, weil es auch nicht leichter ist, umzukehren.

Weiter geht's auf ein Eisfeld, durch das die Rennorganisation über Metallpflöcke ein Seil gespannt hat. Ich hangle mich in vorsichtigen Schritten daran entlang, ab und zu rutsche ich ein paar Meter, das Seil scheuert an meinen Händen. Fast bin ich durch, als ich nach hinten, nach oben schaue: Von der nahtlos in den Himmel übergehenden Bergkante taucht ein Läufer auf, mir in hohem Tempo näher kommend, immer näher. Schließlich holt er mich ein, bewegt sich behände um mich herum, streift mich nur kurz, erklärt mir in der gebruchteilten Sekunde des Überholens in spanischem Englisch, wie man es richtig macht: Handschuhe an, Gewicht etwas nach vorne verlagern, gleiten, vertrauen. Verschämt, beinahe verstört, hopple ich die letzten Meter hinunter.

Nach dem Eis wird das Terrain felsiger, die müden Beine proben den Aufstand, verhaken sich ineinander - der zweite Sturz. Ich habe Glück, weder Richtung Abhang zu stürzen noch gegen eine der massiven Felswände zu klatschen. Ich falle nach vorne, lande irgendwo irgendwie dazwischen. Die Steine halten mich eher, als dass ich gegen sie pralle. Des passt scho. Aufrappeln, weitermachen.

Der Markierungsstein: 50 Kilometer sind absolviert. Toll, die Hälfte geschafft. Toll, die Hälfte geschafft. Meinetwegen könnte der Lauf hier zu Ende sein, 50 Kilometer, ein paar Tausend Höhenmeter, das reicht doch. Andererseits, kein guter Ort, um aufzugeben, hier so mitten im Nichts. Ich denke an Sätze aus einem Trailrunner-Forum: „Bei 70, 80 Kilometern fängt der Spaß erst an." Aha, bis dahin muss ich mich also noch gedulden. Pack ma's.

Irgendwie witzig: Der Geist will nicht, die Beine blockieren - und doch laufe ich.

60 Kilometer. Ähnliche Gedanken wie zehn Kilometer zuvor. Immerhin, wieder ein Stück weiter.

Dann ein endloses flaches Stück, auf dem meine Gedanken abschweifen, die letzten Monate, Lydia, der Düsseldorf-Marathon, schließlich Egidijus' Stimme im Kopf: „Definitiv kein Lauf zum Ausruhen, schön Wettkampfgefühl aufrecht erhalten, im Flachen deine Stärken ausspielen." Klar wäre das der perfekte Abschnitt, um den Bergläufern den Schneid abzukaufen, sie sind hier eindeutig im Nachteil mit ihrem Gämsenschritt, ihren am Hoch- und Runterlaufen erprobten, nicht auf Tempospitzen fokussierten Oberschenkeln. Aber es will nicht. Lieber Schadensbegrenzung als Tempofokus.

Ich denke an die Mauerwegläufer. Müssen die sich nicht furchtbar langweilen, 160 Kilometer auf dem platten Land?

Fast 15 Kilometer laufe ich auf dieser flachen Durststrecke, treffe schließlich einen anderen Läufer. Wir beginnen uns zu unterhalten. Während des Laufens, in einem Wettkampf. Für mich bis zu diesem Moment unvorstellbar. Kann mich an kein gesprochenes Wort erinnern, bloß an seinen fränkischen Dialekt.

Insgesamt verdichtet sich alles ein wenig ab 70, 75 Kilometern. Zwei von drei Gipfeln sind erfolgreich passiert. Die Zeit gerät aus den Fugen, die Erschöpfung zwingt mich zum unverhohlen Notwendigen: einen Fuß vor den anderen setzen; nicht zu schnell, sonst schmerzt es, nicht zu langsam, sonst komme ich nicht voran.

Die plötzliche Sorge, dass der Lauf ewig dauert, also wortwörtlich ewig, unendlich lange, für immer.

Immer wieder die Verpflegungsstationen: fein angerichtete Marktstände, die Auswahl im Verhältnis zur Belastung so luxuriös wie im Fünfsternehotel. Man pickt ganz vorsichtig, um die sorgfältig geschaffene Illusion des Erholungsressorts für die nachkommende Läufermeute nicht zu zerstören.

Gefühlt lerne ich nun alle paar Minuten jemanden Neues kennen. Ist der Fokus einmal aufgeweicht, weitet sich wohl der Blick, andere finden Platz darin. Auch hier oben, alle so freundlich; ermunterndes Lächeln über der warmen Suppe, gute Geschichten. In der Rückschau müssen es so verbrachte Stunden sein. Gute Stunden.

Zwischendurch denke ich an Kílian Jornet, den Trailläuferstar, der uns beim Briefing Grüße ausrichten ließ. Am Tag vor dem Düsseldorf-Marathon vor ein paar Monaten habe ich in seinem Buch gelesen: „Lauf oder stirb", was dazu geführt hat, dass mir, noch ganz unbedarft, an einem Samstagmittag im ICE, irgendwo bei Gütersloh, das Adrenalin ungebremst in den Körper rauschte. Vielleicht klappt das ja auch so, hier, eine Adrenalinspritze, ausgelöst durch Gedanken.

Wir stehen an der siebten Station - wir sind seit beinahe zehn Stunden unterwegs - und tauschen uns aus über unsere Berglauferfahrungen. Da ich nichts beizutragen habe, höre ich umso aufmerksamer zu. Ich lerne, dass es immer eine wichtige Information ist, über welche Läufe man die meisten UTMB-Punkte gewinnt, das heißt die Punkte, die es braucht, um sich für den Königslauf, den mehrtägigen Trail im Mont-Blanc-Massiv zu qualifizieren. Es dauert nicht lang und mir schwirrt der Kopf.

Der Chiemgau Trail Run, für Ungeduldige, bereits im Mai; der Transvulcania, berüchtigt, auf Felsen und tiefem Sand über den Kamm von La Palma; der Alb-Traum 100, ein Benefizlauf auf der Schwäbischen Alb; der Bödefelder Höllenmarsch, für „Wanderer, Marschierer, Nordic Walker, Läufer, Trailrunner und Ultraläufer" im Sauerland; die TorTour de Ruhr, Rothaargebirge; der Dolomiti Extreme Trail; der Mozart 100, bis zu fünf UTMB-Punkte; die Harzquerung, keine Punkte, aber auf den Spuren Heinrich Heines; der Engadin Ultraks St. Moritz; der Eiger Ultratrail, bis zu fünf Punkte; der Großglockner Ultra-Trail, bis zu fünf Punkte; Montreux Trail Festival, bis zu sechs Punkte; der Ottonenlauf; Trail de L'Absinthe, bis zu fünf Punkte; Karwendelmarsch; Jungfrau-Marathon, „die schönste Marathonstrecke der Welt"; und als Insidertipp im Herbst, der Sechs Stunden Urwaldlauf von Saarbrücken.

Zwischen den Stationen laufe ich ein Stück mit Klaus. Klaus ist eine Legende hier, ständig hebt er die Hand zum Gruß: über 50 und mischt noch verlässlich in den Top 50 von über 550 Teilnehmenden mit. Es hat sich zu ihm rumgesprochen, dass hier einer doppelte Premiere läuft, im Ultra- und im Berglauf. Den habe er sich mal anschauen wollen. Wir plaudern ein wenig im langsamen Lauf, sehr angenehmes Tempo, dann höre ich noch ein „Kopf hoch, Kleiner", und schon verschwindet Klaus vor mir in den Fichtenwald.

Ich erlaube mir nun, bei Steigungen ab fünf Prozent gemächlich zu gehen. Die Hände drücke ich dabei auf die Oberschenkel, wie ich es bei den anderen gesehen habe. Auf ebenen oder leicht abschüssigen Strecken fehlt mir die Rechtfertigung zum Langsamsein, so quäle ich mich voran.

Fast könnte man es laufen nennen, fast.

An der achten Station - wir sind etwa zwölf Stunden unterwegs - kommt ein Läufer leicht humpelnd an. Sofort sind alle vertieft in die Frage, ob er aussteigen soll.

„Spinnst du, 16 Kilometer vor dem Ziel, das ziehst du brav durch."

Andererseits: Hier ist die letzte Möglichkeit zum einfachen Abtransport, danach wird's kompliziert.

An den meisten Stationen die gleichen Gesichter. Es ist ein bisschen wie auf einer Vietnamreise: Man absolviert dieselbe Strecke, in denselben Fortbewegungsmitteln, trifft sich wieder an den touristischen Hotspots und den im Reiseführer empfohlenen Hostels. Es gibt immer ein Dazwischen, in dem man einander nicht begegnet, aber was in Vietnam wahrscheinlich, hier sicher ist: Man visiert dieselben Ziele an, beschreitet die Pfade bloß zu unterschiedlichen Zeiten.

Ein geleitetes Abenteuer, für jedermann.

Ich setze mich an keiner Verpflegungsstation hin, die Gefahr, nicht wieder aufzustehen, ist ungeheuerlich. Einmal hingesetzt, löst sich die tragende Anspannung. Körper, Kopf und Kreislauf nutzen den Moment, sich einmal ausgiebig zu strecken. Die Angst vor dem Point of no Return: Ich bewahre mich davor mit strikter Disziplin.

Beinahe ist es geschafft, mich und das Ziel trennt nur noch ein einziger Abstieg, ein berüchtigter Abstieg. Steil geht es hinab ins Tal, von der Spitze über 1370 Höhenmeter auf neun Kilometern Wegstrecke, den Kreis schließend zurück nach Grainau.

An der neunten Station lerne ich noch zwei Jungs kennen, um die 30, wir plaudern und stärken uns gemeinsam. Als es dunkel wird, krame ich mit nervösen Händen nach meiner Stirnlampe. Welche Handschuhe soll ich tragen, die dicken oder die dünnen? Verheddert. Die Jungs laufen vor, ich hole sie nicht mehr ein.

Meine Lampe leuchtet so schwach, dass es scheint, sie wäre eine verlässliche Anzeige meines körperlichen Befindens. Ich sehe gerade das Nötigste direkt vor, unmittelbar unter mir.

Natürlich habe ich, vorschriftsgemäß, Ersatzakkus dabei, aber keinen Nerv, noch einmal zu kramen.

In meinem Kopf jetzt in Dauerschleife *Drunk in Love* von Beyoncé und Jay Z. „We be all night ..."

Ich mache die letzten Höhenmeter abwärts. Es geht nur noch verdammt langsam. So ist das bei einem Flachlandtiroler, der ab und zu mal wie ein Wilder einen Schutthügel hochrennt - Bergablaufen ist er nicht gewohnt. Meine Oberschenkel sind steif und schmerzen höllisch.

Klar, es ist jetzt nur noch eine Frage der Zeit, bis ich im Ziel bin; lieber weniger als mehr.

Am untersten Teil des Hangs staut es sich: Etwas behäbige - im Vergleich zu mir aber sicher als frisch zu bezeichnende - Läufer der kürzeren Strecken werden auf einen letzten gemeinsamen Abschnitt geleitet. Es wird wuselig, ich rutsche aus auf den nassen Steinen, schlage mir die Unterarme blutig, verliere einen Handschuh, einen der dünnen - der dritte Sturz. Dennoch bin ich guter Dinge, so kurz vor dem Ziel.

Zuerst sehe ich das Licht. Eine Straßenlaterne leuchtet mir den asphaltierten Weg. Ein Blick zurück, dunkel zeichnen sich die Berggipfel ab vor dem noch jungen Nachthimmel.

Als ich durch den Zielbogen laufe, wird mein Name ausgerufen, a moment of glory, obwohl ich heute den Profis, bis auf die vergleichsweise kurze Anfangssequenz, ferner war denn je. Meine Einlaufzeit, 16:25:00, fünf Stunden nach dem Sieger, immerhin etwa elf Stunden vor Zielschluss. Ein 43. Platz, der nebensächlich ist, ein kleiner Ausflug in die Berge, von 7:15 Uhr morgens bis 23:40 Uhr. Dazwischen 101 Kilometer und 5500 Höhenmeter.

Als Lydia mich sieht, reißt sie ihr Buch hoch, läuft auf mich zu. Sie hat die letzten Stunden auf den wieder hereingetragenen Bierbänken zwischen Sand, Blumenkübeln und Bratengeruch gewartet, ohne Ahnung, wann ich ankommen würde. Die App hat ihr meine Zeit das letzte Mal bei der siebten Station mitgeteilt, danach Funkstille. Nun steht sie vor mir, ihrem Verschollenen, ihrem Zusammengefalteten. Wir umarmen und küssen uns. Es ist wie in einer rührseligen Schmonzette: Happy End im Heimatfilm.

Unwirklich. Ich will erzählen und merke, dass es wenig zu erzählen gibt - das meiste scheint vergessen, einzelne Streckenabschnitte sind wie aus meinem Gedächtnis gelöscht. Gleichzeitig erinnere ich mich von kaum anderen 16 Stunden an so vieles in solch einer Detailfülle. Sehr selektiv, was sich in Extremsituationen tief ins Gedächtnis gräbt.

Verschwommene Gefühle nach dem Zieleinlauf. Klar ist da Freude, es geschafft zu haben, Lydia zu sehen; suchende Blicke nach den bekannten Gesichtern der Wegstrecke, Freunde. Ich überrasche mich selbst mit dieser Bezeichnung. Ich bin zurück im Festzelt, noch einmal hat es sich gewandelt, Baba Yagas Hütte, dunkler, unklarer, jetzt ein verlassener Ort, ein Übergangsort, ein Drehkreuz für Flüchtige; seit heute Mittag Zieleinläufe am laufenden Band. Ein heiserer Festzeltsprecher, die zur Einkehr lockenden Essensstände.

Ich habe keinen Hunger, aber Lust zu essen. Schon beim ersten Biss in die schimmernden Nudeln brennt mein Rachenraum. Ich weiß nicht, ob es von der Belastung oder durch die überhöhte Glukose-Einnahme der Gels kommt. Ich weiß nur: Kein Essen für mich.

Dass ich den Kaiserschmarrn übersehe, ist sehr sicher ein nicht zu unterschätzendes Ärgernis. Trotz brennendem Rachen und körperlicher Schwäche stampfe ich später deswegen mit dem Fuß auf.

Lydia erzählt mir mit strahlendem Gesicht, dass unser neuer Freund Mitch falschherum ins Ziel eingelaufen ist. Er ist einmal um das Festzelt herum, dann von der anderen Seite durch die Bierbänke zur Zielmatte. Die Beschilderung im Ort bestand aus von Kindern bemalten Pappen, die er im Dunkeln - und im Flow - kaum hatte lesen können. Die Rennleitung konnte das erst nicht glauben und hat überlegt, ihn zu disqualifizieren. Wir lachen laut, und ich vergesse sogar meinen brennenden Rachen. Zu gerne hätte ich gewusst, was sie sich vorstellten: Was soll er die ganze Zeit getrieben haben, statt zu laufen? Warum hätte er sich den ganzen Spaß entgehen lassen sollen?

Mitch fährt uns im Auto nach Hause. Wie schafft er das?

Schmerzen beim Hinsetzen, Sitzen geht, Schmerzen beim Aufstehen, Stehen geht; Gehen geht, wenn auch langsam. Beim Hinsetzen auf die

Kloschüssel schreie ich so laut, dass Lydia klopft und besorgt fragt, ob sie mir helfen kann.

Die letzte Nacht im Haus der Athleten. Guter Ort, auch wenn sie später Monate brauchen, das von mir vergessene Notizheft nach Berlin zu schicken. Man könnte denken, nach dem Lauf schlafe ich bis in die Puppen, doch weit gefehlt: Um 7 Uhr sitze ich mit britzelnden Beinen und voller Adrenalinpumpe auf der Bettkante. Mein Körper sagt: Los geht's. Wenn nicht alles so steif und schmerzend wäre, warum nicht?

Die Souvenirs, die ich mitnehme: blaue Zehennägel, der rechte große so gequetscht, dass ich später auf den gekonnten Nadelstich eines Orthopäden zurückgreife, um den Druckschmerz loszuwerden. Ein Zugspitzlaufshirt von Salomon, Schwarz auf Dunkelblau, Druck auf der falschen Seite, das Etikett schaut den Betrachter von vorne an. Experimentelle Colagels, die ich als Notration auf unbestimmte Zeit in einer Küchenschublade einlagere.

Am nächsten Tag schwärmen die Ultralaufveteranen wie Zombies durch die Orte im 30-Kilometer-Radius von Grainau. Schleppend und hakend, stöhnend und ächzend bewegen wir uns durch die sonntäglichen Straßen. Es gibt viele von uns, wir nehmen die Dörfer ein, die Anwohner derweil andächtig beim Gottesdient. Ich sehe die Berglund, die am Ende Zweite hinter Chaverot geworden ist. Wir erkennen einander am Hinken.

Die Freunde, die wir zum Frühstück treffen, treue Anhänger der bayrischen Kultur, schütteln die Köpfe: „Goaßlschnalzer? Ja, die gibt's hier bei jedem Volksfest. Irgendwie gruselig."

Zwischenläufe III

San Antonio Houston New Orleans

Der Traum: mit Matt den Rim-to-Rim im Grand Canyon laufen. Umdrehen der Verhältnisse: Start am höchsten Punkt, abwärtslaufen zum Grund des Canyons, einmal durchqueren, auf der anderen Seite hinauf, und zurück. 77 Kilometer und 3200 Höhenmeter durch die Wüste Nevadas.

Nicht Nevada, aber immerhin ein USA-Trip, Konferenzreise nach San Antonio, Texas. Am ersten Abend jogge ich durch die Stadt in einen höllischen Regen hinein; zu spät und durchnässt erscheine ich zur Begrüßungsreception im Hilton Palacio del Rio, direkt am berühmten Riverwalk, wo texanische und mexikanische Familien Rippchen essen und Cocktails trinken; dicke Bäuche, Hutgesichter und Cocktails mit Strohhalmen, an denen ich mich in den nächsten Tagen vorbeizwänge. Ich erzähle den Teilnehmenden der ISPP (International Society of Political Psychology) etwas darüber, wie Vorurteile Einstellungen sind, die wir über soziale Bezugsgruppen erlernen und in der Folge für normal halten. Artiger Applaus - nur Klatschen, das deutsche akademische Klopfen wird international in der Regel als verschreckend und missgünstig empfunden. Keine Fragen, keine Vorurteile.

Mit einem belgischen Kollegen geht's zum vegetarischen Burritoessen beim Chipotle. Ich lerne: Koriander schmeckt nach Seife, und in Belgien gibt es kein veganes Essen, dafür ambitionierte Radrennfahrer und Steroidfans.

An einem der Tage dackle ich den Koryphäen der Disziplin zu einem überteuerten Restaurant hinterher, an einem anderen nehme ich Reißaus vor einem Stinktier. Ich laufe genau einmal: eine große Runde, an Vorgärten vorbei, Holzpalästen und -hütten. In einem Garten sehe ich die Möbel eines ganzen Hausstands, inklusive Plattenspieler mit aufgelegter Platte; auf einem Beistelltisch daneben ein halb gefülltes Glas mit hellbrauner Flüssigkeit, Whiskey vermutlich. Ich höre Country Musik, warum tanzt niemand?

Einfahrten mit rostigen Cadillacs, im nächsten Block weiß-glänzende Lexus SUVs. Schon nach wenigen Kilometern schmerzen meine Schienbeine. Natürlich laufe ich weiter. Verlaufen im Schachbrettmuster der amerikanischen Großstadt, das trügerische Gefühl, das Haus dort, diese Straße, die Laterne, das Kind da schon einmal gesehen zu haben. Auch wenn es nicht sein kann, ist es so. Verwirrt finde ich schließlich zurück zum Haus. Ich habe es über Airbnb gebucht und teile es mir jeden Abend mit neuen Mitgästen, die ich nie sehe, aber bemerke: ab und zu eine

Chipstüte im Mülleimer, unbekannte Bierdosen im Kühlschrank, nicht aufgeräumte Müslischalen, sich bei Öffnen meiner schließende Türen, ein besetztes Bad. Ich lasse mich ins Einsinkbett fallen, lehne meinen Kopf auf Patchworkkissen und schaue vorbei am Home Trainer auf den dicken Fernseher. Es zieht verdammt unangenehm in den Schienbeinen. Shin Splints. Klassischer Ausdruck von zu früh aufgenommener Belastung nach hoher Beanspruchung, Shit.

Ich bin nicht traurig. Vielleicht im Gegenteil.

Die Konferenz endet mit einem großen Margarita-Besäufnis. Ich reise weiter, doch auch die Tage danach versagt mir der Schmerz in den Schienbeinen jede Bewegung und Lust. Trotz Craft Beer, Pool und guter Lektüre: Todeslangeweile in Houston.

Aufblühen und erste Trippelversuche erst bei der übernächsten Station, in New Orleans. Eine queere Hostelcrew, die mich angetrunken und singlustig begrüßt. Draußen zwischen Audubon Park und Faubourg Livaudais in allen Ecken breite, knorpelige Eichen; starke Äste, die zum Klettern einladen; der Asphalt aufgebrochen über den geduldig wuchernden Wurzeln. Immer noch zu zartem Humpeln gehandicapt laufe ich an Shotgun-Häusern vorbei. Schmale, lang gezogene Häuser, so gebaut, da Steuern nach der Straßenfrontbreite der Häuser berechnet wurden. Shotgun-Haus: Eine Schrotkugel kann ohne Wandberührung durch die in einer Reihe liegenden geöffneten Türen hindurchfliegen. Jazzgraffitis und an kahlen Mauern lehnende Wild-Turkey-Flaschen. Im Lower Ninth Ward begegne ich atemlos den Folgen von Hurricane Katrina: Grundstücke, auf denen aus Beton oder mit Seilen die Grundmauern ehemaliger Häuser nachgezeichnet sind. Die Leerstelle wird deutlich durch das Nachzeichnen des Ehemaligen. Es verstört, weil ich es erst auf den zweiten Blick erkenne.

In Frady's One Stop Food Store kaufe ich mir einen exzellenten Pausen-Po'boy - Roastbeef in Baguette, „dressed" mit Tomate, saurer Gurke, Mayonnaise, Hot Sauce und kreolischem Senf. Dazu ein Bud Light. Im Mickey Markey Park unterhalte ich mich schmatzend mit ein paar Bauarbeitern - die orangene Weste über grauem Unterhemd, erstes Pausenzeichen: Helm absetzen - über den Vorzug ausladender Baumkronen. Mississippi-Blues.

Es tut gut, eine Pause zu machen.

Mit vollem Bauch die paar Laufschritte ins Satsuma Café. Obwohl es Free Refill gibt, trinkt niemand Kaffee. Also gönne ich mir einen Matcha-Kiwi-Shot, auf 50 Milliliter konzentrierte Lebensart, für 4,50 Dollar. Dann laufe ich weiter, obwohl die Schienbeine wieder schmerzen, laufe weiter, ohne zu wissen, warum und wofür.

Laufe nach St. Roch, wo Menschen auf ihren Veranden sitzen und Wein trinken. Ein trainierter 60-Jähriger, wachsweiches Gesicht, tiefblaue, aufmerksame Augen und gebleichte Zähne, lockt mich von der Straße weg. Er wedelt mit einem Glas Wein. Bei der zweiten Flasche kalifornischen Merlots erzählt er mir in einem Atemzug von seiner unmöglichen Liebschaft zu einem 20-jährigen Latino und bietet mir sein Nachbarhaus zur Miete an. Er hat es bei seinem Einzug vor zehn Jahren direkt mitgekauft, um sich seine Nachbarn selbst aussuchen zu können.

Am Abend gibt es Biere und Beyoncé mit der queeren Crew im Hostel, *Apeshit* und *Rule the World* in Dauerschleife.

Mückenwegschnipsen im Innenhof.

„Warum läufst du so viel", sagen sie, „entspann dich doch mal."

Die wundersame Welt des Marathons I

Berlin

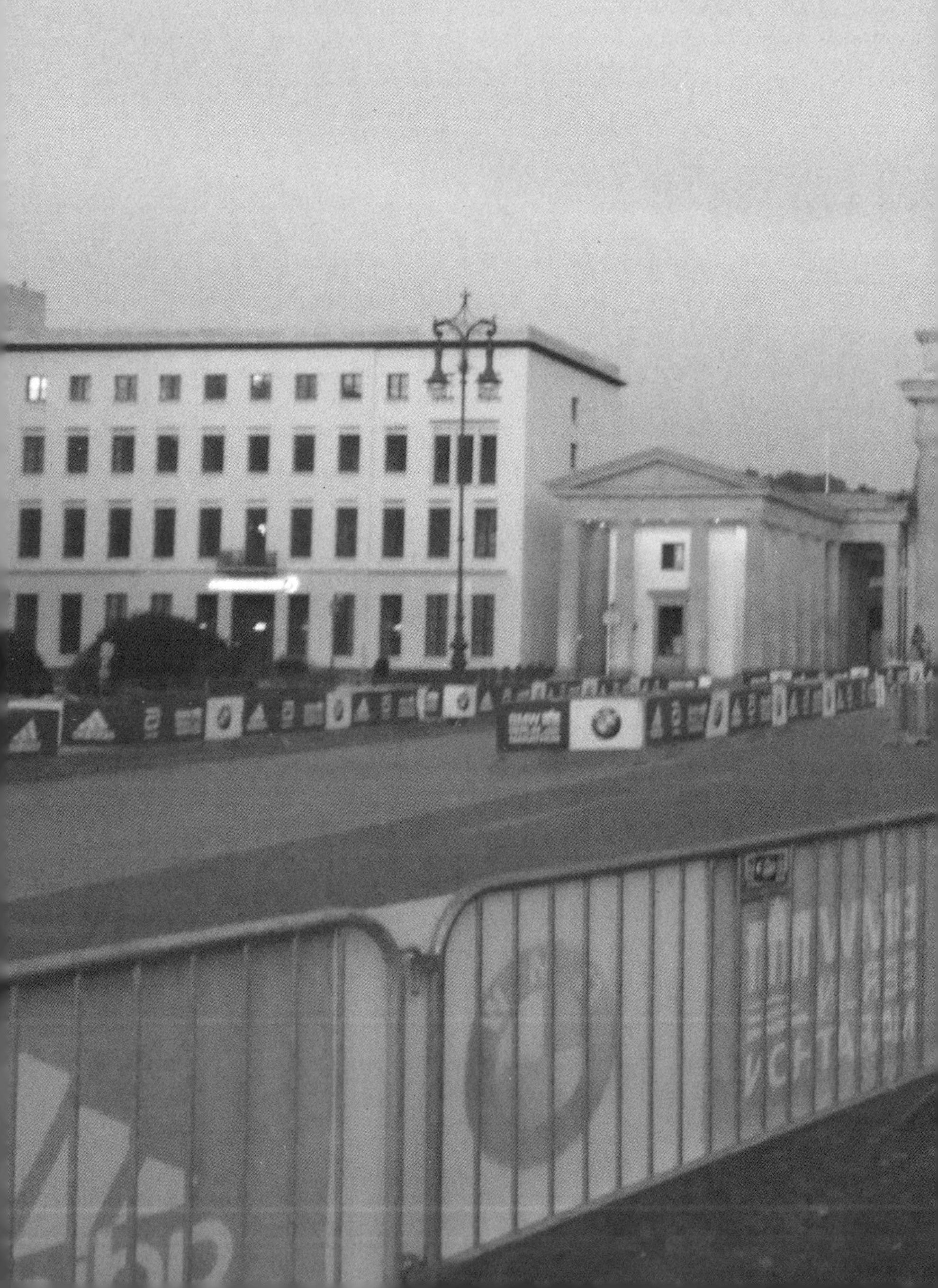

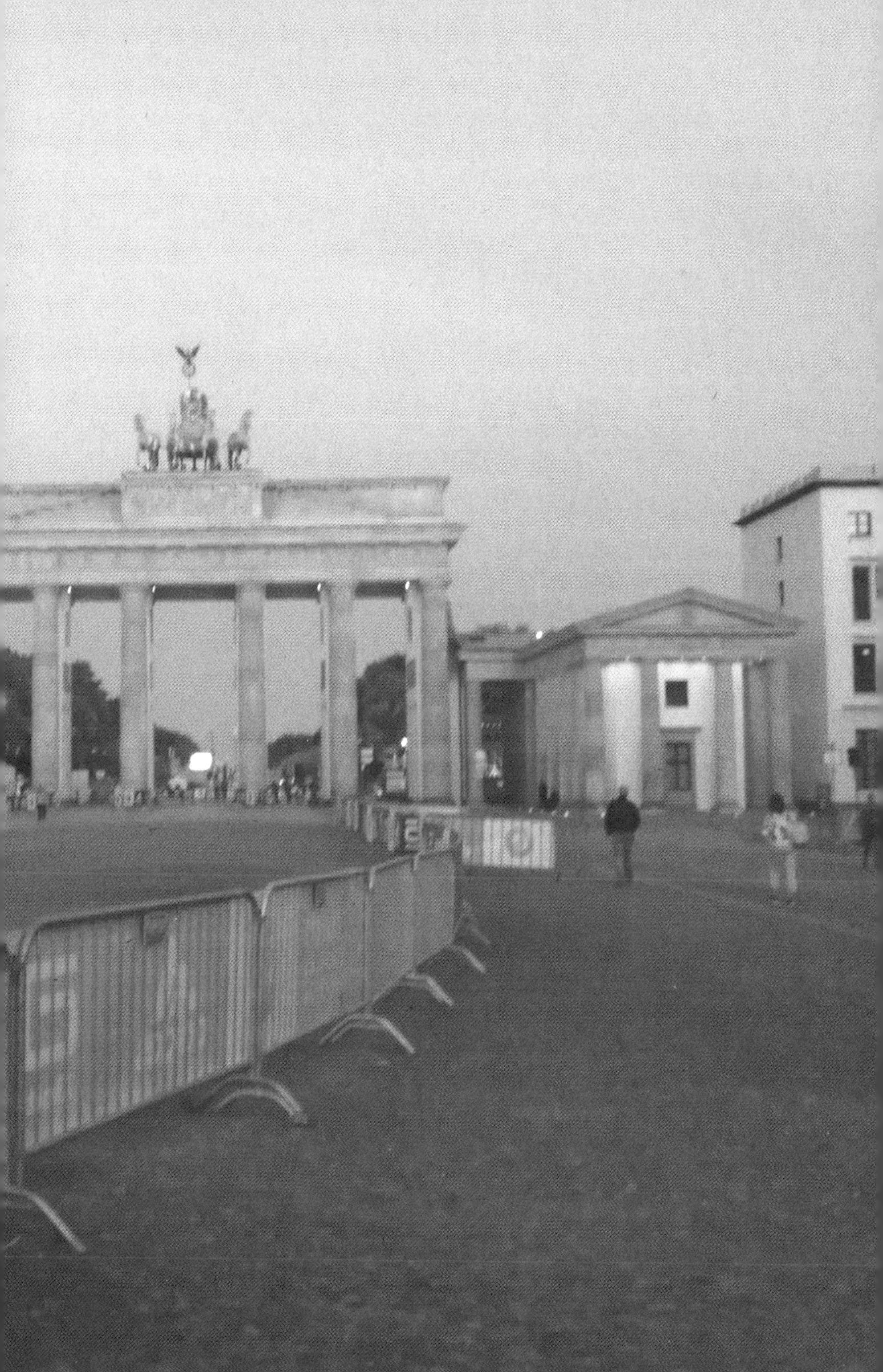

Die beiden Seitenhäuschen des Brandenburger Tors leuchten noch in künstlichem Licht, als sich hinter der von der siegreichen Victoria angeführten Quadriga der Himmel bereits aufhellt. Die dunklen Schleier der Nacht wandeln sich in ein gedämpftes Violett, in dem frühmorgendliche Gestalten, uniform gehüllt in Altrosa-Jacken, verschwinden. Auf der Straße des 17. Juni erkennt man sie nur an den seichten Schatten, die sie werfen.

Ich schleiche zwischen Leuchten und Schatten, erschöpft von der Weinseligkeit des Vorabends, beschwert durch die dicken Käseschnitten auf grellhellem Weizenbrot. Käse macht langsam, soviel ist sicher. Zum Glück darf ich das heute, langsam sein.

Am Pariser Platz definieren die Metallzäune mit ihren 20 Streben ineinander gehakt einen Innenort, die Marathonstrecke, und trennen ihn vom Außenort, dem Zuschauerbereich, ab. Noch haut die Definition nicht hin, noch sind Innen- und Außenort gleichermaßen leer. Die Werbeplanen sind nach innen gerichtet, BMW, Berlin-Marathon, Adidas, alles blau-weiß.

Während die Metallzäune fest verankert sind, unbeweglich, sammeln sich in der Perspektivflucht die Altrosa-Tröpfchen langsam zum Meer; es wächst, es brandet - immer mehr Menschen, die antrotten, es ist 6:30 Uhr; nachtzottelig, die noch schwachen Körper entweder in die Jacken gehüllt oder im Begriff, sie abzuholen. Altrosa, dünner Stoff, moderner Stehkragen, die drei Streifen auf den Schultern, „Berlin-Marathon" klein auf der Brust, groß auf dem Rücken. Dazu das Emblem: Quadriga und Säulenstruktur des Brandenburger Tors, darunter drei waagrechte Streifen, eine Reminiszenz an die Blue Line, die Führungslinie des Marathons, die bis in den Spätsommer des Folgejahres noch auf den Berliner Straßen sichtbar bleibt.

Keine fünf Sekunden nach Ankunft am Sammelpunkt haben die Helfer schon den Pappbecher in der Hand, die Erfahrenen einen selbst mitgebrachten Alubecher, Kaffee, der hellbraun aus plastikummantelten Thermoskannen fließt; an den Rändern Luftblasen wie Sektperlen.

Die Jacke ist schnell übergestreift - gleich gehöre auch ich dazu.

Auf der Straße des 17. Juni stehen im Abstand von 100 Metern große Bildschirme, auf denen hell und donnernd Läuferhorden sich warmhüpfen und durchs Starttor rennen; verpatztes Timing, verloren und nebenbei, ins Nichts gezeigt, noch sehr fern im trägen, werdenden Marathonmorgen. Vielleicht bloß ein Techniktest.

Ganz weit weg: die Siegessäule.

Die Marathonallee erwacht ohne Eile. Kabel, die mit dem Fuß aus dem Weg geschoben werden, von Matten verdeckt, Dixi-Klos, denen die Vorhängeschlösser abgenommen werden, Hunderttausende Bananen, Äpfel, Schwämme, Plastikbecher, die hin und her bugsiert werden in Brötchenkästen, braune Kartons, in denen nach einem geraden Cutter-Strich wild ineinander gerüttelte Medaillen sichtbar werden. Als ein Altrosa-Helfer mit der Faust hineingreift, klimpert und klingelt es wie bei einer Almwanderung. Nachher kleben die alle fest und still auf schwitzigen Shirts.

Es gibt Berliner, denen der Marathon spürbar wird als Schmerzpunkt, sie spüren ihn dann, ohne ihn zu fühlen. Dass etwas anders ist, merken sie nicht am Zugewinn, sie merken es vor allem durch Einschränkung: des Verkehrs. 42,2 autofreie Kilometer, an denen sich die Gemüter entzünden, die 5395 immer noch befahrbaren Kilometer gleichen den Bruch der Gewohnheit nicht aus. Schon Wochen vor dem Lauf werden die Schilder aufgestellt, die erst zum Umparken bitten, dann vor Abschleppen warnen. Die Zweitagessperrung dauerlaufend als Stadtgespräch, beim Bäcker oder im Café, bei kurzen Begegnungen in der ähnlich denkenden Nachbarschaft: „Jedes Jahr das Gleiche“, „Warum sperrt man für einen Marathon, nicht aber, wenn es wirklich einmal wichtig ist!“, „Die Straße ist für Autos da“, „Die Polizei ist auch noch involviert? Und das mit unseren Steuergeldern ...“. Ortsunkundige, die sich am Marathonsonntag erst nach und dann in Berlin verirren. Wenigstens die auswärtigen Läufer werden zwischen den Zäunen sicher geleitet.

Autofreier Sonntag: der Berlin-Marathon als Katalysator einer grünen Verkehrswende.

Man verläuft sich auf dem riesigen Startareal, das den 44.000 Läufern gleich mehrfach Platz bieten muss. An den Checkpoints am Einlass, wo kein Glas und keine Flaschen, die mehr als 0,5 Liter fassen, erlaubt sind; im Bereich der Infostände und der Kleiderabgabe, an den Marktständen aus Holz und Plane, die in große Zahlenabschnitte unterteilt sind; auf den Zugangswegen zum Startbereich; im Startbereich selbst, einem Kilometer betonierte, mit Läufern zu bepflasternde Straße. Zwischen all dem der wehe Blick des Steinsoldaten, das sowjetische Ehrenmal, eingekesselt.

Man verläuft sich leichter, wenn es menschenleer ist: Es fehlen die entscheidenden Orientierungspunkte, das heißt hier Menschen, denen man am Fitnessstand die avisierte Marathonzeit abliest, Menschen mit suchenden Blicken nach spartanisch gesetzten Dixi-Klos; und natürlich die Helfer in Altrosa, die strategisch platziert brühwarm das Wissen weitergeben, das sie an diesem Morgen erworben haben; berlinerische Coolness, die die hektischen Fragen des nervösen Läufervolks kurz vor dem Lauf souverän beantwortet: „Where can I find Block B?"

Armzeig dorthin, wo hinter Tiergartenbäumen Licht über die breite Betonstraße schimmert: „Immer den Schildern nach."

6000 Altrosane sind es insgesamt, verteilt auf Startbereich, Zielbereich und entlang der Strecke. Oder wie es der Veranstalter, die SCC Events GmbH, ausdrückt: „Auf zehn Teilnehmer kommt durchschnittlich mehr als ein Volunteer." Mathematik der Marathonorganisation.

Nach Durchlaufen des noch leeren Marathongeländes und ausführlich ausschweifenden Gedanken bin ich endlich auch ein Altrosaner, kuschle mich in die dünne Jacke, die chemisch neu riecht; an der Hand dampft es zart aus einem Pappbecher. Ich stehe im Pulk von 50 bis 100 Helfern, die sich um einen gestandenen Mann mit Kurzhaarschnitt und ernstem Gesicht versammelt haben und an ihrem Kaffee nippen. Die Augen sind leer, uns allen fällt es schwer, konzentriert zuzuhören. Es ist einfach verdammt frühmorgens.

Wir hören, dass unser Gesamtpulk aufgeteilt wird in kleinere Abschnittspulks. Die grobe Einteilung hatte zuvor schon online stattgefunden, nach dem Eintrag über das SCC Volunteer-Portal - in dem man den gewünschten Tätigkeitsbereich und Einsatzort auswählen konnte, zum Beispiel Streckenverpflegung an der Schlossstraße in Steglitz, Ordner in Moabit, Absperrbandhalter im Startbereich - haben die Helfer eine Woche vor dem Marathon eine Liste zugesendet bekommen. Jedem Namen ist dort eine Aufgabe zugewiesen, in Geheimsprache, Linie C-D, Eingang F1 Süd, Läuferführung LF4, Zugang Z3, Posten 2 plus Rufer. Über die Woche hat man Zeit, sich schon einmal mit diesen Verantwortlichkeiten vertraut zu machen, eine Identität aufzubauen, zu fragenden Freunden stolz Sätze zu sagen wie „Zugang Z3, da staunste, was" - alles in dem festen Vertrauen, dass irgendjemand am Eventtag schon wissen wird, was damit eigentlich gemeint ist.

Die Aufgaben werden uns in den kleinen Abschnittspulks erklärt: dafür verantwortlich sein, dass sich die Läufer in den richtigen Block stellen, niemand auf die Startbahn gelangt, der dort nichts zu suchen hat. Und natürlich dafür sorgen, dass die Läufer pünktlich und motiviert starten. Oberstes Ziel: ein reibungsloser Ablauf der Organisation, Funktionieren im ausgeklügelten Logistiksystem.

Nach dem Briefing stehen die Helfer - die meisten in Jeans und Sneaker, mit Rucksäcken, die den ganzen Tag am Rücken bleiben - noch ein paar Minuten herum. Nur wenige einzelne, die sich verstohlen umblicken und sich einzuprägen versuchen, wem sie gleich folgen sollen, stehen stumm. Ansonsten meist kleine Grüppchen, die da reden, routiniert, nicht unbedingt sportlich, erfahren; Gruppen, in denen Sätze fallen wie „Die Jacken sind ein wenig enger als im letzten Jahr", „Und die Farbe, nun ja, etwas gewöhnungsbedürftig", oder „Ehrlich gesagt wird es von Jahr zu Jahr schwerer mit dem frühen Aufstehen", und natürlich „Wie geht's den Kindern?".

In den letzten beiden Jahren bin ich noch selbst den Berlin-Marathon gelaufen, felsenfest davon überzeugt, dass ich dies bis zu meinem Tod - oder zumindest bis zum Ende meiner Laufambitionen - fortführen würde. Dass ich meine Zeit auf der schnellsten Strecke der Welt von Jahr zu Jahr um ein paar weitere Sekunden nach unten drücken würde. Mittlerweile hat sich bei mir allerdings eine neue Art der Lust eingeschlichen: über die Marathons Orte kennenzulernen, im Durchlaufen, zu ihnen hin und durch sie hindurch zu reisen, im Laufen ihre Kultur und Eigenheiten zu erfahren; den Marathon nutzen, um die Welt kennenzulernen.

Zu meiner Entscheidung, in diesem Jahr nicht ein drittes Mal in Berlin zu laufen, hat auch etwas anderes beigetragen: Ich habe gerade einfach keine Lust, ernsthaft auf einen Marathon zu trainieren. Seit Erreichen der 2:30-Marke fällt es mir schwer, ein neues Ziel zu finden, das ebenso ansprechend wie irgendwie erreichbar ist. Da ist noch kein Raum für Neues, bloß Leere. Der Einstieg in die Welt der Ultraläufe war ein weiteres, vielleicht zu schnell darauf gefolgtes, außergewöhnliches Erlebnis. Die anschließende Schienbeinentzündung durch zu früh aufgenommenes Laufen hat mir endgültig die Motivation genommen. Runners' Blues.

Heute geht es um etwas anderes: am Marathon teilnehmen, ohne selbst zu laufen, dabei sein, ohne die Monate Anstrengung und Askese, ohne ein bestimmtes Ziel.

Gut so, denke ich an diesem Morgen, an dem mir durch Baguette, Camembert und Rotwein des Vorabends der Magen verklumpt und der Atem belegt sind.

Ich weiß nicht, ob es einfach Glück ist, die Belohnung für die Entscheidung ist, nicht selbst zu laufen, oder Ergebnis meiner unbedarften Vermessenheit, meine in Düsseldorf erreichte Marathonzeit als „Fähigkeit" in die Helferbewerbung zu schreiben: Der für den Startbereich Verantwortliche SCCler, Steffen, lädt mich ein, ihn auf allen seinen Schritten im Startbereich zu begleiten; ohne auf einen Bereich festgelegt, im Inneren der Absperrgitter, will er mich in die Welt der Marathonorganisation einführen. Ich bin überrascht, als er mir sein Vorhaben mitteilt, wir schütteln Hände, und ein Lächeln zieht durch sein freundliches Schnurrbartgesicht. In diesem Moment bin ich mir sicher, das muss eine Belohnung sein, für den Mut zur Auszeit.

Der symbolische Eintritt in die Welt der Marathonorganisation ist das Badge mit den vielen Buchstaben darauf. Sie stehen für die Bereiche des Geländes, die ich von nun an betreten darf. Steffen übergibt mir das Badge mit einem bedeutungsvollen Alice-im-Wunderland-Blick. Und tatsächlich fühle ich mich geschrumpft, das Badge ist handtellergroß. Doch schon im nächsten Moment, sobald es mir um den Hals baumelt, wachse ich zum Riesen, der sich staunend durchs Wunderland bewegt.

Stichwort Eintritt: Der Berlin-Marathon ist überbeliebt. Wer teilnehmen möchte, braucht die passende Qualifikationszeit - unter drei Stunden -, Connections oder, das betrifft die größte Gruppe, Glück im Losverfahren. Natürlich führt das auch zu traurigen Gesichtern - die heute allerdings nicht sichtbar sein werden. Nein, heute sind nur die strahlenden Blicke der Auserwählten zu erwarten.

Vom Helfertreffpunkt aus spazieren wir entlang des Startbahnzauns Richtung Startlinie. In den Startblöcken, wo vor einer Stunde nur die Ungeduldigen und die vor Aufregung nicht schlafen Könnenden herumgeschlichen sind, stehen die Läufer mittlerweile so dicht, dass es von außen betrachtet schwerfällt, Beinpaaren Körper und den Körpern Köpfe zuzuordnen. Ein älterer Herr kommt uns entgegen, aufmerksamer Blick, altersungewöhnlich leichter Gang, wie der Lebensbewandte auf dem Schulweg seiner Kindheit. Horst Milde, stellt Steffen vor, der Gründer des Berlin-Marathons.

Es ist gedanklich nicht leicht, das zusammenzubringen, Zehntausende Beteiligte und dieser einzelne Mensch, von dem alles ausging.

Horst Milde, Bäckermeister und Deutscher Meister in der 1000-Meter-Staffel. „Der Mann, der Berlin das Laufen beibrachte", im ersten „Berliner Volksmarathon", 1974 in Berlin-Grunewald, lange vor den Hypezeiten. Volksläufe waren damals keine Selbstverständlichkeit, zwischen Sportveranstaltungen für Ambitionierte und privatem Freizeitvergnügen war nichts als leerer Raum.

Die Verpflegung beim ersten Volksmarathon: unterwegs zwei Wasserstellen mit Salztabletten, im Ziel heiße Brühe.

Wie Steffen mir Horst Milde vorstellt, mit angedeuteter Verbeugung, Verbindlichkeit, das hat etwas von Heldenverehrung.

Und tatsächlich, die Anfänge des Berlin-Marathons klingen wie das Muster eines Kalter-Krieg-Spionagefilms, Milde, wie er bei den Alliierten anklopfte und sie auf seine Seite zog, wie er mit Polizei, Behörden und Bürgermeistern verhandelte, wie er Freunde und Verwandte zur Hilfsbereitschaft überzeugte, wie er immer wieder Innovationen einführte, die sich nach und nach aller Rechtfertigungen annahmen, die Läufer noch finden konnten, um nicht an seinem Marathon teilzunehmen: Duschen und Massagen am Ziel, für die Reinlichkeitsbewussten; Bambiniläufe, für Familien; überkonfessionelle Gottesdienste, für die Laufgottgläubigen; Defibrillatoren, für Ältere und sicherheitsbedürftige Jüngere.

Vor dem Startbogen, einem großen metallischen Gerüst, ähnlich der Umkleidung von Konzertbühnen, steht rechterhand ein kleiner mobiler Turm, auf dem sich Fernsehkameras tummeln, daneben Oberbürgermeister Michael Müller, der, wie wir in Altrosa, auf seinen Einsatz wartet. Im Bereich vor der Startlinie noch ein paar Eliteläufer, die ihren zehnten Steigerungslauf absolvieren, mittlerweile nur noch zur Nervenberuhigung. Klar, denke ich, was macht der Läufer, wenn er nervös wird? Laufen.

Es scheint, dass, anders als ich, keiner von ihnen Sorge vor einem zu früh auslösenden Messteppich hat. Linkerhand zwei mobile Tribünen,

Zuschauer, die sich ans Gitter drängen, als Vorjahressieger Eliud Kipchoge im schmalen Gang dazwischen erscheint, aufrecht, die Arme zur Körperflächenvergrößerung nach außen geklappt, die Hände in die Hüften gestemmt. Stur schaut er geradeaus, ein entschlossener Mann. Seitlich auf ihn gerichtete Handys, hinter ihm die Herde der weiteren Eliteläufer, einen Schritt Abstand in Respekt vor dem Rudelführer.

Kipchoge steht fest in leuchtendorangen Nike Vaporfly Flyknit 4%, breite weiße Wippsohle, gewebte Schuhummantelung. Die Schuhe sind hip, so sehr, dass mein Blick für einige Sekunden an ihnen klebt. Ab nun untrennbar: Schnelligkeit und Lässigkeit.

Wie die Schuhe mit Kipchoge in der Assoziation verwachsen, das erinnert ein wenig an Michael und seine Air Jordan. Kurz frag ich mich, ob der Personenkult die Schuhe oder die Schuhe den Personenkult ermöglichen.

Derweil spazieren wir da vorne rum, Menschen in Altrosa-Uniform mit FBI-Erkennungsmarken um den Hals.

Endlich geht es los, Start der Rollifahrer, dreirädrige Körperverlängerungen, die wie römische Streitwagen durch die Straßen donnern; kraftvolle Schwünge, die die dünnen Reifen antreiben. Dann Start der Handbiker, lange Gefährte, wie umgebaute Fahrräder, in denen Menschen liegen, die Beine fixiert, die Hände an Kurbeln, Handpedalen, über die sie die zur Bewegung notwendige Kraft abgeben.

Die hinteren Reihen der Läufer bekommen nichts mit von alldem.

Wir Helfer stehen mit Absperrband vor den Startkohorten, achten auf Abstand zur Startlinie; eine Minute vor Beginn ziehen wir das Band fort, bewegen uns langsam zur Seite. Die Läufer wissen, dass sie noch warten müssen, lockern die Beine, schieben sich einen Meter nach vorne an die Kante des Messteppichs, der jetzt scharf gestellt ist. Erneuter Spannungsaufbau.

Startaufstellung der Elite. Vorstellung der Topläuferinnen und -läufer per Liveansage, die größten Erfolge, Lächeln, Winken, alles etwas gezwungen, herausgepresst zwischen Momenten tiefer Konzentration. Dazu aufregende Musik, abrupte Akkordwechsel, *Tatort*-Stimmung. Auf den großen Bildschirmen, die jetzt jeweils den Startpunkt eines neuen Läuferblocks bilden, sehen die hinteren Läufer nun alles live, sehen die Kameras, die Passagen, an denen sie gleich vorbeilaufen werden; sehen die Topläufer, ein paar, die sie später in Interviews wiedersehen werden, andere, nur unwesentlich langsamere, die sie nur für diesen einen Moment sehen und nie wieder von ihnen hören werden.

Wir ziehen also das Sperrband aus dem Weg, eine Reihe Füße, das Orange der Nike Vaporfly Flyknit, leuchtend über dem Grau der Straße. Der Countdown der letzten zehn Sekunden, Mark Milde - Rennleiter und Sohn von Horst Milde - und Michael Müller in der Box; Startschuss, Körper, die auf einem Meer an Beinen surfen, krakenartig vielbeinige Wesen, die man bewegt sieht, ohne ihren Antrieb zuordnen zu können.

Auf die Elite, die mit Startgeldern und Ermäßigungen Gelockten, folgen Block A, mit den Läufern, die zuvor für einen Marathon höchstens 2:39:59 Stunden gebraucht haben, bis Block D, zwischen 3:00:01 und 3:15:00 Stunden. Die Blöcke entleeren sich innerhalb von ein, zwei Minuten. Eine bis zum ärgsten gespannte Blase, aus der, einmal ein Ausschlupf geöffnet, Läufer auf Läufer unaufhaltsam herausquillt.

Plötzlich ist da nichts mehr, die Leere des vorderen Startbereichs nach Durchlauf der ersten Welle.

Die Wellen dahinter unter den streng geführten Zügeln der Altrosanen, im Wartestand, wiewohl doch alles bereit ist, man selbst doch nun beinahe schon überreif; rote Köpfe, die einen, die sich frierend die Arme reiben, die anderen mit Schweißperlen noch vor den ersten Schritten. Zeit für letzte Zweifel, Kopfschütteln angesichts des Auferlegten, die ersten Adrenalinschübe, Grimassen in die Kameras, Luftsprünge, Tanzeinlagen, noch bevor der Lauf begonnen hat.

Genau eine Stunde, sechs Minuten und 39 Sekunden, bevor der Sieger des Marathons sein Rennen beendet, wird die letzte Welle des Marathons starten.

Ein verstohlener Blick über die Läuferköpfe: Bin ich froh, dass ich heute nicht laufen muss.

Gleichzeitig kribbelt es überall, kurze Einkehr der Lust. Wie das jetzt wäre, einmal durch die Stadt, auf Beinen, die immer weiterdrehen. Immer weiter.

Die Läuferköpfe haben jetzt schon einiges hinter sich: das Durchschleusen durch die Marathonmesse im alten Flughafengebäude am Tempelhofer Feld, dort, wo 1948/49 die Rosinenbomber der Berliner Luftbrücke landeten; zusätzlich zur Sicherheits- die Konsumschleuse, Verkaufsstände inmitten monumentaler Naziarchitektur, Probestände unter dem Flugzeitanzeiger. Flugzeug-Wartehallen-Atmosphäre, eine Fusion aus ungeduldiger Spannung und vorfreudiger Aufregung. Gels in günstigen Fünferpacks, isotonische Mixturen, frisch gemischt zum gleich Genießen oder für Läufer mit resistentem Magen auch während des Laufs, zwei Euro, inklusive der praktischen wiederverwendbaren Plastikflasche. Gels mit Biergeschmack, Berlin-Marathon-Merchandise, Laufschuhe, Laufkleidung, alles zum Eventsonderangebot, Laufinnovationen, Getränkegürtel, Handyhalter, Natural-Running-Produkte für das unverfälschte Laufgefühl und die natürliche Haltung. Auch obskure Dinge: die windelweich klopfende Massage vor dem Lauf, die Rekordjagd an der Klimmzugstange: bei der längsten „Hang Time" Gewinn einer kostenlosen Marathonteilnahme. Bei jeder „Hang Time": Muskelkater beim aktuellen Marathon. Nebenan eine Kapsel, in die man seine Beine legen kann, um sie danach frisch regeneriert herauszuziehen. Ein magischer Apparat, der mich erst an frühe Schachcomputer, dann an die japanischen Capsule-Hotels denken lässt, in denen Angestellte, die es nach dem auferlegten Feierabendexzess nicht nach Hause schaffen, ihren Rausch ausschlafen.

Durch das alles wurden die Läufer geschleust, um die unverzichtbare Startnummer abzuholen. Was die Läufer dabei gern und kostenlos mitnehmen: ein Foto auf dem dort zur Schau und für die Pressekonferenz aufgestellten Siegerpodest, eines mit den schnittigen Frontwagen-BMWs. Den Erdinger-Alkoholfrei-Stand.

Die Läuferköpfe auf der Startbahn. Ich will ihnen zurufen: „Sorgt euch nicht, die Qualen, ihr werdet sie schon Sekunden nach dem Lauf vergessen haben, später wird es sein, als hättet ihr sie nie spüren müssen."

Keine Ahnung, woher plötzlich diese pathetische Stimmung kommt.

Ich weiß, die Verwegensten - oder Vergesslichsten - unter ihnen werden, adrenalingeflutet, serotoningetränkt, direkt bei Erreichen der Ziellinie nach den nächsten Läufen suchen, einige, nicht zurechnungsfähig im Hormoncocktail, sich umstandslos anmelden. Es ist so einfach: Handy raus, klick, klick, von einem Spaß zum nächsten.

Natürlich gibt es auch diejenigen, die nicht vergessen, die sich unbedingt und gerne im Gespräch mit anderen an die Qualen erinnern wollen: Was ist besser als eine sich ins Positive verkehrende Leidensgeschichte?

Auch das kenne ich schon und denke in diesem Moment daran, als noch alles vor ihnen liegt: nach jedem Berlin-Marathon die medaillenbehangenen Körper in den Restaurants und Bars, geballt in Mitte und Kreuzberg, die anderen Bezirke beinahe unberührt; stolze Humpler, Hochfrequenz an den Treppengeländern.

Ich gehe mit Steffen und ein paar weiteren Helfern mit Mülltüten in den Händen durch den leeren vorderen Block. Das Gröbste, Gels, Wasserflaschen, Plastiküberwürfe, Schweißbänder, auch ein paar Kuscheltiere, Blumensamenpackungen, lassen wir hineinfallen. Abgelegte Laufjacken und Pullover werfen wir auf den Mittelstreifen, wo sich bereits ein Haufen gebildet hat, rundherum um das Denkmal für die Opfer der Berliner Mauer. Vor der zweiten Welle angekommen, erblicken wir vor uns Tausende Läufer, die plötzlich im Nichts stehen, weit hinter der Startlinie, geografisch so losgelöst, als wären sie zufällig hier.

Wir unterstützen die hiesige Helferkolonne. Was bekommen die eigentlich mit von dem, was um sie herum geschieht? Sie halten die Läufer im vorgesehenen Bereich, indem sie vor ihnen stehen, die Arme ausbreiten. Wir schließen die Lücken, fassen uns an den Händen, bilden so eine undurchlässige Linie über die gesamte Breite. Mit dem Gesicht Richtung Startlinie gehen wir den Läufern voran.

Die gleich Startenden haben große Schwierigkeiten, sich zu zügeln, immer wieder tritt einer dem anderen auf die Füße und uns in die Hacken, stolpert; macht nichts, immer jemand davor, der abfängt. Eine Läuferin in einem chilenischen Lauftrikot und weißem Cap hat ihre rechte um die linke Hand geschlossen, und beide abgelegt auf den verbindenden Händen zwischen mir und meiner Helfernachbarin. Sie spendet unserer Tätigkeit den Segen.

Die zweite Welle ist erfolgreich vorgerückt, an der Startlinie jetzt ein heroisches Video über den vorjährigen Berlin-Marathon, dann, ein bis zwei Minuten vor dem Start der zweiten Welle - also des insgesamt fünften Starts des Tages -, Unterhaltungsmusik, aktuelle Charts, Ansteckung der Massen.

Wir Altrosane dienen jetzt als Animateure. Langeweile sowie jedes Gefühl, nicht glänzend unterhalten oder vorfreudig zu sein, scheinen jetzt unpassend.

Wir alle, Altrosane wie Läufer, heben die Hände über den Kopf, klatschen im Takt, legen die Hände aneinander, die Arme weit ausgestreckt, wiegen uns zur Musik nach links und rechts. Wie Absperrband flattern wir im Wind.

Es sind die Dankesrufe aus der Läuferschar, die uns zusätzlich animieren, „Viel Freude, viel Glück und viel Erfolg" rufen wir, bevor wir langsam zur Seite weichen. Im Grunde sind dabei wir Helfer diejenigen, die zusätzlich belebt werden, durch die überschäumende Energie der Marathonläufer vor dem Startschuss.

Ein paar, die sich noch weiter warmhampeln und -zurren, immer wieder Spritzigkeitshüpfer, Knie und Fersen möglichst in horizontaler Linie, und der an den Hintern gezogene Knöchel fürs Dehnungsgewissen.

Der Startschuss, und schon schwemmt die zweite Welle über die Straße, schäumend bis in den letzten Winkel, im Ganzen dichter als die erste, im Einzelnen die Konzentration durch ungehaltenes Lächeln aufgebrochen. Man sieht Zähne, noch kein Grund, sie zusammenzubeißen.

Es ist ein schmerzhaftes Gedankenbild, der Vergleich der Startgeschwindigkeit mit den Mitt-30er-Kilometern. Wie beim Pferderennen preschen die Läufer ungehalten aus der Box. Der Schnellstart, er ist Naturgesetz.

Trotz seiner Internationalität ist der Berlin-Marathon auch ein regionaler Wettstreit. Online und in den Tageszeitungen kursieren hinterher Listen und Grafiken mit den Teilnehmendenzahlen, den Durchschnitts- und den Bestzeiten der zwölf Berliner Bezirke. Vergangene Ergebnisse: Pankow besonders lauffreudig, Friedrichshain-Kreuzberg mit der besten Durchschnittszeit, Mitte mit der schnellsten Einzellaufzeit. Abgeschlagen in allen drei Kategorien: Marzahn-Hellersdorf und Spandau.

Der regionale Marathonwettkampf setzt sich fort in einem Formatkampf der regionalen Medienanstalten: Radio Fritz vom rbb mit einer Marathonprotagonistin, die vor, beim und nach dem Marathon immer wieder dasselbe Worte ins Mikrofon hechelt: „Supergeil"; die rbb-Inforadio-Marathonstaffel, 40 Läufer und zwei Läuferinnen, die jeweils 1000 Meter laufen, im Versuch, gemeinsam den Sieger des Marathons zu schlagen; ein Liveticker vom *Tagesspiegel*, der immer wieder abdriftet vom Lauf, hin zu ewig-heiklen Berlinthemen, der merklich mehr und mehr ressortübergreifend gefüttert wird.

Die *Berliner Morgenpost* hat in den letzten Jahren eine Online-Karte im Zeitraffer programmiert, die die Läufer als kleine rote Punkte zeigt, die sich wie die *Snake*-Schlange über die Marathonstrecke bewegen, nur vorne und hinten einzelne Ausreißer. Man kann sich Männer und Frauen jeweils einzeln anschauen, in 60-facher, 120-facher oder 600-facher Laufgeschwindigkeit. Man kann seine eigene Zeit als Markierung einblenden lassen, und schon sieht man sich selbst als roten Punkt inmitten der Schlange; verdichtet.

Im Startbereich wiederholt sich das gewohnte Muster auch bei der dritten Welle, Block G, für die Läufer zwischen 3:50:01 und 4:15:00, mittlerweile einen Bereich vorgerückt. Wir holen sie jetzt dort ab, wo kurz zuvor noch die zweite Welle gewartet und sich mit warmen Gedanken und vorher beschlossenen Mantren aufrecht gehalten hat. Die zweite Welle war größer als die erste, sodass es länger gedauert hat, bis die Startbahnblase sich entleert hat. Dennoch sind es 25 Minuten bis zum nächsten geplanten Start. Sie ziehen sich, trotz Videounterhaltung und Animationsprogramm. Es gibt tote Zeit, zu der wir alle uns nicht anders verhalten können, als sie zu akzeptieren.

Bemerkenswert: Es läuft ein anderes Lied als Prä-Countdown, eine andere Performance.

„Alle in die Hocke, und dann gemeinsam hoch!", wird heiser gerufen.

Eine andere nun, vielleicht eine Bezirksbürgermeisterin, die den Startschuss gibt. Es hat etwas, diese Beinahe-Individualbegleitung im Massenbetrieb. Der Volkslauf als familiäre Folklore.

Dieses freiwillige Warten, wo man sonst schon fünf Minuten U-Bahn-Wartezeit kaum aushält.

Die vierte Welle, Block H, für alle, die bisher langsamer als 4:25 Stunden oder noch nie Marathon gelaufen sind, kommt von ganz hinten, dem Schattenland zwischen Brandenburger Tor und Vorderwellen. Sie sind in der Gesamtperformance lange stumme Beobachter, bis sie als Schlussakkord endlich selbst starten. Im Grunde kommen sie von so weit hinten auf der Straße des 17. Juni, dass sie fast einen Kilometer mehr laufen als die anderen. Sie gehen entspannter vor, geduldiger, haben gelernt zu warten. In dieser Welle sehe ich die unterschiedlichsten Reaktionen und Charaktere; die Freudigsten, beinahe schon Postmarathon-Erschöpfungsverrückten stehen den Angstvollen gegenüber, unsichere Blicke auf die Schuhspitzen, flehende in Richtung mittlerweile einfarbig blauen Himmel.

Ein Läufer winkt mir zu. Er trägt eine Ananas auf dem Kopf.

Ein anderer hat sich als Brandenburger Tor verkleidet. Mit steifem Kopf und zwangsweise gerade gerichteten Augen muss er aufpassen, dass er nicht über den Bordstein stolpert.

Nein, denke ich, als ich ihnen allen beim Starten zuschaue, der Besenwagen ist keine Erfindung - ich habe ihn mit eigenen Augen gesehen: ein alter Linienbus, der die letzten Läufer einsammelt, die die Sechs-Stunden-Marke nicht erreichen; der in einem unglaublich geduldsamen, beinahe liebevollen Akt kurz vor ihnen zum Stehen kommt, die Tür öffnet; der Fahrer, der im Bruchteil einer Sekunde die Stimmung abspürt, entweder pietätvoll schweigt oder ermunternd zunickt. „Nächstes Jahr, nächstes Jahr klappt es bestimmt."

Die offene Tür ist dem erschöpften Läufer, der seiner Zeit hinterherläuft ein teuflischer Pakt. Das Bedürfnis, sich fallen zu lassen, ist so groß in diesem Moment, dass er den Wunsch, der zu diesem Moment hingeführt hat, weit überstrahlt, all die Trainings und den Verzicht dem erschöpften Luftholen unterordnet. Steigt man in den Bus, ist der Kampf vorbei, doch auch das Ziel ist nicht mehr. Es ist so einfach, in diesem Moment stehen zu bleiben, durch die Tür zu steigen, sich in den Bus zu setzen. Gleichzeitig ist es so schwer, denn es mag etwas mit dem Selbstbild tun. Es ist teuflisch, weil das momentane Befinden im unlösbaren Konflikt zu den lange währenden Wünschen steht.

Natürlich ist die offene Tür auch ein freundliches Angebot, ein versöhnlicher Ausgang aus dem Tunnel des stetigen Durchhaltezwangs.

Der Besenwagen. Manchmal fährt er einem Läufer so lange langsam hinterher, bis dieser unter dem Druck der dauernden Bedrohung zusammenbricht. Der Besenwagen. Ohne ihn wäre sicher ein Aufstand der Marathonkritiker und Autoliebhaber zu erwarten, die schon kurz vor dem offiziellen Ende des Marathons hinter den Absperrungen den Motor aufheulen lassen.

Großes Thema: das Warten. Berlin ist noch gnädig, wenn es darum geht. Beim New-York-Marathon stehen die hinteren Blöcke mitunter zwei bis drei Stunden, frierend, schwitzend, Wasser nachschüttend, an Straßenwände pinkelnd, bis sie endlich an der Reihe sind. Sie lernen dabei Kostbares, wie die Hemmschwellen, was Hygiene und das Offenlegen sensibler Körperbereiche betrifft, signifikant zu senken.

Auch in Berlin lernt man. Dass der Tiergarten bis auf 700 Bäume Restbestand nach dem Krieg als Materialquelle und Nutzpflanzenbeet herhalten musste und erst Anfang der 1950er wieder mit nachhaltigem Plan bepflanzt wurde, rächt sich jetzt: blanke Hintern, die weiß hinter den sie kaum bedeckenden Stämmen hervorschimmern, stark wässrige, helle Urinstrahlen, die auf dem braunen Boden plätschernd kleine Löcher hinterlassen; in den Augenwinkeln ständig Hosen, die hektisch hinauf- oder hinuntergezogen werden.

Nach der vierten Welle trödeln noch ein paar Läufer einzeln durch den Startbereich, notorische Langschläfer, schießt es mir durch den Kopf, für die Laufen kein Hindernis ihrer Lebensgewohnheiten darstellen soll.

Dann ist es endlich leer im Startbereich. Diese Art von einnehmender Leere, die mehr das Fehlen von etwas, das eben noch spürbar Anwesenheit hatte, als ein einfaches Nichts ausdrückt.

Ich bin so erschöpft, als würde ich selbst laufen.

Was von den Läufermassen bleibt: Plastikmüll, weit über die Straße des 17. Juni verteilt, der Klamottenberg auf dem Mittelstreifen, äußere Hüllen, zu denen man sich das Innere nur noch mit Mühe vorstellen kann. Eine Geruchsmischung aus Deodorant, Waschmittel, Schweiß und Ausscheidungen, unverkennbar, Berliner Melange.

Die Wellen schwappen nun andernorts durch die Stadt, sich immer weiter auseinanderziehend, vorne locker, kleine Grüppchen, vereinzelte Läufer, dahinter immer dichter, bis hin zum Stau an den Verpflegungsstellen. 44.000 Teilnehmende. Wo das gut funktioniert: Luftaufnahmen zeigen die bunte Läufermasse, die sich an der Siegessäule trennt, sie von zwei Seiten heroisch umfließt, Wiedervereinigung. Wo es nicht gut funktioniert: enge Passagen in Neukölln und Schöneberg - wer Glück hat, kann sich, zwischen zwei nebenlaufende Schulterpaare geklemmt, ein Stück mittragen lassen.

Das Berliner Publikum, das gerne mal an die Strecke schaut, wenn das Wetter gut ist. Fast jeder kennt jemanden, der oder die läuft. Und auch sonst, man stolpert ja rein, kommt kaum drum herum, wenn man sich heute in der Stadt bewegt. Ab 10:30 Uhr füllen sich die Straßen und Balkone merklich, der Marathon als Frühstücksunterhaltung.

Es ist faszinierend, wie viele Menschen von diesem Lauf betroffen sind. Alle in eigener Form und mit eigenem Beitrag.

Die Laufenden, die Laufbegeisterten, die Laufinteressierten.

Die Geschwindigkeitsfans, Grenzgängerjäger und Mathematiker: „Wenn die in knapp über zwei Stunden ins Ziel kommen, dann brauchen die für einen Kilometer ja weniger als drei Minuten. Wahnsinn."

Die Professionellen, die Angestellten, die Werbeträger, Planer und Logistiktüftler.

Netzwerkkraken, Innovationswütige, Kundensegmentkenner.

Die Neugierigen, die Frühaufsteher, die Laufjackensammler.

Die Messetechniker, die Ordnungshüter, Medaillenpolierer und Bananenschäler.

Familienausflügler, Kreischfans, Klatschfanatiker; die Passivsportler, Vom-Streckenrand-Zuproster und Autorechtler.

Statistiknerds, Historiker, Medienschaffende und Geschichtenerzähler.

Verwalter, Verbandler, Entscheider; Zulieferer, Müllentsorger, Berlinbesucher.

Animateure, Träumer, Traumfabrikanten.

Alle leisten ihren Teil vorzüglich: eine interaktive Millionenperformance. Niemand ist unbeteiligt.

Auch die Wissenschaft: Soziologen, die beobachten, dass Marathongroßevents zu einer Individualisierung innerhalb gleichzeitig wachsender Massenkultur führen; Psychologen, die Laufsucht und Kaufsucht in ihren Feststellungen bedrohlich nah zusammenrücken; nicht zuletzt die Informatiker, die sich den Ausdauersport zum Vorbild für ihre Hackathons nehmen; Linguisten, die die wuchernde Verbreitung des Wortes „Marathon" im allgemeinen Sprachgebrauch untersuchen. Marathon ist überall.

Es ist noch nicht vorbei: Den Startbereich durchschwemmt zuletzt die fünfte Welle. Bis jetzt an den Zugängen von den Altrosanen ferngehalten, stürmen sie nun den Raum, der eben noch Startareal war: die Klamottenfledderer. Menschen mit großen Ikea-Tüten, Rollkoffern und geübtem Blick, der sie wie magnetisch zu den Kleidungsstücken führt, die sich gut verkaufen lassen, den richtigen Style, die richtige Größe haben.

Es ist genug für alle da, auch wenn die eifrigen Bewegungen es anders vermuten lassen; es wird gewühlt, versunken bis zu den Ellenbogen, unerwünschte Klamotten schleudern über Schultern zurück auf die Straße, von der wir sie eben aufgesammelt haben, bis nur noch das Unbrauchbare zurückbleibt, flickenhaft verteilt. In der heißen Mittagssonne hat das etwas Postapokalyptisches.

Plötzlich ohne Aufgabe kann auch ich mich nicht entziehen, nehme wahllos einen schwarzen Kapuzenpullover, in XL, viel zu groß, ein Mexiko-Fußballtrikot, in XXL. Ich passe zweimal hinein, trotzdem stopfe ich beides verstohlen in den Rucksack und später zu Hause ebenso verstohlen in die Altkleidersammlung. Ich schäme mich, erst vor den anderen Helfern, dann vor Lydia.

Das Aufräumen der letzten Plastikbecher, Ende der Schicht. Unter uns Altrosanen ist auf einmal alles wie gedämpft. Träge Verabschiedung, Nicken, Stille, Lunchpakete.

Irgendwie schaffe ich es durch die Absperrungen zur S-Bahn-Station Brandenburger Tor. Dort warte ich zehn Minuten geduldig, ich habe gelernt von der vierten Welle. Es herrscht noch Ebbe hier unten, eine Stunde vor den Fluten der stolzen Medaillenträger.

In der Station setze ich mich auf einen der ungemütlichen Metallsitze, blicke erschöpft auf die Wand vor mir, auf ein Werbeplakat, das einen violetten Sonnenuntergang am Meer zeigt. Als nach ein paar Sekunden vor meinen Augen der Strand unter trampelnden Läuferhorden aufwirbelt, lächle ich bloß blöd.

Gotta love your feet

Sauerland
Sizilien
New Orleans

Weil ich also pleite bin, gibt mir mein 19-jähriger Nebenmann bereits das zweite Veltins aus. Wir sitzen an der Bar im Landhotel in Sundern, Sauerland. Dunkle Holzvertäfelung fließt durch den Raum, die Decke hängt tief, ein ausgeblichenes Gemälde zweier Bacchusknaben, die sich Weintrauben in weit geöffnete Münder fallen lassen. Barhocker staksen auf Terrakottafliesen, hinter der Theke ruht ein verchromter Kaffeevollautomat, daneben ein CD-Spieler, dessen blaues Display hell in den Raum leuchtet.

Wir sind zu dritt hier unten, im Partykeller, wir drei Hausgäste. Alle 15 Minuten noch der Barmann, der den Kopf durch die Bambusvorhänge steckt, nach unserem Durst schaut, zapft, verschwindet.

Mein letztes Geld habe ich für ein Käsebrötchen und etwas Fruchtquark im Supermarkt ausgegeben. Bemerkt habe ich das erst, als ich noch einmal zurückgegangen bin, um mir doch noch die salzige Nussmischung zu kaufen. Das hätte gut gepasst. Statt Genussfreuden erzeugte die EC-Karte ein Piepen, und das war's, nichts mehr. Spießrutenlauf mit der knisternden Nusspackung zurück zum Regal. Ein Sprint nach draußen, unterbrochen von der langsam reagierenden Glasschiebetür. Dann hastiges Abklappern der drei Bankomaten im kleinen Ort. Auch hier stoße ich nur auf Unverständnis und Leere. Beim Laufen klimpert es in meinen Taschen, aber das sind bloß ein paar Cent, Illusionsmusik. Ich schaue mich um im angrenzenden Wald, obwohl ich den drohenden Regen schon rieche. Da sehe ich die Lichter des Landgasthauses, dort will ich mein Glück versuchen.

Und tatsächlich: Ich kann hier per Lastschrift bezahlen - das gewährt mir ein paar Tage Aufschub zur Kontodeckung. Was die Zugfahrt zurück anbelangt - keine Ahnung, wie ich so zu Max nach Witten kommen soll.

Ohne Bitten meinerseits, ohne Fragen seinerseits hat mir mein Nebenmann das Bier bestellt. Er konnte es nicht ertragen, dass ich ohne Getränk an der Bar saß. Das passt einfach nicht. Und außerdem trinke er nicht gern allein, sagt er, es sei zwar mehr in Ordnung als gar nicht zu trinken, aber es schmecke doch, wenn man mal ganz ehrlich zu sich war, einfach besser in Gesellschaft. Wir stoßen an. Er verzieht keine Miene.

Fröhlich plappert er in sein Bier.

„Hömma", sagt er und spricht von den „Mäusken", „Dat war schon wat", schwelgt er in Erinnerungen an ein noch frisches Leben. Mit einem „Willste nochn Pils?" läutet er die nächste Runde ein. Wenn er dann in der weltmännischen Manier eines gerade der Pubertät Entwachsenen mit einem „Dat geht auf mir" dem Wirt und mir seine entscheidende Rolle demonstriert, tut das einen Moment weh, hier steht eindeutig etwas auf dem Kopf. Dann finde ich es witzig, und unser gemeinsames Lachen ist wie die Ibuprofen nach einer durchzechten Nacht.

In den Gesten inbrünstig, im Ton routiniert, erklärt mir der 19-Jährige schließlich, warum er trotz allem - „Also, Fortbewegung in Westfalen, kannse vergessen tun, bloß Stau und Teuergeld für die Bahn. Und nichts mit Einigkeit, allet bloß nen Flickenteppich" - nun doch nicht die AfD gewählt hat.

„Neenee, gegen die Partei hab ich ja nichts, aba der Spitzenkandidat, dat hab ich von ner Freundin gehört, die selbst in der Partei is, der is'n ganz Korrupter, kannse nich vertrauen dem."

Still schaue ich auf mein Veltins. Wie einer, der für ein paar Bier seine Seele verkaufen würde.

Der Dritte an der Theke - ein Italiener, der in Polen lebt und in Deutschland und den Niederlanden für eine italienische Firma schwere Industriemaschinen vertreibt - rutscht über zwei Barhocker hinweg zu uns heran. Wir begeben uns in seichtere Gewässer: Pläne für den nächsten Tag. Nach dem dritten Bier - das gemeinsame Wortefinden ist immer schwieriger geworden und wir damit immer schweigsamer - ist Schluss: Der 19-Jährige will sich schonen für seine Ausbildungsabschlussprüfung am nächsten Tag. Deswegen ist er schließlich hier.

Im Bett denke ich den Tag zurück: Am Morgen bin ich von Witten am Rande des Ruhrgebiets mit dem Zug nach Altena im Sauerland gefahren, von dort den Fernwanderweg Rothaarsteig entlanggerannt, gerade solange ich konnte. Umwege über Landstraßen und geschlossene Gasthöfe, bis ich irgendwo - irgendwo, das heißt *hier* - gelandet bin.

Die Frage nach der Heimfahrt, die sich nicht bezahlen lässt, hat sich unerwartet am Abend geklärt: Beide Hotelgenossen wollen am nächsten Tag auch nach Witten. Es klingt absurd, aber es ist so.

Am nächsten Tag fahre ich also mit im geleasten Volkswagen Passat Kombi des Italieners. Es riecht nach Schmieröl und Duftbaum, Apfel-Vanille. Dösend auf dem Beifahrersitz lerne ich über die aufwendige Geschäftsanbahnung im internationalen Vertrieb von schweren Industriemaschinen.

Ich stehe auf halber Höhe des Monte Billemi nordöstlich von Palermo, Sizilien. Vor mir liegt, umgeben von dornigem Gestrüpp, ein Tierskelett, große gewundene Rippen, ein grinsender, ausgehöhlter Schädel, die Beinknochen verteilt, als suchten sie auch postmortal noch Bewegung. Ich schaue auf von meinen Untersuchungen, noch in Grübeleien, welches Tier sich dort ausgebreitet hat. Die Antwort finde ich drei Meter vor mir: Dort, von Angesicht zu Angesicht, steht nichts weiter als ein sizilianischer Ochse, massiv aufgebaut, der mir mit leicht geneigtem Kopf, die spitzen Hörner im 45-Grad-Anschlag und starrem Blick zugewandt ist. Er schnaubt. Langsam bewege ich mich rückwärts, spüre kaum das dornige Gestrüpp, das mir die sonnengetrocknete Haut an den Armen aufschneidet. Rückwärts aus der Situation. Überall um mich bemerke ich nun Rinder, die mich aufmerksam fixieren, in zur Entschlossenheit gespannten Körpern.

Solange ich schleiche, sage ich mir, stehen auch sie still. Sie wollen nichts von mir, höchstens, dass ich verschwinde. Sie blöken mir zu: Hier geht's nicht weiter. Ich glaube ihnen nicht. Einen letzten Blick auf das Skelett schiebe ich mich seitlich in einem großen Bogen an ihnen vorbei, noch mehr Gestrüpp, das mir die Haut platzen lässt, Felsbrocken, über die ich stolpere, an denen ich mich hochziehe, schließlich, unbestimmte Zeit später, wieder der Forstweg; die Erinnerung an die Rinder, die mir Beine macht.

Vor zwei Stunden bin ich mit der Absicht einer kleinen Bergtour, einer lockeren Stadtflucht losgerannt. Im Laufschritt durch die engen Gassen habe ich die bröckelnden Fassaden Palermos hinter mir gelassen; durch den dörflich anmutenden Ort Cruillas, agrarwirtschaftlicher Staub, der an kompakten Autos klebt, ab und zu eine Ziege, die im Schatten an einer Mauer lehnt; über die nie enden wollende, starr geradeaus führende Via Cruillas, lieblich, bis an die Berghänge. An Anwohnern bin ich vorbeigerannt, die sich gemeinschaftlich für den Kirchengang vorbereiten: Neugeborene im Tragetuch, faltige Urgroßmütter, auf Stock und Mensch gestützt; alle auf dem Weg zum Santuario Cruillas. Sie wundern sich über meine hochfliegenden Hacken.

Nun mitten am Berg bin ich der Beschaute: Die leuchtenden Augen der Maremmen-Abbruzzen-Hunde verfolgen mich argwöhnisch zwischen Kiefern und Findlingen; den weichfelligen Tieren hängt die Zunge dabei aus dem Maul. Ihre Eleganz ist unwirklich, sie nimmt mir die Angst: Hübsch sind sie, agil und wachsam; mit Leichtigkeit tippseln sie über das unwegsame Gelände. Nichts will ich mehr in diesem Moment, als so zu sein wie sie.

Sundern, Monte Billemi, irgendwo, nirgendwo - ich habe keine Ahnung, wie ich an diese Orte, wie ich in diese Situationen gekommen bin. Nichts hatte ich geplant, nichts gewusst, nicht einmal geahnt. Ich bin gestartet ohne Erwartungen, ohne eine Idee, was ich erwarten könnte.

Hätte ich vor Beginn meiner Touren alles wissen wollen, was mich erwartet, und geplant, was zu planen möglich ist: Ich hätte meinen Kontostand geprüft und meine Unterkunft im Vorhinein gebucht. Ich hätte Wege gemieden, deren gefahrenlose Begehbarkeit ich nicht vorher sichergestellt hätte, wäre in Parks oder an Meerespromenaden gelaufen. Es wären runde Läufe, gesunde Anstrengungen gewesen.

So aber hatte ich kein Ziel, außer loszulaufen, unterwegs zu sein.

Ich hatte keine Vorstellung davon, was ich sehen, keine Idee, was ich erleben, keine Ahnung, wann ich am Ziel sein würde; was das Ziel sein würde.

Wenn ich mein Ziel nicht kenne, bin ich nicht festgelegt auf einen Weg, nicht gebunden an Verhaltensweisen, von denen ich meine, dass sie mir die Schritte dorthin begünstigen.

Ich mache solche Touren häufiger. Immer häufiger werden meine Touren zu solchen.

Der Neuköllner Kopierladenbesitzer Cem sagt, während er vor seinem Lieblingsspäti am Görlitzer Bahnhof sitzt, die Hände auf seinem bergigen Bauch gemütlich ineinandergelegt: „Urlaub heißt für mich, dass ich weiß, von wann bis wann ich unterwegs sein werde, mindestens An- und Abreise, wenn nicht sogar die Übernachtungen festlege. Reisen dagegen heißt für mich, höchstens das Startdatum zu kennen und eine ganz grobe Richtung im Kopf zu haben. Von da aus ist alles möglich."

Vorher nicht zu wissen, was passieren wird, offen zu sein für Abseitiges und Unbekanntes ist essenziell für meine Lauftouren. Ich liebe es, bis zu einem plötzlichen Moment des Realisierens nicht zu begreifen, was ich da eigentlich erlebe, wie mir geschieht.

Manchmal fällt es mir schwer, die Ungewissheit zu akzeptieren. Beim Schreiben begegnet sie mir täglich, es macht mich wahnsinnig. Und dann wieder dieses Gefühl: Wüsste ich am Morgen schon, was ich am Abend geschrieben habe: Wozu dann noch schreiben?

Wozu dann noch laufen.

Andere Male überkommt sie mich doch einmal, die Planungswut: Nichts geht mehr, bis Ziele, Rahmen und Meilensteine abgesteckt sind. Später packt mich spontane Zerstörungslust: Wenig ist zugleich so masochistisch und wundervoll, wie vom sorgfältig ausgetüftelten Plan abzuweichen.

Es ist so: Ich suche das Ungewisse nicht absichtlich, ich wehre mich bloß nicht dagegen.

In New Orleans sitze ich in der Mittagsshow des Spotted Cat Music Clubs. Festgeklammert an ein Indian Pale Ale bin ich der einzige Zuhörer in der Bar, lasse meinen Kopf zur Jazzmusik der ergrauten Vierercombo kreisen. In der Pause spricht mich der Drummer an. Er schwärmt von seiner Armeezeit in Deutschland und empfiehlt mir, unbedingt das New Orleans Museum of Art zu besuchen. Also ziehe ich mir die etwas zu klobigen Schuhe und Socken aus, verstaue sie in meinem Jutebeutel, den ich mir anlege wie einen Rucksack. Oder einen Superheldenumhang. Ich habe jetzt Lust auf Kunst, Farbenrausch, die Kompositionen von Jackson Pollock: Farben, denen man ansieht, dass sie in einem Moment behutsam auf die nackten Leinwände getropft wurden, mit lockerem Handgelenk zu schlängelnden Linien, im nächsten in weiten Ausholbewegungen grob darauf geklatscht; hier und da ein Nachreiben. Farbe, Form, Lücken und Betrachter einander gegenseitig ausgeliefert.

Ich stolpere hinaus, blendendes Tageslicht, das überrascht mich. Ich blinzle, halte mir die Hand über die Augen, sehe mehr und mehr vom Draußen, zuletzt den Türsteher der Tagesschicht, dem ich verlegen zunicke. Noch immer etwas unbeholfen stürme ich hinaus auf die Esplanade Avenue, ihren beißend grünen Mittelstreifen. Drum herum herrschaftliche Holzhäuser, frisch gestrichen, ordentlich aneinandergereiht.

Ich laufe los, barfuß auf der Teerstraße, Makadam-Bauweise, unter den Füßen Rückstände des feinen Splits, der sich nicht mit den restlichen Materialien zu einer ebenen Fläche verbunden hat. Körnung, die mir die Sohlen massiert. Ich laufe 30 Straßenblocks weit, den immer wieder unterbrochenen Fußweg ignorierend, ganz rechts am Straßenrand laufe ich, links neben mir, nur handbreit entfernt, sich geduldig vorwärtsschiebende amerikanische Autos.

Als ich am Museum ankomme, sehe ich: Ruhetag; es hat geschlossen. Dafür bricht sich die louisianische Luftfeuchte in einem Regenguss: große Eichenblätter, in denen sich das Wasser Sekundenbruchteile sammelt, um von dort als breiter Strahl hinunterzuschwappen, trockene Flecken an den am dichtesten bewachsenen Stellen, stammnah, wirr laufende Menschen, plötzlich hochgesprossene Farbtupfer der Regenschirme; alles Überdachte trocken, alles andere ebenfarbig, menschenfrei.

Eine wilde Kleckerei. Ein Wasserfarbenbild, das den Zufall zum momentanen Muster ordnet. Ein echter Pollock.

Ich flüchte mich in ein Streetcar - die historische Straßenbahn New Orleans' -, werfe einen Ungefährbetrag in die antike Bezahlvorrichtung und fahre bis zur St. Charles Avenue. Zwischen Prachtbauten und Schnellrestaurants jogge ich barfuß die St. Charles weiter, bis ich - es hat mittlerweile aufgehört zu regnen - stoppe, um an die Mauer eines Walgreen-Parkplatzes zu pinkeln, an der ich auch die auf dem spröden Schotter blutig gelaufenen Füße abwische. Drei Blocks weiter spaziere ich, immer noch barfuß, in einen Brothers Food Mart. Ich habe Durst.

Wie wahrscheinlich ist so etwas? Im Bierregal steht das Bier einer deutschen Kleinbrauerei, mit dem ich aufgewachsen bin. Als ich es wie ein Beweismittel des Zufalls ebenso wie der Globalisierung fotografiere, höre ich hinter mir eine tiefe Stimme, in die ein feines Krächzen gewoben ist: „Taking pictures won't quench your thirst."

Erschrocken drehe ich mich um. Eine Gestalt mit zotteligem Haar bis zum vierten Rückenwirbel und beinahe ebenso langem schwarzem Bart schaut hinter der Stimme hervor. Daneben eine Frau mit schiefsitzendem Trucker-Cap und einnehmendem, zahnlosem Grinsen.

„Hi there, I'm Zen. And this is AJ. Man, you definitely gotta drink with us."

Also trinke ich mit ihnen.

Das Bier fließt fleißig, und Zen stellt sich als wahrer Dharma Bum heraus, ein spiritueller Herumtreiber, der es sich zum Grundsatz gemacht hat, Dinge nur genau so lange zu besitzen, wie er sie wirklich braucht, sie immer seinem Bedürfnis nach abzustoßen oder einzutauschen. Das Bier, das er gerade gekauft hat, verschenkt er spontan an einen vor dem Laden lungernden Kerl, der sich als Rasputin vorstellt und freundlich danach fragt. Stolz stellt uns Rasputin seinen Hund vor, einen kleinen Boxer, Joe. Zen wuschelt ihm kurz das Fell, verschwindet dann erneut im Supermarkt, holt weiteres Bier. Denn: Wir brauchen jetzt Bier. Nachschub für Rasputin und die drei Gestalten, die wir sind.

Wir setzen uns auf den Rand eines riesigen Betonblumenkübels, aus dem knorrig eine amerikanische Eiche wächst. Als Zen meine blutigen Füße sieht, greift er sie in einer ruckartigen Bewegung - ich schaue apathisch, überrumpelt zu -, gibt erst dem linken, dann dem rechten einen Kuss.

„Man", krächzt er, schüttelt den Kopf, „you gotta love your feet. You gotta show some respect. Just grab 'em once in a while and thank 'em. Tell 'em how much you care. That's the least, man."

Er hat recht. Und fast gleichzeitig gehen wir vier in Verrenkungen, um unseren Füßen Dank aus größtmöglicher Nähe auszudrücken.

So sitzen wir, Zen, AJ, Rasputin, Joe und ich auf der feuchten Betonumrandung einer amerikanischen Eiche an der St. Charles Avenue in New Orleans, an der alle Minuten antike, mit Touristen gefüllte Streetcars entlangrattern; trinken Brewdog Punk IPA und 5Am Saint aus Flaschen mit langen Hälsen und knalligen Labels. Zen erzählt uns von seiner „Privatlehre", die er frei entlehnt aus dem buddhistischen Prinzip des Anatta, des Nicht-Selbst. AJ nickt nach jedem Satz, bedeutungsschwer, geheimnisvoll; schleudert ab und zu ihr Handgelenk zu einem Geräusch, das nicht Klatschen, nicht Knacken ist, und gibt ein ehrliches „Hell yeah" in die Runde, das länger nachhallt als das zuvor Philosophierte.

Zens Anatta: Es gibt kein permanentes, unveränderliches Selbst, nichts, das unbedingt angenommen und vorausgesetzt werden kann. Alles Erleben beruht auf einer Ansammlung von beweglichen Einzelteilen, die in einem Moment zusammen erfahren und als zusammengehörig verstanden werden.

Wer denkt, er könne erwarten, was ihm wesentlich ist, der täuscht sich. Da das Wesentliche nur in der Wahrnehmung eines Moments existiert, ist es unmöglich, es vorauszusehen oder darauf hinzuarbeiten. Das Wesentliche ist das, was eben so in den Sinn kommt, das einem Geschehende genauso wie die aus einem drängenden Impulse.

Wenn die Dinge keine feste Essenz haben, hat es auch das Erfahren von ihnen nicht.

Wie frei Zen ist: Er kann seine Erfahrungen in ihrer Bedeutung immer so definieren, wie er es in einem Moment gerade will, wie es in dem Moment einen Wert für ihn hat.

Hell yeah.

Mittlerweile allesamt barfuß, verabschieden Zen, AJ und ich uns von Rasputin und Joe und spazieren durch den Coliseum Square Park, wo wir solange über die Frage räsonieren, woran man das Geschlecht einer amerikanischen Eiche erkennen kann, bis Zen durch einen Freestyle-Rap das letzte Argument setzt.

Das alles kommt so unerwartet, dass es sich mir tief in die Erinnerung einbrennt.

So viel, das ich erlebe, wenn ich ohne Wissen des *Wohin* und ohne Vorstellung eines *Was* loslaufe: ein Lauf durch Kyotos kleine Straßen, Girlanden über sich in Dauerschleife ankündigenden Recyclingvan-Lautsprechern: Linksverkehr, Schreine, Tempel, die verschwimmende Abenddämmerung nach Interkontinentalflug und 30 Stunden Wachsein. Im Wald ohne Weg, glubschäugige Heilige in Miniaturschreinen, Kodamas, Baumgeister, die mich von Baum zu Baum huschend begleiten, die in ein und denselben Geburts- und Todesschreien der Zikaden zu mir sprechen.

Die Schemen, denen ich im Dämmerungsnebel des Schwarzwalds auf dem Westweg zwischen Alexanderschanze und Hark begegne. Eine Frau in 1990er-Jahre-Anorak, die ihr Hotel im dichten Grau nicht wiederfindet.

Die Bärlauchfelder im Wiener Wald, die ich rieche, bevor sie zu sehen sind.

Eine Gruppe von 20 Hunden, die artig um eine Bank am Grunewaldsee in Berlin aufgereiht sind. Erst von Nahem erkenne ich den Hundesitter, der sich an der Bank zu Liegestützen senkt.

Die Jakobswegmuschel, als Tattoo verewigt, die mir samt Handgelenk in einer Wanderhütte hinter Lörrach vors Gesicht gehalten wird.

Die nicht begreifliche Weite einer Ackerfläche nach einer Stunde Laufen in dichtem Wald.

Sich bewegende Schatten, die einander versichernde Rufe zustoßen, in markigen, sehnsuchtsweckenden Stimmen. Bei Blick in den Himmel werden sie zu Kranichen.

Die Brüllaffen im Norden von Kolumbien, von deren Existenz ich nichts weiß, die ich erst für Autos, dann für Wind halte. Schließlich vor ihnen davonlaufe.

Die mächtige Australierin, der ich an einer dichten Stelle am Pier von Yokohama in die Arme laufe, die mich kaum beachtet, meine Entschuldigung gleichgültig abwinkt, um sich im Gespräch mit ihrer Freundin darüber zu beschweren, wie erwartbar alles geworden ist, selbst im Ausland. Was für langweilige Zeiten dies sind.

Das Hotel im Norden Madrids, in das ich mich während eines in meine 30-Kilometer-Tour brechenden Regens flüchte. Römische Büsten inmitten klarer, förmlicher Architektur. Die Servicedame lächelt mir zu, reicht mir eine braune Wolldecke, schickt mich in den mit Corbusier-Sofas eingerichteten, beige gestrichenen Aufenthaltsraum. Sie bringt mir Kekse und Kaffee, eine Ansammlung beweglicher Einzelteile. Sie zeigt mir, wie es geht. Daumen und Zeigefinger zu einer Pinzette geformt, steht sie vor mir, geht leicht in die Beuge, vollzieht erst eine glatte Tunkbewegung, führt dann, in zu meiner läuferischen Hast kontrapunktischer Ruhe, die Finger in zartem Heben zum Mund.

„Es muy simple", flüstert sie, es ist ganz einfach.

Unerwartet, wie gut das schmeckt.

Unerwartet.

Der Absturz
Meran

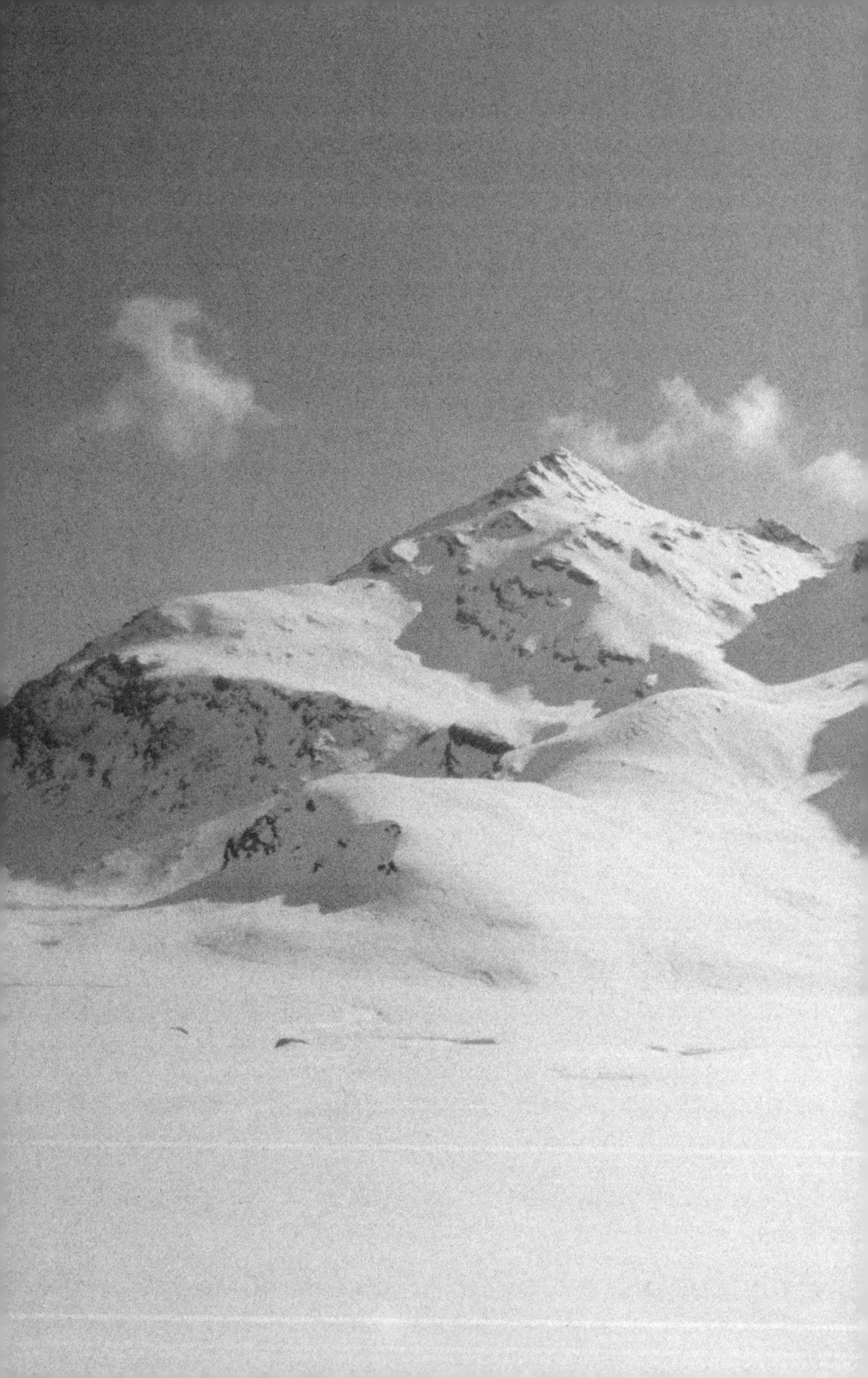

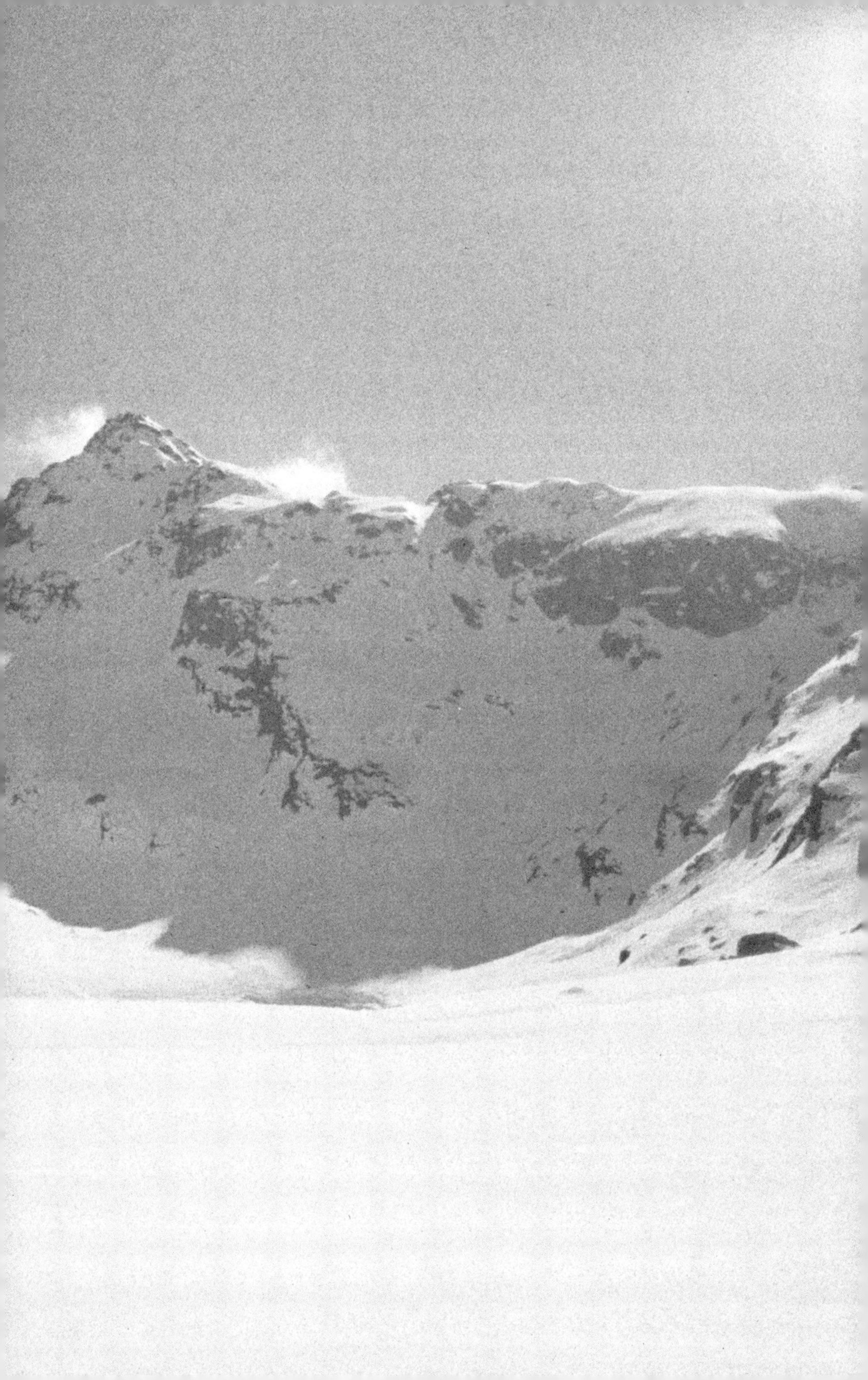

„Ich habe darauf gewartet." Beinahe feierlich klingt das, und ich sehe vor mir, wie sich mit dieser Feststellung seine Wangenmuskeln aufspannen, sich am Gesichtsausdruck abarbeiten wie an einem zähen Kaugummi. Ich drücke mir den Hörer dicht ans Ohr.

„Du hast dir gedacht, dass das passieren wird? Genau das, genau mir?"

Einen Moment Stille. Dann höre ich ein Rascheln in der Leitung.

„Nein, das vielleicht nicht. Aber ich habe mich schon lange gefragt, wann das erste Mal irgendeinem meiner Freunde irgendetwas in dieser Art passieren wird. Wenn man so ein Risiko eingeht ... Verstehst du."

Wir schweigen wieder.

„Ich meine, irgendwann musste ja etwas passieren."

Ich lege auf und versuche, hinter meine Gedanken zu fliehen, mich hinter ihnen zu verstecken. Doch es hilft nichts. Mit einem Mal kommt mir die Erinnerung bedrohlich nahe, das Gefühl, plastisch, rauschhaft. Mir ist heiß, und meine Brust ist so gespannt, dass sie kaum Luft zum Atmen durchlässt.

Es ist Abend, als ich in Meran, Südtirol, ankomme. Mein Handyakku ist beinahe leer, und nach einem letzten sparsamen Blick auf Google Maps begebe ich mich auf einen Ungefährweg: die breite Straße 500 Meter weit, das heißt etwa 800 Schritte, rechts abbiegen, die zweite links und so weiter. Die Dämmerung ist eben in Dunkelheit umgeschlagen. Es ist T-Shirtwarm, was mich überrascht, es ist April; um mich reflektieren die Schneespitzen der Alpen letztes, fahles Licht.

An meinem Zielort, dem Schloss Pienzenau, schiebe ich das Stahlgittertor auf, stehe inmitten eines wuchernden Gartens. Pracht der Wildheit, schießt es mir wie Realbild gewordenes Klischee durch den Kopf. Vor mir das Sujet eines Vergänglichkeitsgemäldes: Stühle, die kreuz und quer ebenso zueinander wie voneinander weg gerichtet stehen, ein paar umgefallen, verlassen; Tische, auf denen die weißen Decken fleckig und zu einer Seite verzogen nur noch haften, weil das aufliegende Geschirr sie beschwert; im ersten Blick warte ich, dass sie sich, vom Überfluss betüdelt oder beschämt, mit meiner Ankunft zu Boden fallen lassen. Auf den Tellern gieren Teigreste nach Aufmerksamkeit, eine Himbeere schaut verzweifelt aus einem Puddingbett heraus, wie die Iris aus dem Augapfel; bröckelige Pfützenrückstände in Rotweingläsern, rotringige Abdrücke neben schwarzen, Espresso, in feinen Klecksen in das Leinen der Decken eingewoben.

Ich klingle, warte und klopfe an die Fenster des Schlosses, das aussieht wie eine spanische Burg der Spätromantik, über allem der beigebraune Eckturm mit zackigen Schießscharten. Außer einigen Hanfpalmen, Zypressen, Zedern, Affenrutschbäumen und dem Paar Katzenaugen dort im Wacholder bin ich allein.

Am nächsten Morgen wache ich verkatert auf. Als man sich meiner geplanten Ankunft erinnert hat, haben sie jemanden vorbeigeschickt, der mir aufschließt und mich in den zum Mehrbettzimmer ausgebauten Dachgiebel lässt. Hier liege ich nun und starre an die hohe Decke. Um mich herum weißtransparente Vorhänge, die die Betten voneinander abtrennen. Hostelatmosphäre im Adelsschloss.

Man hatte sich schuldig gefühlt, als Kompensation für das Warten im Dunkeln öffneten sie mir die Bar. Drink für Drink watete ich ins Dunkel.

Noch immer benebelt schmiere ich mir im Frühstücksraum ein paar gehaltvolle Brötchen, packe Buch, warme Kleidung und die seit der Fuji-Belaufung unverzichtbar gewordenen Decathlon-Wanderstöcke ein, starte meine erste Tagestour, hinauf zu den Spronser Seen.

Für die Gärten von Schloss Trauttmansdorff habe ich kaum einen Blick; nur die Düfte ziehen durch mich, ein warmer Wind und die Illusion, Meran liege am Meer. Auch an den Weinhängen halte ich mich nicht auf, in den langen geraden Reihen sind die Blätter eben erst stark geworden, saftig grün in der 25-Grad-Sonne. In den Lokalen davor stehen Vernatsch- und Lagrein-Flaschen, leuchten in hellem Rot, selbst im Grünglas. Ich lasse all das hinter mir und mit ihm die Frühjahrserholer und Parkschlenderer.

Mit sich geduldig anmeldender Atemschwere laufe ich die lange Teerstraße ins hochgelegene Dorf, geradeaus über den Parkplatz, den Weg in den Wald. An der Lichtkante stehe ich einen Moment still. Mein Atem schweigt. Es dröhnt aus dem schattigen Wald. Neugierig verfalle ich in beschleunigten Lauf, sprinte fast.

Mir geht etwas auf hier unten im Süden, hier oben in den Bergen; nicht schleichend, nicht zaghaft, mit Gewalt reißt es mir die Brust auf, Nase, Ohren, Mund, zieht mir die Haut ab bis zur höchsten Empfindsamkeit. Alles mich Umgebende prasselt ein auf mich, ich kann und will mich nicht schützen; alles Neue sauge ich an, dass es sich fest in mir verhängt, mich empfindlich vergrößert.

Vor mir dröhnt es. Und was da so dröhnt, sind Bäume, Bäume, die von Maschinen mit einem Zug aus der Erde gerissen werden, von metallischen Krakenarmen in einen Seilzug gehakt den Hang hinuntergeschickt, an dessen Ende sie von Zangenhänden gegriffen werden, in die Luft gehalten wie vorgeführt, von Sägefingern in Passform zerlegt. Zuletzt werden sie einzeln auf einen LKW-Anhänger bugsiert, effizient, sorgsam kalibriert, durch einen Arbeiter im winzigen Führerhäuschen. Das alles läuft so feinmotorisch ab, eingedichtet in Wald, gipfelumgeben, dass von den Bäumen bis zu den Maschinen alles wie Spielzeug wirkt, knet- und formbar; Zeichnungen aus einem Comic. Eine Reihe von Spielzeugen, der Mensch als das Verwundbarste unter ihnen.

Da der Weg wegen der gewaltigen Dröhnmaschinen gesperrt ist, schlage ich mich in sperrigen Umwegen durch das Unterholz, dicke Äste, stechende Büsche, alles egal. Ich will weiter, höher. Es ist etwas mit dieser Ungeduld in den Bergen. Sie duldet keine Verneinung. Wenn ich ihr nicht nachginge, wäre das nicht ein Zeichen von Geduld, nein, es hieße, sich selbst zu belügen. Die Berge zu belügen.

Als ich wieder auf den Wanderweg stoße, steht dort eine holzumrahmte Landkarte. Es ist nicht mehr weit bis zum untersten der Spronser Seen, dem Langsee. Grünsee, Kaserlacke und Pfitschlacke liegen noch ein wenig höher. Ich laufe weiter.

Ab etwa 1800 Metern liegt Schnee auf den Wegen. Mit meinen Laufschuhen, abgewetzten Sauconys, sinke ich ein. Schon nach wenigen Minuten sind sie komplett durchnässt. Zum Glück ist die Luft nicht kalt. Hier oben sind es bestimmt noch 15 Grad, die Sonne scheint; man sieht ihn nicht, hört es nur knistern: den schmelzenden Schnee. Die tiefen Schritte lassen sich gerade noch so setzen, dass sich der Körper vom Boden abfedert, die Energie nicht komplett verloren wird - ich noch laufe, nicht gehe.

Nach einer halben Stunde ist alles weiß um mich. Den Weg erahne ich nur noch daran, dass ab und zu ein Markierungsstab herausragt, oder eine Hütte, verlassen, mitten im Weiß-Nichts. Auf einem Abschnitt verengen sich die abschüssigen Gipfel auf beiden Seiten so, dass das schmale Stück dazwischen mir als die logischste Fortführung erscheint.

Der Schnee ist alt, die wenigen Spuren in ihm sind innerlich vereist, sie knacken in unterschiedlichen Farben, wenn ich in und durch sie trete. Genau das mache ich nun bei jeder Gelegenheit, denn ich sinke mittlerweile bis zu den Knien in den Schnee. In den vorgefertigten Spuren überblicke ich, wie tief ich trete.

Natürlich ist hier nun jede Federung verloren, jede Kraftanwendung beim Bodenabstoßen unnütz; herausrütteln aus den tiefen Einbrüchen, sorgsam die Energie kontrollieren, um nicht durch unterschätzte Energiezugabe oder unerwartetes Festhaken allzu ruckartig zu kompensieren; das Gleichgewicht zu verlieren. Ich würde nicht schlimm fallen, bloß in Schnee. Dennoch, wer will schon fallen.

Die Wanderstöcke nutze ich abwechselnd, um die Tiefe der Fläche vor mir zu testen und mich in meinen Schritten zu stützen, um aus meinen Schritten nicht herauszufallen. Längst hat sich mein Ziel verschoben: nicht laufen statt gehen, sondern gehen, nicht stehen.

Als ich an eine weite weiße Ebene komme, verlieren sich die Spuren. Mit ihnen verliere ich einen Reisegefährten, der mit mir war an diesem Ort, unabhängig von der Verflechtung in anderer Zeit und unabhängig von tatsächlicher physischer Begegnung anwesend war; mir das Gefühl von Alleinsein unmöglich machte. Jetzt, da mit dem Abschied das Schweigen deutlich wird, fällt auf, dass ich mich mit dem Unsichtbaren sogar unterhalten habe. „Hier hast du aber einen langen Schritt gesetzt", oder „Warum hast du denn diese Schleife eingebaut?". In tiefen mühsamen Schritten - der Schnee nun bis zu den Oberschenkeln - wate ich bis zur Mitte der weiten Fläche.

Dort stehe ich, ein farbiger Fleck im weißen Weit, ein paar graue Felsen drum herum, die mir die Aussicht versperren. Ich sitze fast im Schnee, aber das stört nicht; im Gegenteil, es ist gemütlich, es passt. Was mich nervös macht, sind meine Füße, die nun seit beinahe zwei Stunden wenig geschützt, feucht, den Minusgraden ausgesetzt sind. Ich entscheide mich umzukehren. Es ist in Ordnung, es ist der erste Tag, ich habe noch Zeit für die Eroberung von Aussichten. Schade nur, dass ich keinen der Seen gesehen habe.

Nun sind es meine eigenen Spuren, in die ich zu treten versuche. Oft passt es nicht, ich muss ein wenig vorne oder hinten korrigieren. An sich ist es nichts, worüber man nachdenken muss: Fußspuren sind unterschiedlich, je nachdem, in welche Richtung sie gesetzt sind. Und dennoch begreife ich diesen logischen Umstand nun anders, in seiner praktischen Bedeutung: Füße sind vorne breiter, schmaler an der Ferse, weswegen es mir nicht immer gelingt, beim Zurückgehen in die schon getretenen

Spuren zu stapfen - es passt einfach nicht, ich bleibe stecken an den gehärteten Eisrändern.

Meine Wanderstöcke setze ich weit vor meinem Körper, ich ziehe mich an ihnen aus den Löchern heraus.

Als einer der Stöcke stecken bleibt, seufze ich hörbar auf. Hörbar für wen? Ich ziehe, rüttle, schwinge ihn, grabe mit den dünnen Laufhandschuhen im umgebenden Schnee. Es hilft nichts, der Stock ist unwiederbringlich verhakt. Ich lasse ihn mitten im Nichts zurück. In ein paar Wochen wird er flach auf braungrünem Boden liegen.

Die Füße bewegen sich nicht mehr. Ich schiebe den Körper an den Oberschenkeln vor, die Waden pendeln aus, wo mein Schritt landen wird. Immer einer vor dem anderen. Das Taubheitsgefühl bleibt dort unten, es kennt seinen Platz - es dringt nicht zum Kopf durch.

Irgendwie schleppt irgendwas an meinem Körper mich bis zur Schneegrenze, wo ich mir im frühlingshaften Darunter eine sonnige Stelle suche. Die Sonne, tanzend im Bach, Gämsen, oder Ziegen, deren unterscheidende Merkmale ich nicht kenne. Ich ziehe Schuhe und Socken aus, reibe das Gefühl zurück in meine Füße.

Im Weitergehen nähere ich mich mit jedem Schritt dem Laufen an. Als ich an der Wanderkarte vorbeikomme, stoppe ich, um zu schauen, wie weit vor den Seen ich habe umkehren müssen. Auf der Karte sehe ich die Verengung, durch die ich gewatet bin, die Hütte, an der ich mich vorbeigezogen habe. Von dort aus ist die Karte inkorrekt. Auf der weiten Fläche dahinter erstreckt sich der Langsee. Das kann nicht sein, ich habe definitiv keinen See gesehen.

Ich laufe den restlichen Berg hinab, in quietschenden Schuhen, die tausendmal weiter zu hören sind als mein Schatten sichtbar ist. Die Baumfäller arbeiten immer noch, die Maschinen dröhnen. Mittlerweile ist der zweite Anhänger beinahe komplett beladen. Ich nähere mich den 25 Grad der Meraner Weinhänge; kontrastreich vor den Weinblättern sehe ich wieder Menschen, Rentner, Familien mit Kindern in den Lokalen. Plötzlich herrschende Urlaubsstimmung; in den dünnwandigen Gläsern scheint der rote Vernatsch nun noch heller.

Vielleicht bilde ich sie mir ein, die Kurgäste, in deren Blicken ich mich als Trübnis erlebe, als Störung ihrer ruhequellenden Kurerfahrung. Der mediterrane Duft, den ich mir für die Nacht mitnehme.

Es dämmert, als ich die Terrasse des Schlosshotels erreiche. Inmitten der kleinen Runde der neu angekommenen Mehrbettzimmergäste, die mir von ihrem Weißbrot, Sextner Stangenkäse und Lagrein geben, werde ich blass. Die Landkarte dort oben hat nicht gelogen; zugeschneit war er, der See. Nicht mehr erkennbar, aber immer noch See. Und ich bin mitten darüber gelaufen.

Der Hotelportier, derselbe, der mir am ersten Abend Schloss und Bar geöffnet hat, lächelt am nächsten Morgen verschmitzt, anscheinend ist ihm mein gestriges Erlebnis zu Ohren gekommen. Kurz vor dem Hinausgehen schiebt er mir ein paar Blatt Papier zu, einen Ausdruck der Ballade vom „Reiter und dem Bodensee". Es wird von einem Mann erzählt, der bei strahlendem Sonnenschein über ein Schneefeld reitet, Steine und Dorn des Bodens spürend dem Pferd die Sporen gibt. Als er in ein Dorf gelangt, fragt er nach dem Weg zum See. Die Antwort, die er bekommt, erstaunt ihn: Dort liegt er, hinter dir. Da

> „stocket sein Herz, es sträubt sich sein Haar, dicht hinter ihm grinst noch die grause Gefahr. /
> Es siehet sein Blick nur den gräßlichen Schlund, sein Geist versinkt in den schwarzen Grund. /
> Im Ohr ihm donnerts wie krachend Eis, wie die Well umrieselt ihn kalter Schweiß. /
> Da seufzt er, da sinkt er vom Roß herab, da ward ihm am Ufer ein trocken Grab."

Der Reiter stirbt am Schreck über die unerhörte Gefahr, von der er nichts gewusst hat, am Schreck über sein unmögliches Erlebnis. Der Portier zwinkert mir zu, ich kann nicht anders, als sein Lächeln zu erwidern. Etwas makaber, aber ich habe verstanden. Heute werde ich achtsamer sein.

Und schon schleudern meine Beine vorbei an Barockkapellen, Bioäpfelhöfen, Gourmetrestaurants und Weinchalets, unweit der nach Süden deutenden Romstraße bis zum Fuß des Skigebiets Meran 2000. Der Slogan „Erlebe die Bergwelt hautnah" winkt in großen Lettern hin zur Vorplatzleere. An der Seilbahnstation hantieren große Wälzmaschinen, die die Zwischensaison mit Erde und Sinn zu füllen suchen, deren Motoren dafür sorgen, dass keine Zeit ungenutzt bleibt. Ein Bus rauscht an mir vorbei, viel zu schnell die Serpentinen hinauf. Hinter Erdhaufen und Bauteilen finde ich einen Wanderpfad. Voller Energie schwinge ich mich den ersten steilen Anstieg hinauf, verschnaufe am flachen Stück, eine querende Asphaltstraße, die mich schon bald weiterscheucht. Reflexartig schaue ich nach dem Bus, völlig idiotisch, schon längst muss er durchgefahren sein. Weiter den schmalen Waldweg, an dem ein Schild warnt, nur für geübte Wanderer.

Linksseitig öffnen sich die bezwungenen Höhenmeter mittlerweile als Schlund, es geht nicht allzu tief hinab, 100 Meter, 150 vielleicht; rechtsseitig ein friedlicher Wald, moderndes Laub, Felsen, die hier und da auf den Laufenden schauen. Der Pfad wird immer schmaler, bald nur noch ein Strich, auf dem die Füße tänzeln, die Promenade des Tangos, lang, lang, vor, schließen, seit, überkreuz, seit, schließen.

Der Weg endet im Nichts. Und jetzt? Mein Blick fährt fiebrig über die Höhen des Hangs, irgendwo muss es doch weitergehen. Tatsächlich sehe ich, dass der Weg weiterführt, ein, zwei Meter höher als das lose Ende hier; in mattem Beige hebt der Pfad sich ab vom stur starrenden Graubraun der Blätterfelsen. Ich laufe weiter. 100 Meter später verliert sich auch dieser Weg. Und auch dieses Mal findet mein suchender Blick eine Fortsetzung. Weitere 100 Meter weiter: dasselbe.

Ein dicker Fels versperrt mir den Weg. Er kreuzt den Pfad, deutet mächtig und unnachgiebig in den Abgrund. Es muss doch möglich sein, weiterzukommen, andere haben es doch auch geschafft. Mit den Fingern hake ich in die Löcher des Felsens, nur die Fußspitzen noch auf festem Grund. Stolz hangle ich mich zum nächsten Wegstück. Schon lange habe ich geahnt, dass ich Talent zum Bouldern habe. Erst hinterher schaue ich richtig in den Schlund. Er trägt eine grinsende Fratze; soll er doch. Er steigt mit, das beruhigt auf diesem schmalen, unwegsamen Pfad; es bleibt konstant bei 100, 150 Metern Höhenunterschied.

Als auch der nächste Weg endet – mittlerweile ist mir dieses Spiel vertraut, so sehr vertraut, dass es langweilt, wenn nicht schon nervt –, sehe ich nicht einen, sondern drei neue Wege. Ich entscheide mich für den mittleren.

Im schweren Atem erzwungener Pausen haben die Zweifel leichtes Spiel: Wie geht das, dass überall Wege sind? Im Laufen übersehe ich es, ich will vorankommen; im Zweifel scheint es mir beliebig, unnötig komplex. Die nun fehlende Flüssigkeit der Bewegung lässt mich endlich stutzen. Die Wegstücke hängen nicht aneinander, es ist viel zu viel Suchen.

Was heißt das, wenn überall Wege sind, aber keiner sich richtig anfühlt?

Ich möchte nicht umkehren, alles in mir wehrt sich dagegen. Zu viele schwere Abschnitte habe ich mittlerweile hinter mir. Jetzt umkehren hieße, die Last doppelt erleben, ohne das Glück des Ankommens gespürt zu haben. Ich will einfach wieder auf einen normalen Weg, bloß ein wenig joggen, im Flachen, sogar das wäre mir jetzt schon recht.

Der Schlund schließt sich ein wenig, wird enger, und die illusorischen Pfade, die jetzt eindeutig kaum mehr als die jeweils am wenigsten steilen Abschnitte sind, führen beinahe alle darauf zu; leicht bergab gesenkt, gangbar. Ich höre das Plätschern eines Bachs, den Speichel des Schlundes. Gut so, von hier aus wird der Weg sicher in einfacherer Form weiterführen.

Ich stehe unten am Bach: Es gibt keinen Weg. Es gibt keinen Weg, der mich weiterführt. Es gibt keinen Weg, auf dem ich gekommen bin.

Was heißt das, es gibt keinen Weg. Was heißt das, Weg.

Ich stehe am Bach und schaue den Schlund entlang auf die helle vertikale Ritze, durch die nichts als Himmel und Luft dringt; sie gibt mir nichts, nicht einmal Hoffnung, Aussicht, die nicht nutzt. Der Weg ist verstellt durch kleine Wasserfälle, Felsen, unüberwindbare Steigungen. Es gibt nur einen Weg: den Weg, den ich gekommen bin, den Weg, den es nicht gibt; diesen zurück.

Die ersten schweren Stellen meistere ich. Meine Zuversicht steigt. Der Abstand zum Schlund ist mittlerweile wieder gestiegen, 100, 150 Meter unter mir tut sich das Flussbett auf. Es ist wie beim Herkommen, suche ich lange genug, finde ich einen Weg. Erst an dem großen Felsbrocken wird es hakelig. Drei Übergänge habe ich zur Auswahl, mitten am Felsen, knapp darunter oder darüber. Keiner, dem ich traue. Ich probiere es mittig am Felsen. Wieder haken meine Finger ein, die ersten Schritte. Ich breche ab, trete zurück. Noch einmal, rechne mir aus, wo meine Füße genügend Halt finden, klemme die Finger ein, trete vor.

Dann stürze ich ab.

Es ist kein abruptes Fallen, kein plötzliches Den-Halt-Verlieren; ich rutsche in Zeitlupe die steile Böschung hinunter, meine Finger gleiten abwärts, ich spüre, wie die Felsenglätte sie noch ein Stück begleitet. Es geschieht so langsam, dass ich sogar Zeit habe, stutzig zu werden, zu begreifen: Ich stürze ab. Ich stürze ab. Ich rutsche, mein Blick noch einen Moment an dem, was ich losgelassen habe, im nächsten zu dem, was vor mir liegt. Ich liege auf dem Bauch, haue die Finger in die Erde, kratze, klammere, kralle, spüre die großen und kleinen, stumpfen und spitzen Steine am Bauch, an der Brust. Die Angst ist so lebendig, sie weiß, was zu tun ist. Ist das die Rettung?

„Dreh dich um", schreit sie mir zu.

„Wie denn!", will ich zurückschreien, doch sie lässt es nicht zu.

Sie packt selber an und dreht mich auf den Rücken. Wozu? Ich sehe noch deutlicher, wie ich dem Schlund näher komme. Mein Rucksack schrammt über den Grund, reißt mir die Schultern hoch. Ich schleife hart über die Mischung aus Geröll, Erde und Wurzelgewirr. Da, ein Baum, was, wenn ich mein Bein dort gegenramme? Ich muss mein Gewicht verlagern, lenken, vielleicht hält er mich, lieber ein gebrochenes Bein als ... Ich bin viel zu schnell, mein Manöver bringt Zentimeter, mehr nicht, der Baum entgleitet mir, ich vorbei an ihm. Ich rutsche und rutsche, die Angst übernimmt mich; sie verzerrt mein Gesicht, reißt die Lippen auf, bis ich nicht mehr bin als die Ouroboros - die sich selbst auffressende Schlange.

Unselig bin ich in das Abrutschen verflochten, in der Not überzeugt, Einfluss nehmen zu können - dabei habe ich keine Ahnung, welche Konsequenzen meine Versuche nach sich ziehen.

Noch im Rutschen erschöpfe ich: Wie lange das dauert. Dort unten sehe ich Felsen näher kommen, nein, ich komme näher, ich bin es, die Felsen stehen fest.

Auf einmal stoppt die Bewegung um mich, für einen Moment sitze ich. Ich darf mich nicht bewegen, so sicher wie selten zuvor bin ich, dass ich durch jede kleine Erschütterung haltlos weiterrutsche. Ich erlaube mir nur einen Schrei, weil es raus muss, nur einen Gedanken als Schrei: „Ich will nicht sterben!"

Ich liege auf dem Steilhang, in Erde, Geröll und Baumstämmen, und will nicht sterben.

Mit dem Bewegungsstopp hat sich etwas geändert: Im Sitzen bin ich für einen Moment nicht mehr bloß Kampf und Orientierungslosigkeit.

Mit Klarheit und Festigkeit weiß ich, was ich nicht will. Was ich will, ergibt sich zwangsläufig daraus. Und daraus wiederum, was ich muss. Was ich muss? Nach links muss ich, weg von den Felsen, an denen ich zerschelle. Ein Ruck und schon rutsche ich wieder, genauso langsam wie beim ersten Mal, genauso chancenlos. Ich greife, doch nirgends bleibe ich hängen, es geht wieder von vorne los, für immer von vorne, nichts, das mich hält. Für den Hang bin ich unsichtbar, durchsichtig, nichts. Ich verlagere mein Gewicht, stürze mich auf die linke Seite, drehe mich, die Angst diktiert mir; wann ist es bloß vorbei.

Ich weiß nicht, was mit der Zeit passiert. Sie ist mir abhandengekommen. Alles um mich herum ändert sich so rasend schnell, dass ich nicht noch Möglichkeit habe, auf sie zu achten, die Zeit. Weitere 80 Meter rutschen, oder sind es 120? Ich kann es nicht sagen. Wieder stocke ich einen Moment auf der Schräge, komme zum Halt. Ich bin nicht an den Felsen zerschellt, nicht über die Klippe vor mir gefallen, haarscharf bin ich daran vorbeigerutscht. Ich schaue hinunter. Plötzlich ist da ein neuer Gedanke, ja, denke ich, flacher wird es dort: Ich schaffe das. Ich schnalle den Rucksack ab und lasse ihn vorrutschen, ohne ihn habe ich vielleicht Chancen, mich um die letzten Hindernisse zu balancieren, mich gewollt, gezielt in die Schlundkante zu navigieren.

Irgendwie schaffe ich es tatsächlich nach unten, unzerschellt. Ich stehe wieder am Bach. Felsen, Wasserfälle, ich kenne das schon. Neu ist, dass ich zittere. Ich zittere aus Überwältigung, Unsicherheit, was ich fühlen soll. Ich habe keine Angst mehr, mit aller Macht will ich vernünftig sein: Ich erlaube mir keine Panik, bevor ich endgültig einen Ausweg gefunden habe.

Ich sammle meinen Rucksack auf, merke nicht, dass ich meine Uhr im Stürzen verloren habe. Mein Blick springt in der Umgebung, auf der Suche nach einem Weg. Mir tut nichts weh. Weil mir nichts wehtun darf. Das Adrenalin schützt mich vor dem Panikgesicht; wenn Flucht, dann zum Sicheren, zum Besseren. Den Bach hinunter gibt es keinen Weg, meine Rutschbahn bietet keinen Weg hinauf, die andere Seite, meine einzige Chance. Ich steige und werde ganz Fokus: ein muskelloser, emotionsloser Fokuskörper. Fassen kann ich es erst, als ich auf einem Weg, einem menschgeschaffenen, wirklichen, festen Weg stehe. Jetzt darf die Panik kommen, aber jetzt will sie nicht mehr. Macht nichts.

Ich schaue an mir hinunter. Die Arme sind an den Handgelenken und Ellenbogen aufgeschürft, das Geröll, die Hitze der Reibung; das T-Shirt, ein Finishershirt vom Berlin-Marathon, ist auf beiden Rippenseiten aufgerissen, am Fernsehturm und an der zweiten Säule des Brandenburger Tors; darunter Kratzer, schmerzende Rippen, tiefer das schmerzende Knie. Das war's, mehr nicht.

Ich nehme mein Handy aus dem Rucksack und checke alte Mails nach der vor Jahren abgeschlossenen Auslandskrankenversicherung, wähle die Nummer, rufe an, kläre ab, ob sie den Check im Krankenhaus übernimmt. Ja. Ich gehe den Weg weiter, fast vergnügt jetzt, nicke jedem Wanderer freundlich zu. Keiner sagt etwas, auch der Busfahrer nicht, der mich als einzigen Gast vom Meran-2000-Parkplatz mitnimmt.

„Zum Spital?", frage ich.

Er nickt. Es hätte genauso gut andersherum sein können.

Im Spital schauen sie erschrocken, in ihren Gesichtern lese ich die Kurkundschaft, die sie erwarten. Dass hier jemand abstürzt, nein, höchstens im Winter der Skiunfall eines Übermütigen. Alles regelt sich schnell und einfach, die erschrockenen, erstaunten Gesichter beschleunigen den Prozess, sie lassen mich vor die schon wartenden Routinepatienten - ein begipster Junge im Manchester-United-Trikot muss noch einen Moment länger das Jucken im Bein aushalten, er murrt nicht. Als ob es um Leben und Tod ginge, jede Sekunde kostbar zur Rettung wäre. Alles macht Platz für den Gefallenen.

Der Arzt ist Deutscher, er kommt aus Baden-Württemberg, begrüßt mich erst in Südtiroler, dann, nach Blick auf das Aufnahmepapier, in badischem Dialekt. Wir sitzen in einem gedrungenen Zimmer im Spital von Meran, es riecht nach Desinfektion und Reinemachen. Wir unterhalten uns erst über Berlin, dann über den Sturz. Er schüttelt den Kopf, ungläubig. Was ist da nur geschehen. Er duzt mich. „Da hast du wirklich Glück gehabt", sagt er, „unheimliches."

Er drückt mir eine bereits geöffnete Packung Schmerzmittel in die Hand. Tachidol lese ich, und ein Blick auf die Packungsbeilage verrät den Wirkstoff Codein. Ein Opiat, nicht schlecht, es kommt mir vor wie ein Bonbon nach dem Zahnarztbesuch.

„Die Wunden am besten an der frischen Luft halten, und hier, zwei Stück davon plus zwei große Bier - und du schläfst wie ein Stein." Der Bergdoktor lächelt, er wirkt erleichtert, froh, dass er helfen kann.

Im Supermarkt neben dem Spital kaufe ich mir eine Cola und ein paar Chips. Der Hunger dringt jetzt durch, reißt sich durch die Klarsichtfolie des vorsichtigen Abwartens, des Sichergehen-Wollens; bohrt tief nach diesem existenziellen Schreck, so weit, dass er die Lust in einen jugendlichen Zustand regrediert: Cola und Chips, nichts anderes. Die zwei verschriebenen Biere nehme ich noch für später mit.

Zurück im Schlosshostelzimmer lege ich mich ins Bett. Obwohl ich kaum Schmerzen habe, nehme ich die zwei Tabletten und trinke die beiden Biere. Ich starre an die Decke und warte. Nach einer halben Stunde spüre ich nichts mehr. Und weil ich meinen Körper nicht spüre, meine ich, dass er auch seine Fähigkeit, sich zu bewegen, verloren hat. Steif liege ich da, unfähig zu schlafen, unfähig zu wachen. Auf den Bergspitzen taut träge der Schnee.

Die wundersame Welt des Marathons II

Berlin

Als Steffen mir im Herbst anbietet, beim Berlin-Marathon die Eliteläufer zu betreuen, sage ich sofort zu. Da ich selbst nicht laufe, will ich dem Marathon so nah wie möglich sein. Das Trippeln und Kribbeln, der Geruch von Schweiß, der sich mit Frischgewaschenem mischt.

Die Wunden meines Absturzes im Frühjahr sind mittlerweile verheilt, eine Lauf- und Abenteuerpause, die mir guttat. Nun bin ich wieder mitten im Training und nicht schlecht in Form. Dass ich in Berlin nicht selbst laufe, ist die freiwilligste Entscheidung: In einem Monat wartet der München-Marathon. In Berlin werde ich nun schon einmal einige der schnellsten Läuferinnen und Läufer der Welt begleiten. Was könnte eine bessere Motivation sein?

Als ich am Marathonmorgen in den Tiergarten einbiege, habe ich Gary Jules' *Mad World* auf den Lippen. Vor mir tauchen Ordner in gelben Westen auf, denen ich ohne Aufforderung mein um den Hals gehängtes Badge präsentiere. Ich halte die „Eintrittskarte" weit vor meinem Körper, ziehe sie straff am Hals nach vorne und mich hinterher. Steffen hat mir das Badge dieses Mal schon vor dem Lauf zugesendet. Leider ist es bereits jetzt etwas gewellt und pappmatschig, da in unserer Wohnung nach einem Regenguss aus einem frei liegenden Rohr Wasser heraus und darauf gesprudelt ist. Macht nichts. Die Bereichsleiterin der Topathletenbetreuung tauscht es bei Ankunft eh sofort: zu wenige fett gedruckte Buchstaben, zu wenige Bereiche freigegeben. Das neue Batch greift sie wie ein Automatengreifarm aus einer Plastikkiste.

Zu den mir von den zahlreichen Marathonveranstaltungen vertrauten Metallzäunen habe ich mittlerweile ein beinahe zärtliches Verhältnis aufgebaut, streichle verträumt an einer verschlossenen Stelle über die dünnen Streben. Ihre Konstruktion beeindruckt mich, ein labyrinthisches Schleusensystem, eine flexible Befestigungsanlage um die Insel „Topathleten". Zäune in alle Richtungen, Ein- und Ausgänge flexibel verschiebbar. Manchmal quietscht der Bauzaun, wenn die gelbbewesteten Ordner ihn aus den Betonfundamenten heben.

Nach dem Passieren der Schleuse stehe ich mittendrin, im Élysée der Champions: drei massive Zelte, dicke Holzstäbe, die weiße Plane halten; fest stehen sie dort, breitbeinig im Wartestand. Zwischen ihnen von den Aufbauarbeiten abgetretener Herbstrasen.

Die Bereichsleiterin stellt sich auf einen umgedrehten Wasserkasten und begrüßt uns nun offiziell. Uns: ein Team von zehn Leuten, sieben davon seit vielen Jahren dabei, außer mir noch zwei Frauen neu. Eine davon, Rachel, die sonst als Mitglied des Leitungsteams den Chicago-Marathon mitorganisiert, ist außer mir die einzige Laufende im Team. Wir verstehen uns auf Anhieb. Mit ihr werde ich in ein Subteam eingeteilt.

Die Farbe des Tages ist dieses Mal Knallorange. Es hat ein komplettes Design-Makeover gegeben, der Stoff unserer Uniformjacken ist ganz anders als im letzten Jahr, viel dicker, gefütterter Polyester, im Look klassischer, innennetzausstaffiert. Fühlt sich an wie eine Reminiszenz an die Buntheit der Loveparade-90er, die ja genau an diesem Ort regelmäßig ihren Höhepunkt hatte. Dass die Jacke in diesem Jahr eine Kapuze hat, scheint wie eine fein eingewebte selbsterfüllende Prophezeiung: Es ist grau heute, und wer nicht gerade den Marathon in anderthalb Stunden schafft, wird sicher nicht trocken ins Ziel kommen.

Die Bereichsleiterin führt uns durch den etwas ungefähren Arbeitsplan, vergibt die Aufgaben. Ich finde es großartig, dass noch Raum für Improvisation bleibt.

Wir verteilen Bierbankgarnituren in den Zelten, Bänke an die Außenwände, dazu weitere Bänke quergestellt, Tische an die Wand gegenüber dem Eingangsspalt. Wir bestücken die Zelte mit kleinen Wasserflaschen vom Discounter, läuferfreundlich ohne Kohlensäure, mit Gels und Bananen. Zuletzt bringen wir die Schilder an: „Top Athletes Male" ans erste Zelt, „Top Athletes Female" ans zweite und noch einmal „Top Athletes Male" ans dritte, etwas zurückgesetzte Zelt.

Anderthalb Stunden vor dem Start kommen die ersten Topathleten an: Zögerlich steigen sie aus dem schwarzen Reisebus, der sie aus dem Hotel direkt zum Start gebracht hat. Wirklich jeder bleibt nach dem Aussteigen einen Moment stehen, blinzelt, wie um sich in der plötzlich neuen Umgebung zurechtzufinden, unschlüssig, ja, wartend auf jemanden, der neue Anweisungen erteilt.

Wie eine Reisegruppe, die frisch gelandet aus dem Flugzeug steigt: Zwar kennen sie Flughäfen an sich, aber nicht diesen spezifischen. Ein unbekannter Ort, Zeichen, die sie nicht deuten können.

Dazu Gesichter, als ob man sowieso nur Sturm und schlechtes Wetter zu erwarten hätte. Es ist früh am Morgen, der Himmel ist grau und sich unterstellen wird keine Option sein. Es erinnert an Touristen, die mit Sonderangeboten im Spätherbst nach Mallorca gelockt werden und erst im Landeanflug verstehen, warum sie so viel Geld sparen. Nicht Sonne und Strand warten auf sie, sondern bloß das Hotelzimmer und die Hotelbar, Schutzorte vor dem in dieser Jahreszeit allgegenwärtigen Wind und Regen.

Hier schützt nur das schnelle Laufen.

Zunächst gehen die Ankömmlinge aber durch die Schleuse, die enge Gasse des ausgehakten und zur Seite geschobenen Zauns. Wir begrüßen sie und weisen ihnen die Zelte zu.

Ab hier übernehmen wir Helfer, wir sind jetzt die Reisebegleitung, die den Weg weist und Service bietet; das All-Inclusive-Paket. Wie in einem Clubhotel. Wir werden zum Teil einer tadellos funktionierenden Logistikkette.

Es kommen noch zwei weitere Busse, insgesamt sind es 70 bis 80 Topläufer. Obwohl wir mehrfach auf das zweite Männerzelt weiter hinten verweisen, quetschen sich zwei Drittel der Läufer ins vordere.

In den Zelten zierliche Körper, die paar Größeren, 1,85 Meter, 1,90 Meter, wirken dazwischen grobschlächtig. Schweigend sitzen die Läufer auf den Bierbänken, eng nebeneinander, die meisten vorgebeugt, die Finger über den Knien ineinandergeschoben. Die Blicke gehen nirgendwohin, und es bleibt unklar, ob das eine gezielte Konzentrationsübung oder bloße Müdigkeit ist. Drei, vier, die gähnen. Sie wirken so müde, dass ich schon annehme, dass sie in letzter Sekunde doch noch auf den Lauf verzichten werden.

Die Szenerie ist ein Mikroparadies für Sozialpsychologen: Die Läufer haben sich so verteilt, dass um sie herum Läufer der gleichen oder mindestens geografisch sehr nahe gelegenen Nation sitzen. Äthiopier sitzen neben Äthiopiern, unweit die größten Konkurrenten, die Läufer aus dem Nachbarland Kenia. Deutsche sitzen bei Österreichern; Italiener, Spanier unweit davon. Die Herkunft trennt und verbindet; selbst hier im Topathletenzelt.

Die Läufer, die in den vorangegangenen Medienberichten besonders hervorgehoben wurden, halten sich nur kurz in den Zelten auf. Der Star des Laufs, 5000- und 10.000-Meter-Olympiasieger Kenenisa Bekele, hat sich noch gar nicht gezeigt.

Die Läufer ziehen sich um, Routinen werden ausdruckslos abgearbeitet: Einreiben der Oberschenkelinnenseiten mit Vaseline, Abkleben der Brustwarzen, um durch Aufscheuern blutige Stellen zu vermeiden. Wer fertig ist, geht schon einmal aus dem Zelt, aus Verlegenheit, um nicht untätig dazusitzen. Es fallen wenig Worte. Von den Bananen sind am Ende beinahe noch alle übrig.

Es liegt etwas in der Luft. Turnhallenmief. Topathlet oder nicht, im Kern gibt es kaum Unterschiede. Was hier geschieht: gemeinschaftliches Umziehen vor schwitzigem Sport.

Im Laufe der Zeit finde ich doch einen entscheidenden Unterschied: Der Dixi-Klo-Schlüssel ist hier gigantisch gut, verglichen mit dem brutalen der Normaloläufer, bei dem Wartezeiten von 20 bis 25 Minuten nicht selten sind. Doch auch auf der Elite-Insel bildet sich in der Prime Time, 25 bis 30 Minuten vor dem Start, eine Schlange von bis zu vier, fünf Wartenden; immerhin.

Ein weiterer Bonus: Auch bei der Kleiderabgabe müssen sich die Topathleten nicht anstellen, sie müssen nur ihre Nummern auf den Kleiderbeutel kleben oder schreiben und können diesen dann im Zelt liegen lassen. Wir werfen die Beutel in große Container, die wir später die 800 Meter zum Ziel Richtung Brandenburger Tor schieben.

Eliteläufer sein bringt also vor allem: Warteschlangenvermeidung.

Komisch: Läufer mit Uhren am Handgelenk, die einen fragen, wie lange es noch bis zum Lauf ist.

Ab einer halben Stunde vor dem Lauf gehen wir alle fünf Minuten in die Zelte und sagen den Läufern die verbleibende Zeit an.

20 Minuten vor dem Start erscheint endlich Kenenisa Bekele, in Begleitung seines Managers und eines Betreuers. Augenscheinlich hat er sich andernorts warmgemacht. Wer weiß, vielleicht verzichtet er auch ganz darauf. Es gibt schließlich auch genug Hobbyläufer, für die die ersten Marathonkilometer genug Einlaufprogramm sind.

Außer den dreien ist nun beinahe niemand mehr im Zelt. Als Kenenisa Bekele nach ein paar Minuten vom Toilettengang zurückkommt, begrüßt ihn sein etwa 70-jähriger Manager. „Was a big one, wasn't it? Hahaha."

Er zwinkert mir zu, ich bin das Publikum.

Fünf Minuten vor dem Start haben wir alle Topathleten auf die Fläche vor dem Startbogen oder schon in die Startaufstellung geschickt. Noch mehr Läufer haben ihre Manager dabei. Sie drängen sich in den schmalen Gang zwischen den Tribünen. Anscheinend findet jeder gerade jetzt es wichtig, ganz nah an seinem Schützling zu sein. Von hinten schieben immer mehr nach, sodass die Vorderen auf die Strecke stolpern, was ihnen dann selbst unheimlich wird. Wir haben Mühe, das Ganze in geordneten Bahnen zu halten.

Für eine letzte Kontrolle gehe ich noch einmal zurück zum Zelt. Nur einer sitzt dort noch, seelenruhig. Kenenisa Bekele zieht sich gerade seine Socken an. Es ist meine Aufgabe, ihn pünktlich auf die Bahn zu schicken. Seine ist: Star des Laufs zu sein. Irgendwo müssen sich unsere Aufgaben doch treffen, sieht er das nicht. Er ist jetzt an den Schuhen, ich am Nervössein.

Ich beginne, mir Sorgen zu machen: Was passiert, wenn der Fokuspunkt des Laufs nicht pünktlich auftritt? Wird der Start verschoben?

Was ich an diesem Tag lerne, ist, dass die Geschichte eines Marathons auf dem Reißbrett der Organisatoren beginnt. Sie sind dafür verantwortlich, wie das Rennen abläuft. Sie tüfteln eine Dramaturgie aus, der erst die Medien, dann das Rennen, zuletzt die Geschichte folgt. Renndirektoren sind große Regisseure. Ihr Ziel: ein attraktives Rennen schaffen.

Im Rückblick scheint die Dramaturgie der Vorjahre relativ simpel. Erst Eliud Kipchoge gegen Kenenisa Bekele gegen Wilson Kipsang - und alle drei gegen den Weltrekord. Im Folgejahr Eliud Kipchoge - den mittlerweile sogar Sportuninteressierte kannten und seine Erfolge mit Spannung verfolgten - allein gegen den Weltrekord. In diesem Jahr war es kniffliger, weil ein Erfolgsfaktor herausfiel: Eliud Kipchoge würde nicht mitlaufen, da er ein anderes Ziel priorisierte, nämlich als erster Mensch der Welt einen Marathon unter zwei Stunden zu laufen. In einem eigens dafür organisierten und technisch verfeinerten Lauf im Wiener Prater, der einen Monat nach dem Berlin-Marathon stattfinden würde. Ohne Kipchoge wurde in diesem Jahr ein Wettkampf mit dem Weltrekord sehr, sehr unwahrscheinlich.

Ein Regisseur muss immer schauen, wen er für seine Aufführung bekommen kann: Wer gerade stark läuft, wer passt, wen man sich leisten kann. Finanziell muss auf mehreren Ebenen gedacht werden: Da das Klassement der schnellsten Marathonstrecke über die Zeiten der ersten zehn Läufer und Läuferinnen eines Laufs gerechnet wird, darf der Regisseur nicht nur an die Spitze denken, er braucht auch die Breite; beides, Star und Ensemble.

Es gibt bestimmte Regievorlagen, die immer eine gewisse Anziehung versprechen. Was gut funktioniert, sind Comeback-Storys: Was berührt emotional mehr als „vom Broadway zum Bordstein und zurück"? Auch nicht zu unterschätzen, sind junge Läufer mit ersten funkelnden Ambitionen: „Gelingt heute und hier der Durchbruch?" Natürlich Identifikationsangebote: „Das sind unsere deutschen Hoffnungen." Traditionelle Konkurrenz, Fifty-fifty-Entscheidungen, die das Gefühl geben, gut informiert mitraten zu können: „Kenia oder Äthiopien?" Vorjahressieger: „Schaffen sie es erneut, verbessern sie ihre Zeit?" Vorjahreszweite oder -dritte: „Setzen sie sich dieses Mal die Marathonkrone auf?"

Auch unter erschwerten Bedingungen hat sich Rennregisseur Mark Milde etwas Feines einfallen lassen: ein Duell dreier Mittzwanziger, die alle eine ähnliche Bestzeit aufweisen, sodass ein echter, ehrlicher Wettkampf zwischen den drei zu erwarten ist. Kein einsames Laufen gegen die Zeit, nein, ein Wettkampf, Läufer gegen Läufer. Da ist es auch zweitrangig, dass die Namen außerhalb der Laufszene unbekannt sind und dass alle drei die gleiche Nationalität haben.

Als dann drei Wochen vor dem Marathon noch Kenenisa Bekele gewonnen werden konnte, dessen Start bis dahin wegen einer Verletzung am Oberschenkel unsicher gewesen war, vermehrten sich die Ebenen der Dramaturgie: Wie läuft das Duell des Älteren gegen die Jüngeren? Kann er sie ziehen oder ziehen sie ihn ab? Und, medial überspitzt: Was kann der große Kenenisa Bekele - schließlich dreifacher Olympiasieger - nach seinem enttäuschenden letzten Start in Berlin und dazu noch schwieriger Vorbereitung und öffentlich diskutierter Trainingsmoral überhaupt noch leisten?

Eine wundervolle Dramaturgie.

Drei Minuten vor dem Start, Kenenisa Bekele ist nun fertig angezogen. Heureka, Aufatmen. Doch zu früh gefreut: Der Schuh sitzt zu locker, der Fuß schlackert hinten raus. Noch einmal löst Kenenisa Bekele die Schleife, langsam, beinahe meditativ. Noch zwei Minuten. Er schnürt den Schuh erneut zu, die Finger wie in Zeitlupe. Was soll das. Er testet, mit zwei Fingern zieht er die Hinterkante des Schuhs zurück. Der Schuh sitzt genauso locker wie zuvor. Egal.

Die ganze Zeit schaut er ausdruckslos, Kenenisa Bekele, der Olympiasieger, schaut ernst, als mache er sich bereit für eine Beerdigung.

Als er sich endlich erhebt, wünsche ich ihm noch ein gutes Rennen, scheuche ihn dann per Handwedeln aus dem Zelt. Er joggt langsam. Anderthalb Minuten vor Startschuss steht er in der Aufstellung, exakt zu seiner Vorstellung, die über die Bildschirme bis Hunderte Meter und Zehntausende Läufer hinter ihn dringt, die über einen Livestream Laufbegeisterte in der ganzen Welt erreicht. Nachdem er eben noch im muffigen Zelt an seinen Schnürsenkeln fingerte, steht er plötzlich auf der Weltbühne.

Ich fühle mich einsam, als alle eben noch zu Betreuenden im Feld stehen, nun ganz konzentriert und in ihrem Element. Wie gerne wäre ich jetzt unter ihnen.

Zum Startschuss Musik für die erste Welle: *Sirius* von Alan Parsons Project, die Einlaufmusik der Chicago Bulls in ihrer Hochphase, der Klassiker des flammenden Spannungsaufbaus.

Als unsere Topathleten gestartet sind, wenden wir uns ab vom Laufgeschehen. Wir räumen die Zelte auf, spazieren über den darin zertretenen Herbstrasen, sammeln liegen gebliebene und nicht beschriebene Klamotten, leere und halb volle Wasserflaschen ein, klappen die Biertischgarnituren zusammen. Alles sehr moderat, Läufer scheinen insgesamt sehr verträgliche und bescheidene Reisegäste zu sein.

Die Container mit Kleiderbeuteln und Verpflegung schieben wir auf dem Radweg im Tiergarten Richtung Zielbereich, entgegen der Laufrichtung und parallel zur Straße des 17. Juni, wo die vierte Welle, ein Drittel der Läufer insgesamt, immer noch auf den Start wartet. Im Zielbereich stehen zwei neue Zelte bereit, kleinere.

„Letztes Jahr hatten wir noch drei“, bemerkt einer aus dem Helferteam.

Neben unseren Zelten stehen ein Sanitäter- und ein Massagezelt. Die Ziellinie ist 50 Meter entfernt. Wir räumen die Kleiderbeutel aus, bauen ein Verpflegungsbuffet auf: Nüsse, Salzbrezeln, jeweils in winzigen Plastikpackungen, Äpfel, Bananen, Wasser, Eiweißriegel. Zuletzt holen wir die Schilder, „Top Athletes Male“, „Top Athletes Female“, dann ist sie komplett, unsere mobile Champs-Élysées.

Im Zielbereich werden die letzten braunen Kartons geöffnet und die Medaillen auf Metallpyramiden verteilt. Äpfel und Bananen werden geschnitten, die Verpflegungspakete für die Läufer vorbereitet. Alles steht bereit für den Gang, durch den jeder Finisher nach dem Lauf geleitet wird, den Walk of Fame. Später, viereinhalb Stunden nach dem Start, wird hier Prime Time sein. Erneut müssen sich dann die Marathonis anstellen, sich aneinanderdrängen, gierig nach Wärme und Trockenheit im Anschluss an einen allzu schnellen und allzu langen Berliner Herbstspaziergang.

Für das Topathleten-Betreuungsteam herrscht nun erst einmal ein wenig Leerlauf. Wir stehen da und blicken in die kleinen Zelte.

In einem der Zelte steht ein großer Fernsehbildschirm, auf dem der Lauf live übertragen wird. Einige Manager und Betreuer sitzen dort in Sportanzügen, eine, zwei Nummern zu groß, halten ihre Wasserbehälter fest, als wären es Bierflaschen, johlen. Was sie gerade auf dem Bildschirm sehen: drei Läufer im Wettkampf an der Spitze. Bei etwa 30 Kilometern löst sich Birhanu Legese, äthiopischer Mittzwanziger Nummer eins, aus dem Führungstrio. Sisay Lemma, äthiopischer Mittzwanziger Nummer zwei, kann nur einen Moment mitgehen. Kenenisa Bekele fällt zurück.

Unwillkürlich schaue ich auf Kenenisa Bekeles Füße. Ich atme auf: Sein Schuh sitzt noch, die Last-Minute-Lockerschnürung scheint zu halten. 2015 waren Eliud Kipchoge bei seinem ersten Marathonweltrekordversuch in Berlin die Sohlen rausgerutscht, was dazu führte, dass er kilometerweit nur mit wenig Dämpfung und Schrägstellung des Fußes lief; die Sohlen dabei herauswinkend wie vergessene Schuhanzieher.

Es ist eine Überraschung, selbst bei den Vermutungen über einen suboptimalen Trainingsstand, dass sich Kenenisa Bekele so früh abhängen lässt. Der Rückstand steigt an, ebenso das Gejohle im Zelt; Lacher, ein Betreuer, der einem anderen ungläubig den Oberarm rüttelt.

In der Mitte der 30er-Kilometer steigert sich die Intensität noch: Zwar läuft Legese konstant schnell, doch holt Kenenisa Bekele nun Meter für Meter auf. Er läuft ganz geduldig, geduldig schnell, bis er Legese bei 37,5 Kilometern schließlich überholt. Nur einen Moment laufen sie nebeneinander, dann ist er schon, mit sturem Blick geradeaus, an ihm vorbei.

Hier im Zelt unter den Managern und Betreuern erneutes Gelächter, Freude und Überraschung; Schultern, auf die gehauen wird. Ein ganz normaler Sportsonntag.

Doch langsam steige ich nicht mehr durch: Irgendwie scheinen sich alle hier zu freuen, egal, wer nun wen gerade überholt hat. Es ist, als ob sie bloß an einer brisanten Dramaturgie interessiert sind, ein spannendes Rennen wichtiger ist als der spezifische Gewinner.

Es braucht ein wenig, bis ich die Zusammenhänge verstehe: Legese, Lemma und Kenenisa Bekele laufen alle unter demselben Manager; ein größerer, weißhaariger Kerl, der selbst im gleichmachenden Trainingsanzug noch überlegene Gelassenheit ausstrahlt. Das ist der berühmte niederländische Laufmanager Jos Hermens, oder auch, mit bürgerlichem Namen, Josephus Maria Melchior Hermens. Der Typ, der kurz vor dem Lauf den Scherz über Kenenisa Bekeles Toilettengang gemacht hat.

Ich beginne zu begreifen: Gleich, wer von den Favoriten das Rennen gewinnt, der Trupp an Managern und Betreuern da vor mir gewinnt in jedem Fall. Jos Hermens schaut lächelnd rüber zu mir und lässt ein paar Salzbrezeln in seinen Mund fliegen.

Es nieselt mittlerweile. Lächelnd und mit gespanntem Blick stehe ich in den Pausen zwischen den kleinen Helferaufgaben hinter Managern und Betreuern. Es ist schön, ihnen beim Jubeln zuzuschauen, die ausgelassene Stimmung steckt an.

Für die letzten Minuten des Rennens stelle ich mich gemeinsam mit den Managern und Betreuern direkt hinter die Ziellinie. Sie jubeln, als Kenenisa Bekele einläuft, zwei Betreuer stürmen ungestüm auf ihn zu. Er schiebt sie weg. Etwas verloren steht er da, unschlüssig, was er fühlen und wie er sich verhalten soll. Klar, er ist gerade nach vorübergehendem Rückstand zu einem eindrucksvollen Sieg gelaufen. Den Weltrekord hat er allerdings um mickrige drei Sekunden verpasst.

Die Augen stur geradeaus: Bekeles Blick nach dem Lauf ist haargenau sein Blick vor dem Lauf und während des Laufs.

Während Bekele Richtung Pressebereich verschwindet, legen wir den ins Ziel kommenden Topathleten weiß-blaue Plastikdecken über die Schultern. Die Körper fühlen sich warm an; atmend, empfindsam. Wann macht man so etwas, Fremden eine Decke über die Schultern legen? Es hat etwas Intimes, beinahe Zärtliches. Es ist schwierig, das richtige Verhältnis auszuloten zwischen respektierender Distanz und Fürsorge gegenüber den in diesem Moment zerbrechlich Wirkenden.

Die meisten der Läuferinnen und Läufer bekommen diese Geste allerdings ohnehin kaum mit, vom Lauf kraft- und anspruchslos geworden; einige Male muss ich den Umhang festhalten, damit er nicht wegflattert. Die besonders Erschöpften stützen wir bei ihrem Gang ins Zelt.

Im Fernsehinterview berichtet Bekele, er hätte schon 800 Meter früher in den Sprint gehen müssen, dann hätte er es schaffen können.

Im Zelt verteile ich Wasserflaschen und Bananen.

Ständig raschelt irgendetwas, die Plastikdecke, die abgelegt wird, Kleidung, die aus dem Beutel genommen wird, Brezelpackungen, die zusammengeknüllt werden. Die Geräusche drängen sich auf inmitten der Stille der schweigsamen Läufer. Nur einzelne Gespräche hier und dort, die meisten sind mit sich und ihrer Erschöpfung beschäftigt. Manche schütteln den Kopf.

Die Geräusche rauschen kontinuierlich im Hintergrund. Die Gesten und Bewegungen der Läufer sind klein und wirken ungeplant, beinahe automatisiert; Handgriffe am Shirt, das nass am Rücken klebt; mehrere Versuche, so wie man eine lästige Fliege vertreibt. Kleidung ablegen, die Schuhe zuerst, die Hose zuletzt. Nun doch ein paar, wenige, die Enttäuschung oder Zufriedenheit in Worten ausdrücken. Ein Berliner Läufer, der sich ärgert, wieder nicht ganz durchgezogen, ein Norweger, der seine Schuhe nicht findet. Es bleibt dabei, es knistert im Hintergrund, doch es bleibt still.

Mehr und mehr gewinnt es an Deutlichkeit: Die Atmosphäre wirkt still, obwohl sie nach Dezibelmesskriterien eher lauter als das Gewohnte sein müsste; schon durch die ins Zelt dringenden Geräusche vom Zieleinlauf, ab und zu jemand, der den Lauf mit einem Schrei abschließt, letzte kraftvolle Ausatmer, die schrill geraten, ein Übergangsritual. Da draußen läuft ja alles weiter. Vielleicht, denke ich in diesem Moment, während ich eine Tüte Salzbrezeln öffne, wirkt die Atmosphäre im Zelt so still, weil hier drinnen auf einmal alles so langsam vonstattengeht.

Die Zeit hat mit dem Übertreten der Ziellinie einen Bedeutungswechsel vollzogen. Zählte eben noch jede Sekunde, ist ihr Verstreichen nun irrelevant. Die Läufer denken nicht mehr in Zeit. Höchstens noch in der inneren Rückschau auf den Lauf; Überlegungen, wie sie hätten mehr Zeit herausholen können. Aber die Zeit, die während dieser Überlegungen vergeht, diese Zeit vergeht gleichgültig. Die Zeit, die eben noch alles war, ist nun nicht einmal mehr präsent, ein totaler Zeit-Limbo.

Die meisten Läufer sitzen gedankenlos, in apathischer Erschöpfungsmeditation, andere denken an Essen, oder Dinge, auf die sie nun, zumindest vorerst, nicht mehr verzichten müssen. Selbst wenn es konkrete Pläne nach dem Lauf gibt, ist das zeitgemäße Einhalten relativ. Es scheint, dass mit der Luft auch die Zeit entwichen ist.

Später wird die Zeit noch einmal eine Wandlung vollführen: Haben die Läufer bisher die Wochen und Tage bis zum Marathon gezählt, zählen sie nun die Tage und Wochen nach dem Marathon. Wie lange ist der Erfolg oder Misserfolg her? Wie lange haben sie schon regenerieren können? Das alles, bis das nächste Ziel gesteckt ist - und die Zeitrechnung sich wiederum umdreht.

Gleiches gilt für den Renndirektor und sein Team: Welche Dramaturgie lässt sich fürs nächste Jahr erdenken, welche Geschichten gibt es zu erzählen, soll es zu erzählen geben?

Das Betreuungsteam drückt den letzten verbliebenen Topläufern in braune Tüten verpackte Lunchpakete in die Hand, wünscht alles Gute.

Die letzten Festgerosteten komplimentieren wir hinaus. Für uns zählt die Zeit, wir haben das Feld zu räumen, wollen in den Feierabend gehen. Letzte Aufräumarbeiten, Teamfoto, Schichtende.

Während im Elitezelt bereits Ebbe herrscht, die Läufer in den Bussen sitzen, zurück zum Hotel oder direkt zum gemeinschaftlichen Lunch, hasten neben mir immer dichtere Läuferhorden ins Ziel. Man sieht es den Läufern an, sie sind noch vor der Zeitenwende, die Blicke noch verbissen oder gerade im Übergang zur Erleichterung. Ihr Rufen verschwindet mehr und mehr im anschwellenden Regen.

Langsam und in unrunden Bewegungen trete ich in die Pedale meines Fahrrads. Von den Zuschauern seitlich des Brandenburger Tors ernte ich erwartungsvolle Blicke, es muss an meiner knallorangen Jacke liegen. Ich nicke bloß und fahre weiter.

Auf dem Weg überlege ich, was mir wohl vom Tage übrig bleibt: Turnhallenmief, Reißbrettdramaturgie, die unabdingbare Wichtigkeit eines gut gebundenen Schuhs, das Rascheln von Brezelpackungen. Und so ein merkwürdiges Gefühl, dass Zeit relativ ist.

Zwischenläufe IV

Berlin

Mein Brustkorb hebt sich weniger, als dass er gehoben wird. Es funktioniert ganz automatisch. Der Körper ist noch unentschieden, wankt zwischen Leiden und Wollen. Er ist neugierig. Mein Atem geht stark, er eilt mir voraus. Die ersten Kilometer versuche ich, ihn einzuholen.

Noch sind Autos um mich, noch verliere ich den Rhythmus, das Innere konkurriert mit dem Äußeren. Das wird sich später ändern, im Wald, wenn es still ist und ich mich zur Gleichförmigkeit der Reize synchronisiere. Irgendwann werde ich zusammenzucken, schon längst wieder zwischen Häusern, wenn ein Motorengeräusch nah an meine Ohren hallt.

Der Atem, zunächst ganz stark, geht mit der Zeit in Bewegung ruhiger, obwohl ich nichts am Tempo ändere. Die Anpassung des Körpers an die ihn gestellte Anforderung wird selten so deutlich wie beim Loslaufen.

Auf den ersten Kilometern meiner Läufe entsteht ein irritierendes Sichtverhältnis, das mit meiner Wachsamkeit korrespondiert: In der erhöhten Atemfrequenz sieht die Welt trübe aus, unscharf - die Müde-Augen-treffen-auf-frische-Luft-Tränen tun ihr Übriges. Den Geräuschen in meiner Umgebung hingegen bin ich wachsam gegenüber, sie sind stechend scharf; meine Aufmerksamkeit ist erhöht, und ich höre mehr als sonst, mehr Details, die mir auffallen, da ich im Zweifel mit einem schnellen Schritt zur Seite reagieren muss.

Es muss lustig aussehen, wie ich laufe. Der Kiefer schiebt sich nach vorne, unbemerkt, der untere, als wolle er allem anderen in der Anstrengung ein Stück voraus sein. Ich merke die Spannung erst in zufälligen Momenten, dann, wenn sie nicht zu meinen Gedanken passt. Die Spannung läuft solange mit, bis ich sie herauslaufe. Meine Zunge klemmt sich vom Mundraum an die Zähne, presst gleichförmig gegen sie. Wenn ich es bemerke, weiß ich nie, wie lange sie schon dort ist. Mein Mund ist weit geöffnet, ohne jeden Sinn, einfach, weil er es nicht besser weiß oder es ihm egal ist. Meine Schultern sind rund gewölbt, etwas vor und nach oben gezogen, schildkrötenartig. Oder wie eine Muschel, die sich noch nicht ganz geöffnet hat. Der Kopf sticht daraus hervor wie ein Fernrohr aus der Luke, unbeholfen im Versuch, der Erste zu sein, als Erster zu erfahren. Der Läufer als Schildkröten-U-Boot.

Die langen Läufe überraschen mich immer wieder. Ich spüre und höre Dinge aus meinem Körper, die mir sonst verborgen bleiben, und die so gewohnten Straßen, Parks und Wälder sehen anders aus, klingen, riechen, schmecken anders bei einem Puls über 120.

Es ist paradox. Manchmal denke ich vor dem langen Lauf: Oje, so viel Zeit mit mir. Hinterher, ganz gleichmütig und dankbar: So viel Zeit für mich.

Wenn ich während des Laufens einsacke, mich plötzlich schwerfällig, fast lahm bewege, beschleunige ich manchmal ohne Vorwarnung meinen Schritt. Ich renne los, um den allzu in gemütliche Gewöhnung verfallenen Puls voranzutreiben. Eine Art der Disruption. Oft funktioniert es: Die Schwere fällt ab, sie merkt, sie hat hier keinen Raum mehr. Ich bin nicht weniger erschöpft, laufe in meiner Erschöpfung schneller und leichter.

Manchmal funktioniert es nicht. Dann bleibe ich stehen und dehne mich, tue so, als hätte alles seine gewünschte Ordnung.

Was mich beim Laufen unterhält: nicht selten die Gesichter der Entgegenkommenden. Enigmatisch wirkendes Lächeln, das ich versuche im Vorbeilaufen zu entziffern, leere, entrückte Blicke. Auch die wütenden derer, die sich durch das Tempo des Vorbeilaufenden überrumpelt fühlen.

Nicht selten an der Leine reißende Hunde, die dafür sorgen, dass ich nicht allzu starr in Gleichförmigkeit gerate.

Am meisten berühren mich aber die leidenden Gesichter der anderen Läuferinnen und Läufer. Jeder leidet für sich und auf eigene Art. Mit Blick auf den Boden und dem drückenden Gedanken: „Ich will nicht mehr." Oder mit gekräuselten Augen und hochgezogenen Wangen, offenem Mund: „Ich muss."

Es sind ehrliche, schöne Gesichter.

Wir uns laufend Begegnenden bieten ein unausgesprochenes Verständnis füreinander, eine Verbindung, die nur für den Moment gebildet wird; die uns nahegeht. Geteiltes Schicksal, geteilte Wahl, sich freizulaufen, sich zu fordern, sich zu quälen. Wir nehmen weitere Gemeinsamkeiten an. Vielleicht erkennen wir uns selbst im anderen.

Das Leiden beim langen Lauf ist eines, das nur auf den Moment des Laufens selbst bezogen ist, nichts Bleibendes, nichts, das Sorgen bereitet. Im Grunde eine flüchtige Illusion.

Ein über den Lauf hinausreichender negativer Gedanke hat es schwer, auf Dauer zu bleiben: Er kann noch so bedrohlich sein, dadurch, dass ich mich immer weiterbewege, kann er nicht bohrend, fix und persistent werden. Ich bewege mich vor ihm weg, um ihn herum oder in ihn hinein. Nach spätestens fünf Kilometern ist er neu besehen, bearbeitet oder vergessen.

Ich merke, dass ich beim Laufen durch die Natur andere Gedanken habe als beim Laufen durch die Stadt. Beim Tageslichtlauf über Felder, Hügel, Wälder ist es mir beinahe unmöglich, Negatives zu empfinden. Es erinnert an das Phänomen, dass man keine Angst spürt, wenn man singt: Der mit Furcht korrespondierende Gesichtsausdruck lässt sich unmöglich beim Singen einnehmen.

So laufe ich manchmal, versunken in Selbstbetrachtungen, vertieft in Gedanken, vor mich her summend.

Im Rhythmus des Laufens
München

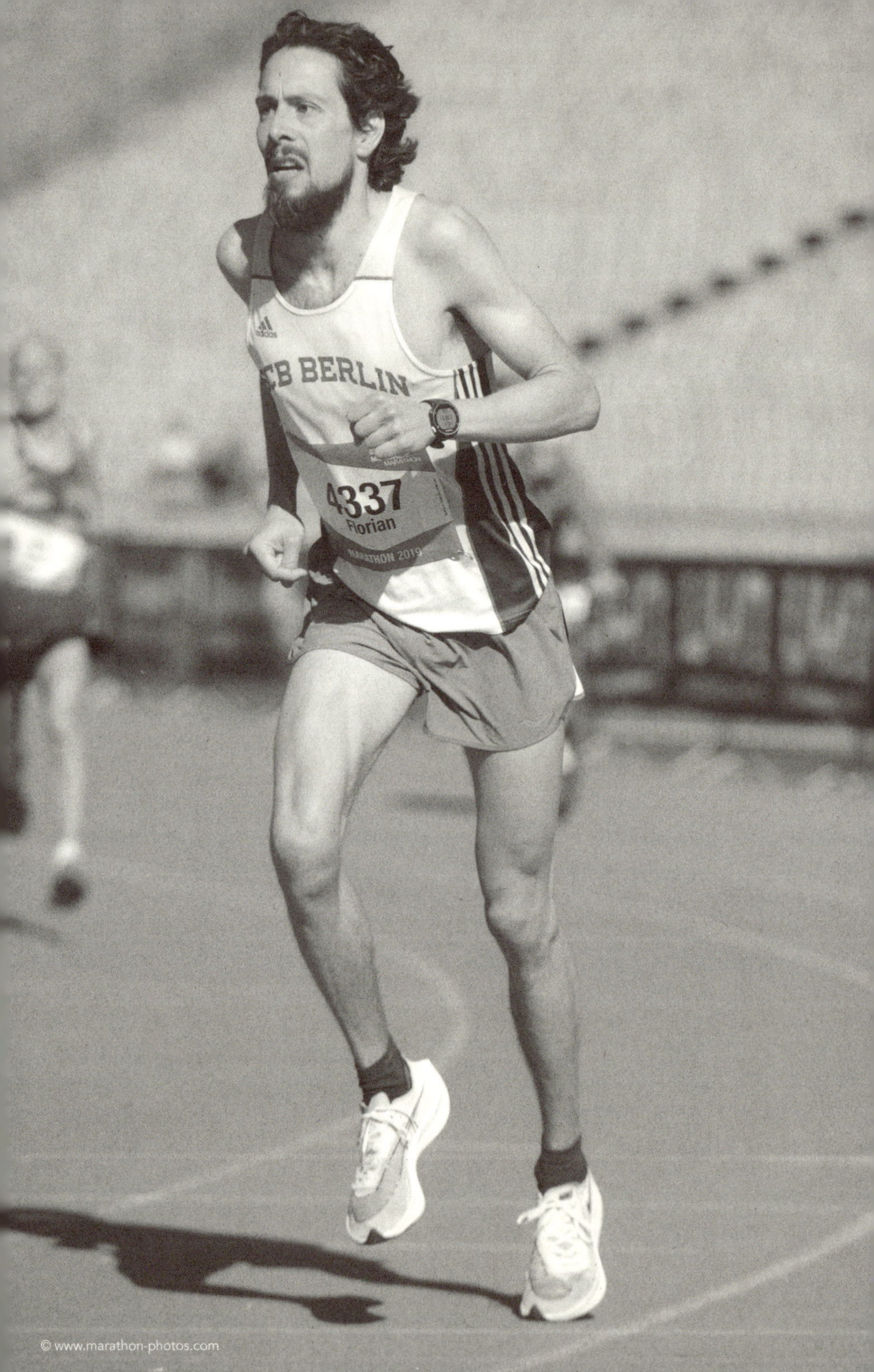
4337
Florian
MARATHON 2019

Als wir in den Englischen Garten eintauchen, herrscht beinahe vollkommene Stille. Lindengrün und Heckenpfeiler, die eine physische Außenwand um den Fokustunnel bilden, den wir uns zum Schutz vor der Gewissheit von noch fast 30 zu laufenden Kilometern angelegt haben. Wir flüchten uns in ihn; ein Innenblick, den die Monotonie der Außenwelt uns zur Empfehlung gibt.

Zuschauer gibt es in diesem Teil kaum, die Nahverkehrsanbindung ist schwierig, viele Zugangswege sind wegen des Marathons gesperrt. Schritte, Schrittgeräusche, die uns verfolgen: acht Beinpaare, die wie Starkregen auf die Sandsteinwege prasseln. Acht Beinpaare, die sich gegenseitig Rhythmus vorgeben, ein jedes, das dem anderen hinterherflieht, davonfolgt. Die Geräusche der Beine, die im Kopf ankommen; unmöglich zuzuordnen, ob es die eigenen oder die der anderen sind.

Es hallt im Tunnel. Ab und zu blitzt ein Licht durch den Blätterfang, ein Leuchten im Fokustunnel, das dem Kopf bedeutet, dass da noch etwas anderes ist, außerhalb der zur Gewohnheit gewordenen Innenwelt. Diese Momente schmerzen, die plötzliche Gewissheit, dass der Tunnel nicht die einzig mögliche Welt ist, nicht ein unausweichliches Schicksal, sondern selbst gewählt und eingereiht unter Alternativen; die Gleichförmigkeit, die, einmal aufgeweicht, etwas Fremdes, Bohrendes bekommt. Die innere Ruhe, die zur Doktrin wird, unklar, wer sie bestimmt. Gleichförmigkeit, zu Unruhe gebrochen. Warum nicht für einen Moment die Augen schließen und die Sonne genießen?

Es ist ein bittersüßes Gefühl, die klassizistische Ästhetik, die romantische Atmosphäre des Parks. Dazwischen unsere konzentrierten Blicke, Getrampel, eine Horde wilder Laufbarbaren.

Was einem alles so durch den Kopf geht, während man Kilometer für Kilometer an der Leistungsgrenze läuft - und dabei dies dauernde Laufen für sich zu rechtfertigen sucht.

Es ist ein großes Glück, dass sich der Passauer Maxim Fuchs genau für diesen Abschnitt der biederen inneren Emigration eine Attacke in seinen Strategieplan für den München-Marathon gehäkelt hat. Die erste Attacke des Rennens bei Kilometer 15 - bei noch 27 ausstehenden. Wahnsinn. Ein Läuferbeinpaar, das sich aus der Ordnung löst, in Schritten, die schneller prasseln, die weiter reichen; kontrapunktischer Rhythmus, Zwölftonmusik.

Es gibt keinen Moment, in dem man definieren kann, jetzt ist er weg. Es ist ein langsames Sich-Entfernen. Pro Minute gewinnt er vielleicht 15 Meter Vorsprung. In zehn Minuten 150 Meter, das klingt wie nichts. Doch bleibt er bei diesem Tempo und wir bei unserem, gewinnt er etwa anderthalb Kilometer Vorsprung bis zum Ziel - über fünf Minuten. Es scheint simpel, „einfach ein paar Meter mehr machen", das Tempo nur einen Deut hochdrehen. Doch das ist es nicht, für keinen in unserer Führungsgruppe.

Es beginnt zu rumoren im Kopf, die Tunnelwände bersten mit den Abwägungen, der Rhythmus zerfällt mit den Fragen. *Soll* ich mitgehen? *Kann* ich mitgehen? Wie lange kann ich das höhere Tempo laufen, ohne dass es die Zielerreichung in Gefahr bringt? Was passiert, wenn ich mitgehe? Was passiert, wenn ich nicht mitgehe?

Ein Beinpaar, das sich langsam, aber stetig löst, 14 große Augen, sieben Köpfe, in denen viel zu viel wertvollen Sauerstoffs fürs Nachdenken in Anspruch genommen wird. Gleichmäßiges Prasseln, das zu unkoordiniertem Getrampel wird. Eine Einheit, die zerfällt.

Und noch mehr zerfällt. Etwas, das ich bisher als zusammengehörig verstanden habe, entpuppt sich als möglicher Dualismus, als Entweder-oder: Zielzeit und Platzierung.

Ich habe den Marathon immer als den Kampf eines Heroen oder einer Heroine um die Erreichung eines vorher festgelegten Ziels, in der Regel einer Zielzeit, verstanden. Natürlich habe ich diese manchmal wegen ihrer Vermessenheit oder zur Verhinderung von enttäuschten Erwartungen verheimlicht oder lapidarisiert - doch im Grunde galt sie und spornte an. Nun merke ich, wie sich aus dem Lauf noch ein Zweites herausschält, dessen wirbelige Lebendigkeit und Unmittelbarkeit mich überrascht: die Chance auf eine Platzierung unter den zehn besten Läufern des gesamten Marathons.

Ganz zaghaft, ganz heimlich schlüpft sie, die leise Möglichkeit zu einem Podestplatz beim fünftgrößten Marathon Deutschlands.

Während es um mich nun unrhythmisch prasselt, drehe und wende ich diese Idee in meinem Kopf wie einen plastischen Gegenstand, neugierig, erstaunt. Von allen Seiten beschaue ich sie wie eine mir unbekannte technische Neuerung oder einen Alltagsgegenstand, der plötzliche Kunst sein soll. Etwas ändert sich, etwas muss sich ändern. Es macht einen Unterschied, ob man einen Marathon läuft oder ihn als Wettkampf rennt.

Elizabeth Loughren von der University of Birmingham - unter anderem Autorin der Studie „... a lunchtime walking intervention designed to increase walking, improve mental well-being and work performance" - berichtet, dass in der Motivation von Marathonläufern noch mehr als der Wunsch zur erhöhten Selbstachtung und Verbesserung der Gesundheit der Ehrgeiz liegt, das Rennen in einer bestimmten Zeit zu beenden. Die Motivation ist meist intrinsisch: Man tut das *für sich*, um *sich* etwas zu beweisen. Die konkrete Zeit, die es für diesen inneren Erfolg zu erreichen gilt, ist der Punkt, an dem sich Utopie und Realismus treffen. Da Utopie und real Erreichbares einander ausschließen, es einen solchen Treffpunkt also nicht geben kann, ist die Zielzeit immer auch ein wenig willkürlich, bestimmt durch die Umstände. Hat man sich einmal festgelegt, verklärt man diese Zielzeit für sich schnell zur magischen Marke - sie wird zum Naturgesetz oder zumindest zum entscheidenden Glied einer logischen Steigerungskette. Auch ein wenig extrinsische Motivation fließt mit ein. Das Leiden lässt sich je nach Story-Twist größer oder kleiner dichten - die Einlaufzeit hingegen ist fix und nach außen hin sichtbar. An ihr wird man gemessen, sie ist die sprachunabhängige Basis für Prestige.

Laut Loughren läuft beinahe jeder den zweiten Marathon mit dem primären Ziel, die im vorherigen Lauf erreichte Zeit zu verbessern. Die Zeit ist beim Marathon omnipräsent: Sie ist Motivation, Ziel und Gradmesser.

Die Zeit, die es zu schlagen gilt: Forscher der Harvard University zeigen nach Analyse der Marathonzeiten von Tausenden Läufern, dass die Einlaufzeiten sich in bestimmten Bereichen ballen, und zwar an den Schwellen der Stundenmarken. 25 Prozent mehr Läufer finishen knapp unter drei oder vier Stunden als knapp darüber. Insgesamt die höchste Anzahl von Läufern läuft kurz vor der Vier-Stunden-Marke ins Ziel. Deshalb laufen sie, dafür laufen sie - um einen Marathon unter vier Stunden zu bewältigen.

Hier in München ist es anders für mich. Die Zeit ist dieses Mal nebensächlich; nicht gegen sie laufe ich, sondern im direkten Duell gegen andere Läufer.

In München laufe ich mein erstes *Marathonrennen.*

Es war Egidijus, der nach meinem Runners' Blues neues Feuer entfacht hat: „Schau mal, ich habe ein wenig recherchiert, der München-Marathon, da könnte eine Platzierung sehr weit vorne drin sein, da geht was. Wie sieht's aus?"

Endlich wieder ein Ziel, das wirklich motiviert.

Wegen einer Zweiter-Weltkrieg-Bombenentschärfung im Kreis Göttingen kommt mein Zug am Marathonvorabend mit zwei Stunden Verspätung in München an. Um noch rechtzeitig die Startinformationen abzuholen, hetze ich durch undurchdringlich verschachtelte U-Bahn-Systeme zum Olympiapark, verfangen im Staunen darüber, dass jedes fremde U-Bahn-System einen erschlägt, einem hochkomplex erscheint. Obwohl man das grundsätzliche System kennt, schafft man es nicht, es an den fremden Ort zu übertragen.

Im Olympiapark allseits Marathonvorabendgesichter: Lächelfalten, die ein wenig zu lange im Gesicht nachwirken, Augen, die wie angezählte Glühbirnen unentwegt zwischen Glanz und Furcht wechseln. Zur Startunterlagenabholung laufe ich eine durch Sicherheitspersonal, geschlossene Eingänge und die mittlerweile vertrauten Absperrgitter erzwungene Runde durch das Rondell der großen Olympiahalle, vorbei an den Messeständen und der Plakatwerbung für die neue Magie-Show der Ehrlich Brothers: *Dream & Fly*.

Am selben Tag läuft Eliud Kipchoge als erster Mensch die Marathondistanz unter zwei Stunden. Auf einer 4,3-Kilometer-Pendelstrecke, der neu asphaltierten, abgeflachten Hauptallee im Wiener Prater, mit Wendepunkten am Lusthaus und am Praterstern. Geschützt durch einen Pulk von sieben Pacemakern in einer Formation irgendwo zwischen „K" und „V" - zwei Außenflanken ganz vorne, dahinter zwei Innenläufer direkt vor Kipchoge, zwei weitere leicht nach hinten und seitlich versetzt, der siebte direkt hinter ihm. Einige Male werden die Pacemaker getauscht. Insgesamt laufen 42 Paar der neuesten Generation pinker Nike Vaporfly Next% über den Asphalt.

Der Lauf ist das überspitzte Gegenteil eines Marathonrennens, dem Laufen gegen andere - es ist die im Labor entwickelte Klimax des Gegen-die-Zeit-Laufens. Das Durchbrechen einer allgemein anerkannten magischen Marke.

Auch wenn ich dem Ansatz mit gemischten Gefühlen gegenüberstehe - es motiviert mich auch für mein Ziel; es deutet an, was möglich ist.

Als ich am Marathonmorgen erwache, fühle ich mich gerädert: die Empfindsamkeit in der Nacht vor entscheidender Prüfung, jede kleine Störung wirkt sich aus, verheerend. Vorortjugendliche, die auf dem Balkon unter unserer Airbnb-Wohnung ihre erste Erfahrung in der Rosé-Herstellung gewinnen: Kichernd kippen sie Rot- und Weißwein zusammen. Die Sorge, nicht genug Schlaf zu bekommen, sorgt dafür, dass ich nicht genug Schlaf bekomme. Um 2 Uhr stehe ich auf und setze mich in den abgewetzten Ikea-Lehnstuhl, Lydia, die am Abend spät angekommen ist, die mich zu beruhigen versucht. Es ist stickig im Zimmer. Als letztes Mittel das mantrische Vorsäuseln eingängiger Lehrsätze: „Die Güte der Vorbereitung ist nicht durch eine einzige schlechte Nacht zu zerstören, und entscheidend für die Fitness am Marathontag ist nicht die letzte, sondern die vorletzte Nacht."

Das hatte ich irgendwann einmal aufgeschnappt, es war wie gemacht für diese Nacht.

Weil es der Vorbereitung nicht gerecht würde, beschließe ich, während ich mir das Vereinstrikot überstreife: Die Müdigkeit wird mich heute nicht in meinem Lauf beeinträchtigen. Basta.

Ich glaube daran.

Ich laufe mich im Olympiapark warm; nur wenige Läufer, die ich treffe, die meisten scheinen die warmen Temperaturen und das Laufen der ersten Marathonkilometer als ausreichend anzusehen. Auffallend: Es fällt direkt schwer, an den gepflegten Parkstellen zu pinkeln, sie sind zu sauber, außerdem fehlen die Vorbilder, die meine Hemmschwelle senken. Auf den weiten leeren Wegen verlaufe ich mich beinahe, mein Herz schlägt panisch-schnell, pocht laut bis in den Kopf. Ich muss stehen bleiben, um aktiv nach dem Prämarathonlärm zu lauschen: die typische treibende Musik und ein Sprecher, dessen Stimme zu mir dringt, ohne dass ich ein Wort verstehe. Dass mir diese Atmosphäre so bekannt vorkommt, beruhigt mich. Vielleicht ist diese Sprecherstimme das Element, das bei allen Sportveranstaltungen wiederkehrt, sodass sie Erinnerungen und ein Gefühl der Vertrautheit aufsteigen lässt. Es funktioniert, die Sprecherstimme weist mir den Weg zum Start.

Am Rand des vorderen Startbereichs treffen Lydia und ich die letzten Absprachen. Wir gähnen gleichzeitig. Wir lachen. Auf der Papiermarathonkarte gehen wir die Orte durch, an denen sie und meine eingebayerten Freunde - das letzte Mal haben wir sie nach dem Zugspitzlauf getroffen - während des Laufs zur Unterstützung stehen wollen. Zuletzt ein Schluck Wasser, ein Stück Banane, beides mit Doppelfunktion, zur Nährstoffaufnahme und gegen die Nervosität; der Griff an die Gesäßtasche zu den drei Gels, das Durchdrängeln in die vorderen Reihen der Startaufstellung.

Sofort nach dem Startschuss ordnet sich die Läuferschar zu einer langen schlanken Schlange. Die ersten ein, zwei Kilometer entsteht vom vordersten bis zum hintersten Läufer keine einzige Lücke. Wir müssen eher wie eine Demo oder ein Oktoberfestumzug aussehen als Teilnehmer eines Marathons. Als nie brandende Welle schwemmen wir durch die Stadt.

Nach etwa zwei Kilometern bildet sich eine Führungsgruppe von acht Personen, die voranpreschen. Ich schaue auf die Uhr. Wir laufen verhältnismäßig langsam, eine Pace zwischen 3:40 und 3:45 Minuten pro Kilometer. Das läuft auf eine Zielzeit von 2:34 bis 2:38 Stunden hinaus - weit weg von dem, was für uns möglich sein sollte. Aber: Das ist uns egal, solange wir dieses Tempo gemeinsam laufen, alle in einer Gruppe, solange keiner da vorne sich absetzt, sind unsere Ziele nicht gefährdet.

Den Olympiaberg passieren wir in voller Konzentration, durch Schwabing schieben wir uns anfangs ohne einen Blick für die Szenecafés, einer auf den anderen konzentriert, jeder im Versuch, sich weit vorne zu positionieren. Weit vorne - aber nicht an der Spitze. Um nicht die Führungsarbeit machen zu müssen. Viel zu früh, bei Kilometer fünf, laufen wir das erste Mal durch das Siegestor; am frühen Morgen stehen nur vereinzelt Zuschauer an der reinlichen Leopoldstraße. Weiter über den Geschwister-Scholl-Platz und an der Ludwig-Maximilians-Universität entlang, an der wir beinahe geblendet werden durch den Glanz vergangener Zeiten, die prächtigen Bauten aus Historismus und Jugendstil; dann rechts ab in die Theresienstraße, vorbei am Fast and Tasty, von wo belegte Brezeln, Milchreis und Zimt nach draußen duften, Happy Dumplings und The Italian Shot; ein Abstecher zur Glyptothek, dem Aufenthaltsort für antike Skulpturen, ein Marmorpark - leider wegen Sanierung geschlossen. Der Ort passt gut: 2009 hat es hier eine Ausstellung zum agonalen Prinzip der antiken Griechen gegeben, agonales Prinzip, das heißt, ständig in den Wettbewerb zu gehen, immer anzustreben, der oder die Beste zu sein. Das führte zu Wettkampf in allen Formen - bis hin zur Wahl des schönsten Greises. Gebliebene Zeugnisse dieser Philotimia, dem Ehrgeiz, dem Streben nach Anerkennung: Vasen, aufgereiht zu einem feinen olympischen Ensemble, gottbegünstigte Sieger mit Blättern auf dem Haupt - Lorbeer, Olivenbaum, Selleriekraut. Und natürlich: der Marathon.

Weiter, entlang der Pinakothek der Moderne, wo ich Salvador Dalís *Das Rätsel der Begierde* bis auf die Straße spüre, das merkwürdige Traumbild mit unzähligen Lesarten, in dem ich dieses Mal gedanklich einen schleichenden, bis zur Löchrigkeit durchlässigen Elefanten zu erkennen meine. Von seinen Zielen bedrückt, bekommt er die Beine zu ihrer Erreichung nicht hoch. Dalís Methode, sich Träumen und Wahnhaftem mit Genauigkeitseifer und Kontrollwut zu nähern, rückt mir für einen Moment gefährlich nahe an das, was wir Marathonläufer hier gerade tun. Ist es nicht ganz ähnlich?

Einmal mehr ist es beruhigend, auch vor solchen Gedanken einfach davonlaufen zu können. Der unvergleichliche Vorteil des Langstreckenläufers.

Nachbarschaftlich beheimatet in der Neuen Pinakothek sind es zwei Gemälde Carl Spitzwegs, die mir im Vorbeilaufen in den Sinn kommen: *Der arme Poet*, krank und fern jedes Schaffensdrangs und jeder Schaffensmöglichkeit im Bett der Dachkammer liegend. Und *Irrlichter*, Gestalten, die in der romantischen Natur herumstehen, unbehelligt, unbeteiligt in politisch unruhigen Zeiten, sich kleinbürgerlich um ihr eigenes Leben drehend.

Liegen, stehen - bei allem Drang, etwas zu bewegen -, zwei sehr verführerische Optionen in meiner Gegenwart, in die sich nun erste Qual einmischt.

Nach einer Schleife geht es zurück auf die Leopoldstraße, ein Pendelstück. Entgegenkommende Läufer, die uns zuklatschen, als wären sie bloß Zuschauer und wir Attraktionen.

Ein wenig, das muss ich zugeben, müssen wir schon wie eine seltsame Show wirken: acht Zusammengeheftete, in der schleichenden Agonie des Abwartens.

Noch ein zweites Mal laufen wir verfrüht durch das Siegestor. Nun von hinten, hoffentlich bringt das kein Unglück. Dann an der Königinstraße weiter Richtung Norden am Schwabinger Bach entlang. Am Ernst-Penzoldt-Weg vorbei, dessen Namensgeber unter dem Pseudonym „Fritz Fliege" schriftstellerische Werke mit Titeln wie *Zugänge, Tröstung, Süße Bitternis* und nicht zuletzt *Kleiner Erdenwurm* schrieb. Titel wie gemacht für Marathonmemoiren.

Alles ist mit dem Marathonlaufen verbunden.

Oder vielleicht ist es auch das Erschöpfende des Laufens, durch das mir alles mit dem Marathon verbunden scheint. Eine eigene Weltwahrnehmung, ein atemloser, Halt suchender Blick.

Und endlich in den Englischen Garten.

Stille. Süße Bitternis.

Lindengrün und Heckenpfeiler, gleichmäßiges Trampeln über Parkschotter, Walkie-Talkie-Ansagen eines Marathonbegleiters. Souverän verkündet er die erste Zuspitzung des Rennens, vom Crossbike herab.

In dem Moment, in dem Maxim Fuchs das Tempo verschärft, werden die Gedankenspiele und Szenarien dazu, was es bedeutet, einen Marathon nicht für oder gegen eine Zeit zu laufen, sondern gegen andere physisch und psychisch anzutreten, schlagartig sehr praktisch. Es wird nun eindeutig, dass beide Zielsetzungen zu Gegenspielern werden, einander ausschließen können: Gehe ich mit, riskiere ich den Plan vom gleichmäßigen Rennen, riskiere, einzubrechen und die gewünschte Zeit um die 2:30 nicht zu erreichen. Dafür würde ich die Chance bewahren, am Ende weit vorne zu landen. Gehe ich nicht mit, wird diese Möglichkeit minimiert, da es, einmal abgehängt, psychologisch ganz schwer wird. Ich bin gezwungen, eine Entscheidung unter unbekannten Variablen zu treffen. Ich merke: Ein Marathonrennen ist komplexer als ein Marathonlauf.

Ich schaue auf die Uhr. In unserer Taktikbesprechung zwei Tage vor dem Lauf haben Egidijus und ich uns auf ein solches - da noch völlig abstraktes - Szenario vorbereitet, haben errechnet, wie lange ich in welchem Maß über meiner Durchschnittsgeschwindigkeit laufen kann.

Ich schaue auf die Uhr: absoluter Grenzbereich. Was machen die anderen? Sie bleiben im gewohnten Tempo. Nur zusammen mit einem großen, sich in schlaksigen Schritten bewegenden Läufer, dessen rotes Shirt jetzt schon zahlreiche dunkle Flecken hat, setze ich Maxim Fuchs nach.

Ich schaue nun jede Minute auf die Uhr, um meine Pace zu prüfen. Nach zwei Kilometern erreiche ich das festgelegte Limit: Zwei Kilometer in 3:20er-Schnitt, das ist das Maximum, so die Ansage von Egidijus; ab jetzt wäre es unkalkuliertes Risiko. Ich zögere nicht lange. Wir sind erst bei Kilometer 17, viel zu früh, um schon alles zu riskieren. Ich schaue mich um: Ich habe Glück, die Verfolger sind noch nicht weit hinter uns, das Abbremsen fühlt sich noch nicht wie Rückwärtslaufen an. Ich lasse mich fallen, reihe mich ein. Beim Versuch, mich als Zweiter in der Verfolgergruppe zu positionieren: Beine, die mir in den Weg laufen, Aufnahmeunwillen, Anpassungsschwierigkeiten - willkommen im Marathonrennen.

Am Ende der sieben Kilometer durch den Englischen Garten wird es wild. Von hinten stürmt auf einmal ein Läufer an unserem kleinen Tross vorbei, nicht in nüchtern berechnender und stetig vorgebrachter Steigerung - sondern mit Vollgas. Er scheint aus dem Nichts zu kommen, und nach einem Moment der Sichtbarkeit verschwindet er zurück dorthin. Kaum ist er vorbei, ist er schon beinahe nicht mehr zu sehen. Wir Zurückgelassenen sind so perplex, dass uns nichts anderes einfällt, als im Kopf unsere mögliche Rennplatzierung um eins nach hinten zu schieben.

Erst später höre ich, dass dieser Zwischensprintler Driss El Himer ist, ein ehemaliger Fremdenlegionär, der mit 2:06:48 Stunden eine Weile europäischer Marathonrekordhalter war, nun mittlerweile 45 Jahre alt ist und in Frankreich eine Legende. Er ist es, den die zahlreichen französischen Läufer auf den Pendelstücken wie einen alten Bekannten grüßen und anfeuern.

Mit einem Ist-nicht-euer-Ernst-Blick schaut sich Andreas Strassner, der Vorjahressieger, kopfschüttelnd zu uns um. Seine „1" als Startnummer verdeutlicht seinen Status in der Gruppe - kümmerlich dagegen meine „4337". Dafür zeigt er Verantwortung. Er will Druck aufbauen, weigert sich, den Entlaufenen Meter für Meter zu überlassen. Als von uns anderen keine Reaktion kommt, löst er sich allein aus der Gruppe. Nur noch zu viert verlassen wir Verbliebenen, an einem applaudierenden Zuschauerhotspot vorbei und durch den roten Radio-Gong-Bogen, den Englischen Garten.

Rechenspiele: Wenn ich stabil bleibe, wird es sicher ein Platz unter den ersten acht.

Eine tragende Balance finden, zwischen Träumen und Grenzen kennen. Die Grenzen wegträumen.

Nach Überqueren von Isar und Halbmarathonmarke herrscht große Langeweile. Zwischen Kilometer 21 und 30 liegt das Niemandsland des Marathons. Mit der Hälfte ist das erste Zwischenziel geschafft, die Spannung im Körper flacht ab, Erschöpfung erhält Raum. Ins Bewusstsein dringt, wie viel noch zu laufen ist, die Zeit dehnt sich, es entsteht Leere. Gedanken und Gefühle sind mit der dünner werdenden Luft wie abgesogen - das Vakuum des mehrstündigen Laufs. Auch räumlich findet das seine Entsprechung: Wir stapfen durch leere breite Straßen, Wohngebiete, blasse Grünstreifen, nahezu ohne Zuschauer; Wege und Plätze ohne Charakteristik, Orte, die überall sein könnten.

Es ist mir unerklärlich, aber dieses Phänomen in der Streckengestaltung tritt beinahe bei jedem Marathon auf. In Berlin passiert man in den 20er-Kilometern die südlichsten Streckenpunkte im tiefen Westen, etwas antiquiertes Flair in Steglitz und Wilmersdorf; in Amsterdam geht es ohne Windschutz an der Amstel entlang, danach hinein ins Gewerbegebiet Overamstel, wo einen graugraue Gebäude und einsame Stille erwarten; in Frankfurt durch die Vorstadtteile Schwanheim, Höchst und Ried. Hier trifft man auf ein einsames Autobahnstück über die Schwanheimer Brücke, auf das man sich in einer endlosen Auffahrtsschleife hinaufrackert. Eine Band spielt dort, in ewiger Wiederholung *Über sieben Brücken musst du gehn.*

Gerade auf diesen Niemandskilometern, zwischen euphorischem Start und Kampf ums Durchhalten, fehlen die typischen Unterhaltungsreize, die Hurra- und Du-schaffst-es-Kultur. Dort, wo sie nicht ist, fällt sie mir am meisten auf, fehlt mir sogar fühlbar. Gerade hier, gerade hier, denke ich, sollte doch laute Unterhaltung in die von Erschöpfung und Eintönigkeit zunehmend beduselten Läufer geflutet werden. Aber vielleicht ist es auch gut so, ganz vielleicht gehört das Langeweiletief, die Nirgends-Leere, auch zum Spannungsbogen eines anständigen Marathons dazu.

Selbstunterhaltungsversuch: Ich schaue genau hin, was die Verpflegungsstände zu bieten haben. Der Autor Günter Herburger schrieb, dass man beim München-Marathon der 1970er-Jahre Knäckebrot ausgegeben habe, einfach so. Klar, das waren andere Zeiten - aber so trocken?

Ich stelle mir vor: beim Dauerlauf in der Hitze das kostbare Wasser in das Aufweichen von Trockenbrot fließen zu lassen, statt in das Funktionieren des körperinneren Energiesystems. Pure Subversion.

Obwohl ich kein Knäckebrot entdecke, schaue ich mich bei jedem Knuspern aufmerksam um.

Immer noch zu viert, verlassen wir die Ödnis - mit einem Mal wird der Lauf wieder zum Rennen: eine fiese langgezogene Steigung, 22 Meter Höhenunterschied auf 900 Metern Strecke. Das zieht sich. Die nächste Attacke, ein Läufer aus der kleinen Stadt Amberg zieht an - er will seinen bayrischen Bergvorteil ausleben. Unerwartet spüre ich Freude durch den ganzen Körper ziehen im Angesicht dieser Herausforderung. Endlich. Mein Blick reicht geradeso bis zum Ende der Geraden, dahinter liegt Fantasia. Ich klemme mich an den Amberger, lasse ihn nicht los, führe die Füße wie Skier nur knapp über dem Boden, rupfe sie über Oberschenkelkraft und gespannten Körper die Steigung hoch.

Aus der vorderen Ferne kommt der entflohene rote Schlaks immer näher, wir nähern einander so schnell, als würde er rückwärtslaufen. Ihm macht entweder der Hügel oder das früh hochgeschraubte Tempo zu schaffen. Mich motiviert das zusätzlich. Es macht wie liebestoll: Mit voller Verve die Steigung hochwüten; im Hinterkopf angenehm pochende Logik, die baldige Erholung verspricht: Wo es hinaufgeht, muss es auch runtergehen.

Wenn man einen Gipfel erreicht, gehen Körper und Kopf einmütig einen allseitigen Friedensvertrag ein: Wir haben es geschafft - nun können wir ein wenig ruhen. Ein trügerischer, kurz gedachter Pakt. Ein Game Changer. Ich zwinge mich, Haltung und Tempo zu bewahren, gönne den Beinen keinen Moment Pause, als es wieder abwärts geht. Mit brennenden Oberschenkeln laufe ich am roten Schlaks und am Amberger vorbei, die sich anscheinend auf die kurzzeitige Gemütlichkeit eingelassen haben. Vorläufig Vierter. 200 Meter später haben die Oberschenkel das schlimmste überwunden, der Körper ist angekommen in sanfter Gleichmütigkeit.

Ich bin nicht sicher, ob es Egidijus ist, der da gerade auf einem schwarzen Fahrrad an mir vorbeidüst, anschließend knapp vor mir langsamer wird, unschlüssig, weiter. Die nächsten zwei, drei Kilometer sehe ich ihn nicht, dann erscheint eine Stimme links von mir, nah an meinem Ohr: „Ein verrücktes Rennen. Der Erste ist nur anderthalb Minuten vor dir, die nächsten beiden jeweils 30 Sekunden auseinander. Du holst jeden Kilometer ein paar Sekunden auf. Florian. Du kannst das hier gewinnen. Gib Gas."

Und schon ist die Stimme verschwunden, sodass ich unsicher bin, ob sie wirklich dagewesen ist.

So richtig daran glauben, das hier zu gewinnen, kann ich nicht, zu stark schätze ich Andreas Strassner ein, immerhin dreimaliger Deutscher Marathonmeister im Team. Aber der kleine Zwischenspurt und Egidijus' Worte haben mir geholfen zu realisieren, dass wirklich mehr möglich ist als der vierte oder fünfte Platz.

Also sauge ich mich, Anfang der 30er-Kilometer, Schritt für Schritt an Maxim Fuchs heran, der nach seiner Attacke im Englischen Garten mittlerweile Dritter ist, als einer der Rennorganisatoren auf seinem schwarzen Fahrrad an mich heranfährt.

Er lauscht in sein Walkie-Talkie, dreht sich dann zu mir: „Schön stabil, weiter so. Schön weiter."

Unerwartet, dieses Ansprechen. Und noch nicht alles.

Schriller, sogar etwas gepresst stößt er wie im letzten Atemzug aus: „Los jetzt, der da vor dir hat a Schwäch - gemma, hopp!"

Es bleibt mir nichts. Zwei Kilometer Jagd mit erhöhtem Tempo; und sieh an, tatsächlich hänge ich schon an Fuchs' Fersen. In ständigem Führungswechsel rennen wir jetzt durch die Altstadtgassen. Es ist jenseits meiner fantastischsten Vorstellungen. Erst der Marienplatz, dann der Odeonsplatz, es ist eng, selbst zu zweit: Hunderte Menschen, die rufen, klatschen, gegen die Absperrungen hauen; es ist laut, treibend.

Die Zuschauenden saugen die Atmosphäre auf, sie sehen, hier rennen zwei, nicht, um eine Zeit zu erreichen, sondern im direkten Wettkampf gegeneinander - im Marathon, im Auftakt eines Sieben-Kilometer-Schlusssprints.

Klar euphorisiert das, das Trommeln und Klatschen betäubt die Ohren; es nimmt das Gefühl vom Körper, die einbrechende Schwere, anklopfende Schmerzen, alles mit einem Mal weniger spürbar, ohne bewusste Lenkung; jeder Hinderungsgrund untergeordnet unter dem, was möglich ist.

Auch die eigene Atmung nehme ich weniger wahr - ich muss mich zwingen, in gleichmäßigem Rhythmus zu bleiben.

Im Moment selbst kann ich die Atmosphäre zwar wahrnehmen - zumindest dass dort Zuschauer sind; nicht jedoch, wer sie sind und was sie in mir sehen. Ich kann mich auch antreiben lassen von der Stimmung; sie aber nicht explizit genießen. Zu sehr bin ich auf Körper und Atmung konzentriert, die einfachsten Abläufe, ein Bein vor das andere, stabil bleiben, den Hintertürchen, den Aufgabegedanken widerstehen. Durchhalten.

Ich konserviere den Moment für späteres Genießen.

Beim dritten und endlich letzten Lauf durch das Siegestor bin ich vor Maxim, dicht folgt er hinter mir.

Das nächste Überholen, bei Kilometer 38, läuft unspektakulär ab. Der ehemalige Fremdenlegionär Driß ist derjenige mit der „Schwäch", wie mir jetzt beim Vorbeilaufen aufgeht. Er ist völlig am Ende, verliert jeden Kilometer 30 Sekunden auf uns.

Der letzte Kilometer, zu zweit im Duell um den zweiten Platz. Am Olympiaberg vorbei laufe ich konstant, der Olympiaturm dient mir als Signal: Hier willst du hin. Aus dem Nichts erscheint noch einmal Egidijus auf seinem Fahrrad: „Gib Gas", schreit er.

Ich gebe Gas, in immer höherer Frequenz und kürzeren Zügen atmend.

Egidijus, der mit letzten Worten mahnt: „Ruhig bleiben."

Es gibt Momente, in denen sich die Zeit zu einem undurchdringlichen paradoxen Raum dehnt. Ich weiß, dass es nur noch zwei, drei Minuten bis ins Ziel sind. Aber das Wissen nutzt mir nichts. Das ganze Rennen verdichtet sich auf diesen lang gezogenen Moment. Der Gedanke „Gleich habe ich es geschafft" sollte mich die letzten Meter führen. Aber er enttäuscht, wird enttäuscht. „Gleich geschafft" hatte ich es im Grunde auch schon mit Beginn des Rennens, an einem beliebigen Punkt der Vorbereitung oder mit Anmeldung zum München-Marathon. In diesen endlos gedehnten Minuten vor dem Ziel spüre ich, wie brutal relativ die Zeit ist und wie konturlos sie wird an der Schwelle zu etwas beinahe Unmöglichem. „Gleich habe ich es geschafft" - gerade klingt es wie ein gemeiner Witz.

Allein laufe ich hinein in den Tunnel am Nordwesteingang, ein kurzer Moment Dunkelheit. Ich schau mich nicht um, suche nicht nach dem mich jagenden Fuchs, muss jetzt durchziehen. Die Stadionrunde, der Geruch der Tartanbahn, noch 300 Meter bis zum Ziel. Dann geschieht es. Ich bekomme meinen Atem nicht mehr unter Kontrolle, die Luft wird dünner, ich ringe, ich ringe und ringe, aber es kommt nicht mehr genug nach; der Körper schreit, er will mehr, aber da kommt nichts. Ich kann nichts tun, die Befehle des Kopfes kommen im Körper nicht mehr an; ich kann nichts tun, werde bloß langsamer, immer langsamer.

Aus den kraftlosen Augenwinkeln nehme ich wahr, dass es nicht voll ist im Stadion, da sind Läufer auf der Strecke, die ich nicht zuordnen kann, wahrscheinlich aus dem Zehn-Kilometer-Lauf, der parallel ausgerichtet wird, es macht mich nervös. Nur noch 250 Meter. Wie viele Trainingsläufe habe ich über diese Distanz absolviert? Sie alle schwingen in meinen Erinnerungen wild durcheinander. Vielleicht schaffe ich es, langsam, Schritt für Schritt. 200 Meter, das ist nichts, *ruhig bleiben*.

Dann ist Schluss.

Nichts geht mehr. Ein totales Aussetzen der Mechanik, mein Körper, der plötzlich versteift. Kein Muskel, der mehr in den anderen greift.

Machtlos schaue ich zu, wie Maxim Fuchs in Jubelpose an mir vorbeiläuft. Einen Augenblick später reckt er die Arme hoch zum Zieleinlauf. Er kann es nicht glauben. Ich kann nichts machen, ich stecke in diesem Körper fest, 100 Meter vor dem Ziel, einem Körper, der plötzlich aus vielen Einzelteilen zu bestehen scheint, die nicht miteinander arbeiten wollen. Das sind keine Läuferbewegungen mehr, es ist das Rumpeln und Ruckeln eines 1980er-Jahre-Roboters.

Es muss absurd aussehen, unpassend. Mein Kopf ist nun noch weiter nach vorne gebeugt als ohnehin schon, er glaubt, er könne es allein ins Ziel schaffen, allein durch seinen Willen die Beine hinterherschleifen. Der Körper dagegen, der nicht offen müde ist, aber störrisch, der deutlich zeigt, dass er nicht will.

Aber *ich* will doch!

Verdammt, es zieht sich, immer noch 50 Meter. Die Schrittfrequenz im Bodenlosen, die Schritte wie in Schwerelosigkeit, ungelenk. Die Sohlen platschen unwirsch auf die Bahn, die Beine muskellose Steifkörper, nur noch durch Willen bewegt. Ich stehe jetzt beinahe still.

30 Meter vor dem Ziel werfe ich einen angstvollen Blick über die Schulter. Da ist niemand, nur ein korpulenter Zehn-Kilometer-Läufer, der gemeinsam mit seinem Sohn und in die Luft geworfenen Händen dem Ziel entgegenläuft. Vor meinen Augen lässt sich Maxim Fuchs umarmen und gratulieren zum zweiten Platz. Ich bin immer noch nicht da; bin bis in alle Ewigkeit auf der Stadionrunde des Olympiastadions gefangen.

Noch 20 Meter. Dass Maxim mich überholt hat, ist mir fast egal in diesem Moment. Ich bin unendlich erleichtert über meine letzten Bewegungen. Mit dem Kopf eine halbe Länge dem Körper voraus rumple ich schließlich als Dritter ins Ziel. Mein erstes Marathonrennen, mein erster Podestplatz. Ich habe es geschafft.

Stehen, stehen dürfen, durchatmen, tiefes Durchatmen.

Schon zehn Sekunden nach dem Zieleinlauf verziehen sich Steifheit und Rumpeln aus den Muskeln. Gierig schnappe ich nach der wundervollsten Postmarathonnahrung: Sauerstoff.

Meine eingebayerten Freunde, die mir zurufen, Umarmungen.

Ein Mann mit weiß-rotem Kopftuch, der mich heranwinkt, um ein Selfie mit mir zu machen.

Das VIP-Zelt direkt am Zieleinlauf, Lachs und Crémant mit Blick auf erschöpfte, schwitzende Körper.

Eine unlösbare Gefühlsdurchmischung, während ich dastehe, die Hände auf die Oberschenkel gelegt, den Rumpf vornübergebeugt.

Jetzt ist es mein Kopf, der noch einen Moment zum Ankommen braucht.

Mein Schatten
München

Sie stellt sich vor als mein Schatten. Wir stehen am Inneneingang auf der Ostseite des Olympiastadions, dort, wo früher die Fußballspieler in geraden Linien aufs Feld geschritten sind. Es sind erst zwei Minuten vergangen, seit ich beim München-Marathon als Dritter über die Ziellinie gelaufen bin.

„DCA", sagt sie, mein Schatten: Doping Control Assistant.

Sie wird von nun an auf jedem meiner Schritte dabei sein, sagt sie, mein Schatten, wird mich nicht aus den Augen lassen. Ich schaue sie mit hungrigen Augen an, was sie, mein Schatten, richtig deutet. Sie wird mich nicht vom Essen abhalten, möchte mich allerdings darauf hinweisen, dass das mein eigenes Risiko sei. Was heißt das? Na ja, wenn man unerlaubte Substanzen in mir findet, ist es dem Test gleich, ob ich diese vor, während oder direkt im Anschluss an den Lauf aufgenommen habe. Während ich kaue, hoffe ich also, dass die Salzbrezel frei von illegalen Substanzen ist.

„Warum ich?" Die Frage pocht in meinem Kopf.

Es ist immer die erste Frage und die, von der es am schwersten ist, wegzukommen: der Reflex, verstehen zu müssen, um mit etwas umgehen zu können. Vielleicht, um etwas beim nächsten Mal „richtig" zu machen, vielleicht, um nicht mit etwas Unabgeschlossenem leben zu müssen.

Ist ihnen mein entenschnabelartig nach vorne ragender Oberkörper beim Zieleinlauf aufgefallen? Hat diese Unförmigkeit Verdacht erregt? Komisch muss das schon ausgesehen haben. Aber macht es mich verdächtig?

„Wir testen stichprobenartig", beruhigt mich mein Schatten, und ich bin plötzlich unsicher, ob ich meine Fragen nur gedacht oder laut ausgesprochen habe. „Wir haben schon vor dem Lauf ausgewählt, welche Platzierungen wir im Anschluss testen würden."

Damit lässt sich gut leben: Gegen den Zufall kann man nichts machen.

Mein Schatten und ich entfernen uns vom Lärm der in immer dichteren Abständen Einlaufenden, hinein in die Innenräume des Olympiastadions. Wir gehen vorbei an der ehemaligen FC-Bayern-München-Kabine, neben einem Pappaufsteller von Oliver Kahn und einem Trikot von Michael Ballack hängen Tropfen von Tränen und Siegesbierduschen an den Wänden. Ein Duft liegt in der Luft, wieder erkenne ich ihn, Turnhallenmief. Eine Treppe links hinauf, eine Treppe rechts, gedrungene Räume, Waschbetongrauglätte, Katakombenenge; auf einer Bank vor dem blank stehenden Heizkörper sitzt Andreas Strassner, der Sieger des Laufs, und trinkt Fanta.

Ich setze mich zu Andreas, mein Schatten nimmt gegenüber Platz. Während Andreas frisch umgezogen ist, stecke ich immer noch in meinem feuchten Trikot, mit dem ich eben die 42 Kilometer bei über 20 Grad Celsius gelaufen bin; salzige Kruste bildet ein eigenes Muster auf dem Polyester, auch im Gesicht, verklebt in den Barthaaren, kleine weiße Kristalle. Es riecht herauf aus meinem Intimbereich; die nahen Wände werfen den Geruch hin und her, er bleibt. Meine Wechselwäsche liegt gut verwahrt mehrere Hundert Meter entfernt in der Kleiderausgabe. Auch mein Handy liegt dort, weswegen ich Lydia und meine eingebayerten Freunde nicht anrufen kann. Auswendig kenne ich ihre Nummern nicht. Selbst wenn, nach einem Marathonrennen hätte ich sicher Probleme, mich an sie zu erinnern.

Woher hat Andreas schon seine Klamotten? Ich runzle die Stirn. Klar, er wird geahnt haben, dass er hier sitzen wird.

Er nickt mir zu, wie um meinen Gedanken zu bestätigen, reicht mir eine Flasche Wasser: „Fang besser schon mal direkt damit an."

Wir sitzen da, plaudern ein wenig, ohne dass ein richtiger Gesprächsflow entsteht. Wir sitzen da, zwischen uns zwei Kisten mit Softdrinks, um uns unsere Schatten, im Nebenraum Plastikampullen und ein Urinal. Man wartet auf uns. Wir warten auf den Harndrang.

Da denkt man, man hat das Schwerste hinter sich, und dann steht die eigentliche Prüfung noch bevor: Wie soll das gehen, nach einem Marathon bei 20 Grad und Sonnenschein, in dem bloß Zeit für drei kleine Schluck Wasser blieben? Wie jetzt 90 Milliliter Urin herausdrücken?

Was es schwieriger macht: Man muss sich sicher sein. Geht man einmal rüber zum Pinkeln und bekommt dann die 90 Milliliter nicht voll, ist das eine mittlere Katastrophe. Der Urin eines abgebrochenen Toilettengangs kann nicht verwertet werden, es ist verschenkt. Game over - und man beginnt wieder von vorne. Das heißt, man muss noch länger warten, um zusätzlich zur noch fehlenden Summe y die eben verschwendete Summe x erneut zu akquirieren. Ein Balanceakt aus Geduld und

Entschlossenheit, ein stetes Hineinhorchen in den Körper. Ob sich dort schon genug gesammelt hat.

Es ist doch absurd. Nach beinahe jedem Training wache ich dreimal in der Nacht auf, um mich müde zum Klo zu schleppen. Jetzt sitze ich hier - sitze und stehe in nervösem Wechsel - und trinke eine Flasche Wasser nach der anderen, ohne jedes Bedürfnis.

Endlich klatschen meine Hände auf die Schenkel. Ich bin so weit. Traue mich. Ich drehe mich zu meinem Schatten. Wagen wir es.

Ich werde zum Urinal geführt. Keramik in 1990er-Jahre-westdeutschem-Neubaugebiet-Schick. Ich hatte mehr erwartet, etwas Glänzenderes, aber jetzt ist es so. Nach einem ersten Blick setzen wir uns noch kurz an einen Tisch im Vorraum. Die Örtlichkeit wirkt auf mich, als wäre sie extra zum Zweck von Dopingkontrollen erbaut worden. Wahrscheinlich ist es aber eine normale Umkleidekabine mit angrenzender Toilette. Mein Schatten wechselt seinen Tonfall, plötzlich hat das Sprechen Performanzattitüde. Mir signalisiert das, dass das Gesagte nun offiziellen Charakter hat und meine Reaktionen darauf von rechtsbindender Kraft sind.

„Welche Substanzen haben Sie in den letzten Wochen eingenommen?" Was damit gemeint ist: von Nahrungsergänzungsmitteln wie Magnesiumtabletten und Omega-3-Fettsäuren über Schmerztabletten bis hin zu klar leistungssteigernden Medikamenten. Ich solle ganz genau und in Ruhe nachdenken. Ein weiterer Mitarbeiter der NADA, der Nationalen Anti-Doping Agentur, stellt mir derweil einen Messbecher bereit. Als alle Fragen gestellt sind, nehme ich den Becher und gehe mit ihm zum Urinal. Der NADA-Mitarbeiter folgt mir, stellt sich neben mich. Ich ziehe die verschwitzte Laufhose hinunter. Sie klebt an meiner Haut. Beide schauen wir gespannt auf den Strahl, der in den Becher plätschert. Zögerlich nähert er sich der magischen Marke.

Nach drei Litern Wasser, einem Liter Cola und zwei Stunden Wartezeit presse ich unter Bauchanspannung und zugekniffenen Augen 100 Milliliter dunkelgelb-fastbraunen, hochstofflichen Urin heraus.

Geschafft. Zuletzt setze ich mich wieder an den Tisch im Vorraum und öffne dort selbst zwei Urinröhrchen: A- und B-Probe. Sie sind in Plastikfolie eingeschweißt, und der Verschluss macht einen Knacklaut beim Öffnen. Wie wenn man ein Glas Gurken aufdreht.

Vorsichtig kippe ich die dunkelgelbe Flüssigkeit aus dem Messbecher in die Urinröhrchen. Jetzt nur nichts verschütten.

Mein Schatten erklärt mir, dass die B-Probe aufbewahrt wird, für den Fall einer Nachprüfung, zum Beispiel bei positiver A-Probe oder spezifischem Verdachtsmoment. Wenn das bei allen so gemacht wird ... Sofort sehe ich sie vor mir, riesige Kühllandschaften, in denen die Urinproben Zehntausender Sportler aufbewahrt werden, eine Urinfarm mit Massenhaltung.

Zugedreht, und fertig. Ich fühle mich wie ein echter Profi.

Als ich meinen Schatten zuletzt endlich frage, ob es denn wirklich Hobbysportler gäbe, die dopen, lacht sie nur.

Ich könnte mich gruseln, traurig oder wütend sein. Stattdessen lache ich einfach mit.

Warum läuft niemand in Neapel?

Neapel Castellammare di Stabia

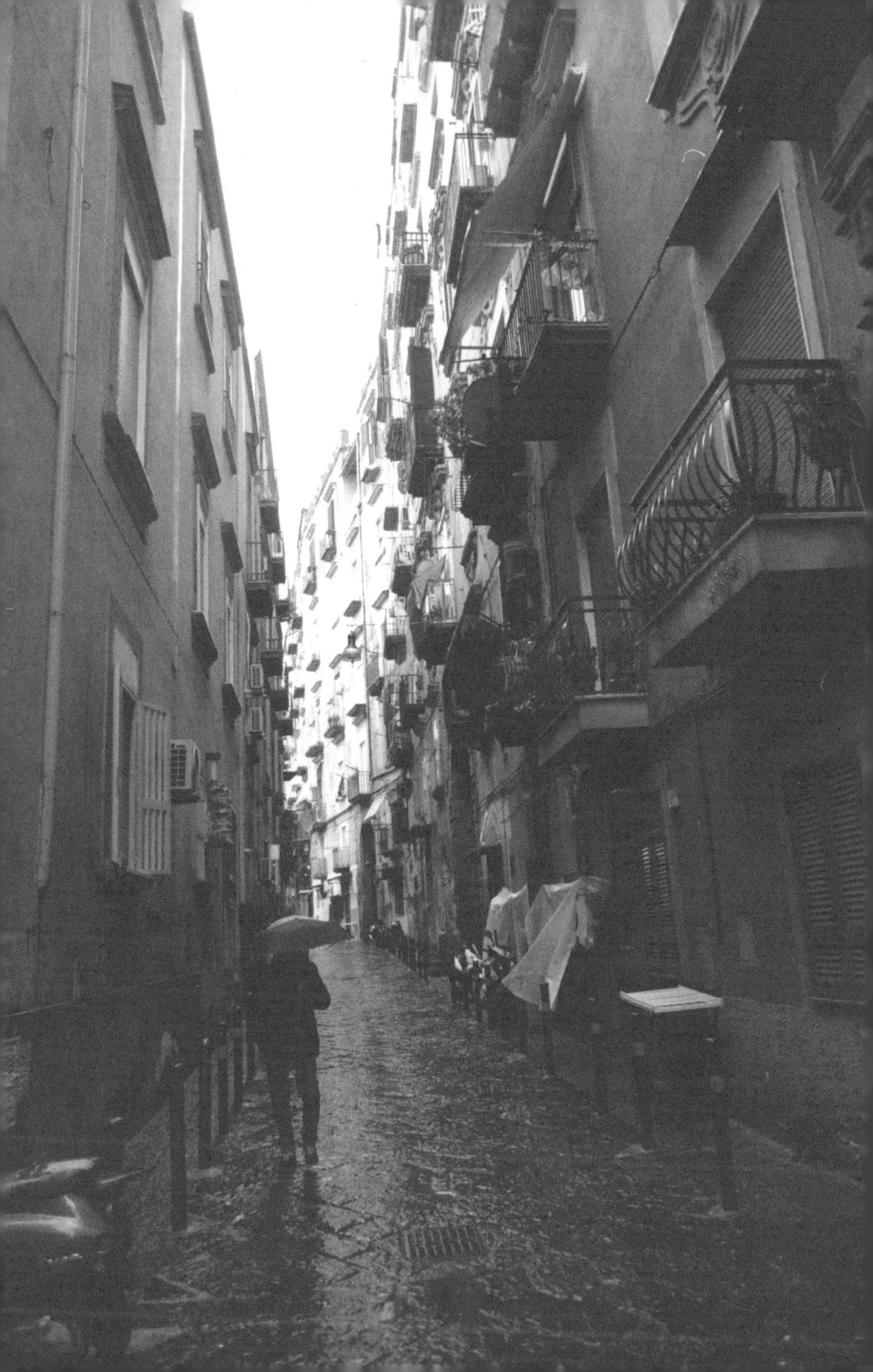

Nach einem Marathon lebt es sich besonders glücklich. Ich reise nach Neapel. Neben dem Wunsch nach Abwechslung im Gepäck neugierige Fragen: Wie läuft es sich in einer so dichten Stadt? Wie *erläuft* man sich so einen Ort? Dahinter auch die allgemeinere Frage: Wie sieht die Welt als Ort aus, den man laufend zu verstehen sucht?

Ich brauche keine klaren Antworten, ich will bloß laufen und schauen.

Ich wohne im Zimmer einer Airbnb-Wohnung am Rand des Quartieri Spagnoli. Mit Dachterrasse. Die Wohnung teile ich mir mit zwei ukrainischen Damen, deren mächtige, tiefe Matronenstimmen wie Feuerwerkskörper durch die dünnen Wände schlagen. Wir hören, doch sehen einander nicht; das Einzige, was von mir mitzubekommen ist, sind die geschnürten Laufschuhe neben der Eingangstür.

Mein Zimmer hat eine lila Tapete und ein Fenster, durch das alle 15 Minuten ein Flugzeug fliegt. Von meinem Balkon aus sehe ich den Vesuv, nur halb verdeckt durch ein Hochhaus.

Gleich am ersten Tag in Neapel laufe ich unausgeschlafen die Treppen des Wohnhauses hinunter, die wirken, als würden sie gerade erst gebaut, oder besser: in Felsen gehauen. Keine Fläche, die über mehr als fünf Zentimeter eben ist; eine Frau, die hinter einem Gitterverschlag, einer Art Wintergarten aus ihrer Wohnung ins Treppenhaus hinein, lehnt, die lautstark telefoniert. Man sieht bloß ihre Hand, die über einen klein geratenen Fahrstuhlschacht die angestaute Asche ihrer Zigarette hinunterschnippst.

Das spanische Viertel, ein Relikt aus der Zeit der spanischen Vizekönige des 16. Jahrhunderts, ursprünglich zweistöckige Soldatenbehausungen, rasterförmig angelegt, mittlerweile um drei, vier, fünf Stockwerke erweitert, so beliebig, anarchistische, undurchdringliche Flachdachsammlung, 100 Schattierungen von Beigegrau, hier und da ein roter Fleck; innen wild hochgezogene Wände, das Gefühl mehrerer Häuser in einem, oder gar nichts Häuslichem.

Ich renne durch enge Straßen, an den schmalsten Stellen drei Meter, sodass ich mich an die Wand drücke, wenn ein Auto kommt. Die knatternden und hupenden Mopeds, meist junge Männer ohne Helm, haben keine Berührungsängste. Ältere Frauen, die durch ihre Bassi, Erdgeschosswohnungen, direkt aus ihren Wohnzimmern oder Küchen auf mich schauen, mal argwöhnisch, mal flirtend, beinahe anzüglich. Als wäre ich Charakter einer Reallife-Telenovela, flimmernde Projektionsfläche.

Niemand läuft hier.

Murals, Graffitis, künstlerisch, sozialkritisch, konstruieren die Parallellinien des Viertels, Anzeichen von vorsichtiger Gentrifizierung. Kirchen, an denen der Staub abbröckelt, der leere Glockenturm, der einen von oben anstarrt, kleine Geschäfte mit Obst, Gemüse, Haushaltswaren ohne Preisschilder, Treppen, die aus dem Nichts auftauchen, dankbar eingebautes Steigungstraining.

Sackgassen, immer wieder Sackgassen, Wendemanöver. Der ständige Blick auf die Blicke auf mich.

Nein. Ich begegne niemandem, der läuft.

Es fällt niemandem ein, hier, in Neapel, zu laufen.

Freieres Atmen an der Hauptstraße in Vomero, das von dem störrischen Pflaster und engen Wänden hallende Gemisch aus Schritten und Hecheln überwunden, die gleichförmig vorbeirauschenden Autos als Ruhepol, eine eigene Stille. Auf halber Höhe des Berges eine glänzende Aussicht auf den Golf von Neapel und das Mar Tirreno, der Vesuv als beständige Landmarke; der daran klebende Schwestervulkan als nur kleines Trübnis des Postkartenerlebnisses. Blick in dschungeldichte Dachterrassen, hinter Zäunen mit massiven Vorhängeschlössern, bröcklige Villen, das Geheimnisvolle spürbar wie ein Kloß im Hals, den man mit sich trägt, ihn betrachtet, ohne ihn lösen zu können. Verschachtelte Häuser, hintereinander, übereinander, ineinander. Meine Beine bewegen sich ganz von allein, weil der Kopf noch mehr aufnehmen will. Sie haben keine Wahl, glücklich und duldsam sind sie dabei.

Am Meer kaufe ich mir in einem Geschäft gegenüber eines Hafenkrans ein Stück Pecorino. Ich stecke ihn mir in die Hosentasche, wo er im Laufen zerbröselt und warm wird, sodass sein strenger Duft mir auf dem Rest der Tour in die Nase zieht.

Über die breite Promenade, nahe der Innenstadt Ausflugsrestaurants und Fischgeruch. In den Strömen der Einkaufsstraßen schon die Weihnachtsdeko; der auf wenige Leuchtröhren simplifizierte Vesuv in drei Eskalationsstufen: halb gar, voll da, überkochend. Ich wusle mich rennend hindurch, Shopper-Slalom, versuche, mir die Geschäfte für spätere

Visiten zu merken. Stehenbleiben für meine erste neapolitanische Pizza, hole mir im Feinkostladen am oberen Ende der Via Toledo ein Peroni-Bier im Feinkostladen, in der handlichen 0,66-Liter-Flasche, und setze mich an einen Platz, etwas abgelegen, wo junge Musiker eine Reihe von Maschinen aufgebaut haben und nacheinander ihre Instrumente für die Aufnahme einspielen, an Knöpfen drehen, Bier trinken, quatschen, Neuankömmlinge begrüßen. Nichts, das eilig geschieht, in einem unter freiem Himmel erbauten Tonstudio.

Das Glück der marathonfreien Zeit: Sfogliatelle, kegelförmige Blätterteigtaschen, gefüllt mit einer süßen Ricottacreme. Noten von Zimt und Orangenblüten. Die äußeren Schichten fein gefächert, kross, die Füllung warm, verschwenderisch.

Nachts kracht es manchmal, als würde eines der nachträglich erbauten Stockwerke einstürzen. Es lärmt und lähmt. Der weite Blick beim Frühstück, die Stadt als Musterlinien, die auf die zerfließende Horizontgrenze zwischen Meer und Himmel zulaufen.

Morgens schreibe ich in der Biblioteca Nazionale di Napoli, die untergebracht ist im ehemaligen Königspalast des Hauses Bourbon-Sizilien. Schreiben inmitten 18-jähriger italienischer Studierender, im ehemaligen Ballsaal des Schlosses. Mittags frittierte Pizza im engen Ladenstand oder frittierte Nudeln, Frittatine di pasta, eine der größten kulinarischen Entdeckungen der Postmarathonzeit: ein Pastagericht mit Käse, Ei und Semmelbröseln, vermischt zu einer klebrigen Masse, in Frittierfett getaucht.

Nachmittags ein Ausflug: Ein Freund, der ein Semester an der Kunsthochschule Neapels studiert hat, empfiehlt mir - neben den lohnenswertesten Caravaggios und den besten Pizzerien der Stadt - den Stadtstrand Gaiola, sicher auch im November ein feiner Ort.

Da ich mich nicht auf die Zusatzgepäckspielchen der Billigfluglinie einlassen wollte, habe ich meinen Laufrucksack zu Hause gelassen. Stattdessen also bloß der Laufgürtel. Neben Handy und Schlüssel gelingt es mir, meine schnell trocknenden Boxershorts hineinzuquetschen, die mir Badehose und Handtuch ersetzen sollen.

Google Maps führt mich auf meinem kleinen Tempolauf durch Neapel, zwölf Kilometer und 150 Höhenmeter, bis zum Strand. Sofort, als die Sonne sich verzieht, ist es kalt; ruinenartige Steinmauern, die eine

Fläche unklaren Wassers umgeben, Scherben, ein paar Jugendliche, die am äußersten Punkt der Landzunge sitzen, rauchen. Pasolini.

Ich ziehe mich am landeinwärts liegenden Felsvorsprung um, stürze, stolpere ins Wasser, bevor mich Mut und Laufhitze verlassen. Ich schwimme. Da hinten taucht der Vesuv auf, umhangen von hellen Schleierwolken, luftig gefächert wie der Duttenkragen hoher Würdenträger. Ich schwimme 20 Minuten hinter der Schattenlinie, den seichten Wellen entgegen, schwimme, ohne die kleine steinerne Bucht zu verlassen, ohne mich fortzubewegen, bleibe da.

Zum Trocknen laufe ich barfuß zwei Kilometer, bis ich ein sonniges Fleckchen erreiche. Auf einer wenig befahrenen Straße nutze ich einen autofreien Moment, um mich umzuziehen. Ich muss sofort weiterlaufen, um nicht zu frieren.

Drauflosaufen mit dem Versuch, nahe am Meer zu bleiben. Schieben sich Straßen oder Häuser zwischen uns, brauche ich die Sonne und ab und zu Google Maps als Assistenten: Noch scheint dieser innere Magnet, den Meeresreisende zielsicher in sich haben, nicht aktiviert. Vor mir taucht die Insel Nisida auf, auf der einmal Spargel angebaut wurde und die in den giftigen Vulkanausdünstungen von 79 n. Chr. so gestunken haben muss, dass der römische Dichter Lucan sich bemüßigt sah, sie zu beschreiben als „Hauch, mit dem die Nesis aus ihren nebelverhangenen Felsen giftige Schwaden sendet, wenn Typhons Höhlen Wahnsinn und Tod ausatmen". Wahnsinn. Der römische Blick auf Neapel. Beinahe 2000 Jahre später, Ende des 20. Jahrhunderts, war die Insel Nato-Stützpunkt, Marinepersonal in Kraftübungen auf engstem Raum; heute steht auf Nisida ein Jugendgefängnis.

Umrundung des letzten Felsenglieds, Hochziehen der Beine über asphaltierte Straßen, ein Grundrauschen des Bluts; die Haut rau von Salzkristallen, dem produktiven Erzeugnis der letzten Stunde.

Es kann schwer etwas mit Wirklichkeit zu tun haben, was man auf einer erschöpfenden Lauftour wahrnimmt. Vor mir tut sich eine Steppenlandschaft auf, dürre Felder, auf die ich zulaufe, braunes Grün, darin wie Kadaver unfassbare Industrieanlagen, verwaister Beton, der so sichtbar stillsteht, dass es schmerzt. Schlanke Schlote, Grundmauern von Produktionshallen, Industriehebel, die sich nicht mehr bewegen lassen, verstopfte Gefäße nach einer langen Phase des Stillstehens - und einer noch längeren des Rauchens. Bagnoli. Völlig gebannt laufe ich die letzten Serpentinen hinab in die Ebene, bei jeder Wende ein Nachrenken des Kopfes, um keinen Augenblick zu verpassen, ganz so, als geschehe da nicht etwas in mir, sondern vor mir, in diesem Moment.

Ich laufe die breite Straße entlang, die verloren wirkt zwischen Meer und Industriebrache; kryptische Prachtstraßensprache: Großraumdiskotheken, das Forschungsinstitut D.RE.A.M. FabLab, Teil der Città della Scienza.

Eher aus Pflichtbewusstsein laufe ich auf den Pontile Nord, einen weit ins Meer ragenden Pier. Ich setze mich. Ein untersetzter Italiener läuft in seiner dritten Runde an mir vorbei, immer abwechselnd Rückkehr aufs Meer, Rückkehr zum Land. Er läuft in unrunden, erschöpften Bewegungen, sein Blick ist dauerhaft auf den Boden des Piers gerichtet: Schritte auf staubigem Grund, sonst ist da nichts.

Neapel: Am Meer laufen sie. In der Stadt, dort, gibt es keinen Grund zu laufen.

Stadt und Meer, das sind zwei Dinge.

Ich laufe zum nahegelegenen Bahnhof, ein mit Wasserlandschaft besprühtes Gebäude, Seesternorange, Blutalgenrot. In der Dämmerung steige ich in den Zug zurück nach Neapel.

Als Eiweißzufuhr kaufe ich auf dem Fischmarkt im spanischen Viertel Crevetten. Ein Kilogramm, der Verkäufer verdeutlicht mir in ausholenden Gesten: Alles darunter wäre Beleidigung.

Für meinen Ausflug zum Vesuv stehe ich früh auf. Auf dem Meer liegt eine Schicht blauweißen Dunstes, Segelmasten, die herausschauen wie Kirchtürme in düsteren Zeiten. Zur Einstimmung höre ich *Funicolì, funicolà,* in dem zugleich die Standseilbahn, funicolare, den Vesuv hinauf und eine Angebetete besungen werden. Leider wurde die Seilbahn durch einen Vesuvausbruch 1944 zerstört. Das Lied allerdings ist sehr präsent, mein Ohrwurm für einsame Minuten den Weg hinauf: „Jamme, jamme 'ncoppa, jamme jà, funiculì, funiculà, funicolì, funicolà" - „Wir fahren rauf, wir fahren, funiculì, funiculà, funicolì, funicolà."

Meine Lieblingsstelle: „Se n' 'è sagliuta capa già" - wörtlich: „Der Kopf ist schon hochgestiegen", was bedeutet, den Kopf aus Liebe verloren zu haben.

Langsam geht es mir hier ganz genauso.

Das Prinzip der Standseilbahn: Die Wagen stehen fest auf den Schienen, mit Berg- und Talstation verbunden über ein Drahtseil. Meist sind es zwei Wagen auf parallelen Strecken, die über das Seil verbunden einander im Gleichgewicht halten. Sie laufen einander zu. Ein Elektromotor treibt die Seilscheiben an den Stationen an, um die herum sich die Seile drehen. Die Wagen bewegen sich nicht aus eigenem Antrieb, sie werden von den beiden Endpunkten aus gezogen. Ein kraftsparender Weg, beachtliche Höhenunterschiede auf kurzer Wegstrecke zu überwinden.

Das Prinzip der Standseilbahn: Du kommst fort, ohne dich zu bewegen. Fortkommen auf vormontierten Schienen.

In meinen Laufklamotten - quietschgelbe Salomon-Schuhe, Adidas-Hose mit Adleremblem meines Laufvereins, Zugspitze-Finishershirt; darüber dünner Pullover und Windbreaker - falle ich auf im dicht gedrängten Arbeitsverkehr der Metro. An der Napoli Porta Nolana steige ich in den Zug Richtung Vesuvio: 23 Kilometer, 40 Minuten Fahrtzeit, 18 Stationen, einige davon nicht mehr als eine kleine Fläche Tageslicht, provisorisch in den Fels gehauen; 18 Stationen, an denen ständig Schüler ein- und aussteigen, als wäre es hier Regel, immer im Nachbarort zur Schule zu gehen.

Am 80-Meter-Steg in Portici drei betagte Männer in kurzen Hosen, die in Zeitlupe ihre Kreise ziehen.

Ich steige an der Station Circumvesuviana Boscotrecase aus; bodenständiger Provinzbahnhof, ein guter Ort, um sich davon fortzubewegen. Hier startet der einzige Weg den Vesuv hinauf, der nicht über einen Touristenbus oder die Hauptstraße neben den Touristenbussen führt. Ich gebe die Eckpfeiler der Tour in Google Maps ein und lasse mir die Abzweigungen aus meinem auf der Hüfte aufliegenden Gürtel ansagen.

Ruhiges Tempo, auf dem Gehweg angedetschte Zitronen, ein nicht allzu pittoresker Marktplatz, neugierige, langsame Blicke der sitzenden Älteren. Auf der Hauptstraße fließt mir in einem Rinnsal Wasser entgegen, sodass ich immer wieder auf die Mitte der Fahrbahn ausweiche, Autofahrer, die das mit Stille und Nähe bedenken. Ein LKW bleibt neben mir stehen, worauf auch ich stoppe. Der Fahrer, der sich aus dem Fenster lehnt, sein Ton in einer Selbstverständlichkeit, die fragt, ohne Unwissen preiszugeben, sein immer emotionalerer, wütender Blick, als ich nur mit den Schultern zucke. Dann passiert etwas in ihm: In dem Moment, in dem er in mir den Auswärtigen erkennt, ändert sich seine Stimmung in scharfer Kehrtwende. Er verlangt nichts mehr. Er strahlt mich an und ruft laut: „Grande!"

Er streckt mir seinen emporgereckten Daumen entgegen, fährt weiter, nicht ohne nach 30 Metern noch einmal zu hupen.

An der unteren Waldgrenze des Vesuvs ist ein Tor, Privatgelände, Eintritt verboten; ein kleines Pförtnerhäuschen, leer. Dahinter sind die Windungen eines Pfades zu erkennen, der eindeutig hinaufführt. Die Spitze des Vulkans ist nicht zu erkennen, rein perspektivisch führt die Steigung über eine weite Fläche ins Nichts. Ich stehle mich durch das Tor und ziehe mich in flachen Schritten, mein eigener Puppenspieler, die Kurven hinauf, bis ich an der oberen Waldgrenze freie Sicht auf den in der Mittagssonne glänzenden Golf von Neapel habe.

Am Gipfel, oder eher dem Kraterwall, des Vesuvs angekommen, endet mein Lauf abrupt an der Außenwand eines Souvenirstands; ein Holzzaun verhindert das Fortsetzen der Tour. Wild gestikulierend kommt ein Italiener auf mich zu. Ich frage ihn auf Englisch, was ich tun muss, um eingelassen zu werden, er antwortet auf Deutsch: „Es ist möglich, jetzt aber nicht."

Ich müsse umkehren, einmal um den Vesuv herumlaufen, um auf der anderen Seite Eintritt zu zahlen. Ich habe keine Lust, mich dem zu neigen, außerdem friere ich hier oben. Ich drehe mich um und laufe hinunter, ohne in den Krater geblickt zu haben.

Jetzt beginnt der eigentlich spannende Teil der Tour: Ich mache eine Art historischer Begehung, laufend zeichne ich die Wege nach, die im Jahr 79 zunächst das gasreiche Magma und dann die heiße, erst schmelzende und dann in der Erkaltung versteinernde Lava geflossen ist. Dem Vesuv weglaufen. Ich bin kein wolkenbruchartiger Eruptionsregen, aber doch zumindest dehydriert genug, um als große Aschemenge durchzugehen, die sich über Schlammströme der Stadt nähert. Verfolgt von Magma und Lava habe ich gerade noch Zeit für einen Espresso und Keks am Stadtrand Trecases.

Die menschlichen Abdrücke, die in den durch das Unglück erhaltenen Anlagen Pompejis ausgestellt werden, sind eigentlich Gipsabdrücke, das nachgebildete Innere des Hohlraums, der aus der erkalteten Lava um die

Menschen übrig geblieben ist. Das Innere des Hohlraums, das war der Mensch; manche stehend, manche laufend, die meisten geduckt. Die Gipsabdrücke wirken wie Statuen der großen italienischen Meister, wie Michelangelos *Pietà* im Petersdom. Nicht aufgrund ihrer Feinheit oder ihres Detailreichtums, sondern weil das, was man auf den Gesichtern sieht, so absolut echt ist. Unwillkürlich entsteht ein Übertragungsprozess der letzten Gefühle: Man will schützen, man will retten. Auch weglaufen.

Es reicht, huschhusch zur Station Pompeji und von dort zurück nach Neapel, dieses Mal mit der Metro, die durchgängig am Meer entlangfährt. Hochhäuser und Schiffscontainer in fahlem Licht, bis ich in der dämmrigen Innenstadt aussteige.

Zwischen den Lauftouren schreibe ich weiter in der Nationalbibliothek, spaziere durch Geheimgänge und beobachte immer wieder Menschenansammlungen, in und vor den Wettbüros. Jeden Tag läuft Fußball, was Grund genug ist, auch jeden Tag Fußball zu schauen; jeden Tag zu wetten. Aufs Laufen kann man hier nicht wetten.

Vielleicht läuft deswegen keiner.

Als Ziel für meine letzte Tour habe ich den Monte Faito erkoren, im südlichen Sub-Apennin gelegen. Mit dem Zug fahre ich den Golf von Neapel entlang bis nach Castellammare di Stabia, eine, wie ich nun sehe, im Herbst verwaiste Urlaubsstadt, der man an mancher grauen Ecke noch die bis vor Kurzem hier gebauten Kriegsschiffe anzusehen meint. Seit Neuestem gibt es einen Bußgeldkatalog, nach dem man für das Tragen knapper Bekleidung Strafe zahlen muss. Gut, dass ich eine lange Laufhose angezogen habe. Hoffentlich sitzt sie nicht zu eng.

Erlebnisstakkato im Technotakt der Kaffeebar an der leeren Strandpromenade: aufwärts auf schmalen verwachsenen Pfaden, ein Wege-Suchspiel, sichernde Nachricht an Lydia mit meinen letzten Koordinaten, sie kennt das schon. Spitze Hörner, die auf etwa 800 Metern Höhe ein paar Schritte vor mir erscheinen, das sich nachschiebende Rind, sicherlich nicht als ausgesprochen freundlich zu bezeichnen; Rückwärtsgang auf glitschigem Boden, ich in abgetretenen Marathonschuhen, unwegsamer Umweg; Nebel und unter 20 Meter Sicht; weiterlaufen, Kälteeinbruch, immerhin sehe ich noch Weg unter mir. Eine Fernsehantenne, die ein Rettungsgefühl hervorruft. Auf dem Gipfel flaches Terrain, entschärfte Gefühle. Intensiv bleibt es, weil ich stundenlang niemandem begegne. Das ist komisch. Buchen, Erinnerung an eine Harztour auf den Brocken, eine Kirche, an deren verschlossener Tür ich rüttle, davor eine einsame Marienfigur.

Für den Rückweg muss ich eine andere Strecke suchen. Ich habe Glück, eine bröckelige Straße für Mutige - oder Verzweifelte -, die ich 16 Kilometer abwärts laufe, armbreite und handtiefe Löcher umkurvend. Nach acht Kilometern durchbreche ich die Wolkendecke, bin wieder im Unterhalb; wundervoller Blick auf Neapel, wehe Knie und Kopfschmerzen von den Betonerschütterungen, den Körperstauchungen bei jedem Schritt.

Was es am Brocken nicht gibt: die Bar di Martino, gelistet im *Gambero Rosso*, und den grandiosesten Post-Lauf-Caffé.

Am letzten Morgen sitze ich mit dem aus seiner Zweitwohnung in Rom zurückgekehrten Vermieter zusammen, Francesco, ein Künstler, der das ausdrückt, in weiter Hose und lässiger Haltung. Die meiste Zeit erlebe ich ihn am Türrahmen lehnend, rauchend und Espresso nippend; mit wirrem Mienenspiel, mal Walter Matthau, mal Leo Breschnew. Und da ist noch seine Freundin, Renata, irgendwo zwischen Grand Dame und Lebenskünstlerin, aus einer wohlhabenden sizilianischen Familie. Beide lachen über meine neapolitanischen Laufabenteuer, als wäre das Erzählte Commedia dell'arte, Volkstheater, und ich Pulcinella, die freche Schnabelnase. Francesco zeigt mir sein Werk der letzten Monate, Videoschnipsel aus alten Hollywoodfilmen und Pasolini-Klassikern, die er nicht nacheinander einspielt, sondern aufeinander zulaufen und hinauslaufen lässt. Die Bilderbewegung wird untermalt von Angelo Badalamentis Musik zur 1990er-Lynch-Serie *Twin Peaks*. Renata winkt ab, nicht schon wieder. Worüber sprachen wir gerade noch? Ach ja, übers Laufen. Nee, das macht hier niemand. Warum auch?

Wie sich die Zeit beim Laufen vermehrt

Berlin

Meine Freundin Karin, Verfasserin von Romanen voll träumerischer Charaktere, die ihren Zielen solange akribisch hinterherlaufen, bis sie endlich vergessen haben, warum sie das eigentlich tun - diese Karin behauptete unlängst: „Die Zeit vergeht anders beim Schreiben."

Sie erklärte es mir. Wenn sie schreibt, mag zwar Zeit vergehen, der Tag ablaufen, Licht und Wetter sich ändern. Aber dadurch gehe keine Zeit verloren. Auf der Uhr mag die Zeit ablaufen - aber in der Wahrnehmung tue sie das nicht, nicht so, wie wir es gewohnt sind.

„Das liegt am Schreiben", sagte sie.

Die Zeit wird doppelt so lang, aber nicht langweilig.

„Es ist so", sagte Karin, „im Grunde gewinne ich beim Schreiben sogar Zeit."

Und als sie das sagte, blitzten ihre Augen schelmisch; ich habe es genau gesehen.

Sie gewinne Zeit, mehrere Stunden am Tag, wenn sie dasitzt und schreibt. Wenn sie gedanklich bei ihren Figuren ist, diese entwickelt, sie Ereignisse erleben und Erfahrungen machen lässt, die sie dabei selbst gedanklich mitläuft; die Gefühle der Charaktere, Karins Gefühle zu den Charakteren und Karins Gefühle zu dem von ihr Geschriebenen. Sie lacht, sie weint, sie wundert sich. Drei Erlebensebenen - während die Zeit nur einfach ablaufen kann.

In dieser Dichte vermehrt sich, was erlebt wird, vermehrt sich, was in der Zeit liegt - die Zeit, so vielfach gefüllt, vermehrt sich mit.

Zugleich nimmt das Gefühl der vergehenden Zeit ab in dieser Dichte - die gefüllte Zeit vergeht unbemerkt, weil ihr in all diesem Geschehen wenig Raum bleibt. Vier geschriebene Stunden fühlen sich an wie zwei tatsächlich vergangene - und sind mit dem Erleben von acht gefüllt.

„Nein", schüttelte Karin bestimmt den Kopf, „die beim Schreiben vergehende Zeit ist keine, die mir genommen wird, es ist eine, die mir gegeben wird ... Schau, was ich an einem Tag erleben kann."

Ich musste lachen darüber, aber es hat mich nachdenklich gemacht.

An der Oberfläche finden im Laufen verschiedene Bedürfnisse Anklang: Sporttreiben, Naturerleben, Gesundheitsvorsorge, Abschalten,

Entspannen, Meditation, Sightseeing, Wetteifern, sich Fortbewegen. Etwas tiefer darunter laufen zahllose Gefühle, Gedanken und physiologische Prozesse mit - alles unübersichtlich verästelt. Schaut man aus etwas Distanz darauf, wird das alles zu einem Einzigen, einer nicht im Einzelnen unterscheidbaren Gleichzeitigkeit.

Wenn ich meinen langen Lauf starte, begleiten mich neben Vorfreude anfangs häufig zweifelnde Fragen und Ausflüchte: Schaffe ich mein Pensum heute? Ich fühle mich nicht gut, das wird nichts; Alltagsgedanken: Bis Morgen muss ich unbedingt noch diese Studie auswerten, noch diese Mail verschicken; Probleme und Konflikte ... Während des Laufens lasse ich diese Gedanken kommen, gehe ein Stück mit ihnen, denke sie weiter, plane, bleibe haften, verheddere mich in ihnen. Meine Augen sind zehn Meter vor mir auf den Boden gerichtet, mein Blick nach innen, auf die kreisenden Gedanken.

„If nothing changes, nothing changes" ist ein Kernprinzip der Narcotics Anonymous, der Anonymen Substanzmittelabhängigen. Wenn ich alles immer vom selben Blickwinkel betrachte, alles immer wieder auf die eine Art tue, bleibt alles beim Alten.

Wenn ich den Blick von dort abhebe, vom Boden meiner Gedanken, hechelnd vertieft, sehe ich die frisierte Hecke, die auf dem Nachbargrundstück in eine wuchernde übergeht, sehe den Balkon dort links oben mit dem gebrechlichen Metallgeländer, das frische Muschelangebot, selbst gemachte Tagliatelle im italienischen Restaurant auf der anderen Straßenseite; höre das auf einer hohen Frequenz liegende Metallratschen des Einkaufswagens, der eilig von einer Frau in hellem Trenchcoat in die schon wartende Kette geschoben wird. Dann sehe ich das erstaunte Gesicht eines Mannes vor mir, dessen Augen ich suche, um das Erstaunen zu verstehen, die ältere Dame, die ins Irgendwo lächelt. Ich mache mit.

Später sehe ich die Stämme des Grunewalds, die überall sein könnten, sehe im Vorbeilaufen ein Flimmern aus Licht, Schatten und Widerstand, zwei, drei Stämme, deren Rinde abgebröckelt ist. Wahrscheinlich der Borkenkäfer. Ich rieche auch, ja, ich rieche - frisch und nackt schmeckt die Luft, behutsam klammert sie sich an Nasenhärchen und Zungenpelz. Und ich höre, ja, ich höre, wann immer meine Ohren es wollen.

Das alles - und im nächsten Moment ist es schon vergangen.

Wenn ich den Blick von dort abhebe, vom Gewohnten, höre ich meinen Atem, der immer schneller geht, sich immer tiefer aus der Lunge pumpt, immer mehr Sauerstoff aus der Luft absaugt. Ich merke, wie ich ihn durch die Frequenz meiner Schritte beeinflusse. Ich spüre meinen Puls in Aufregung, begierig darauf, mitzuwirken an der erhöhten Beanspruchung. Ich höre, spüre, sehe, in welchem Rhythmus ich mich fortbewege. Fühle die Bordsteinkante, Wurzeln unter meinen Füßen, jeder Aufprall durchfährt den Körper bis hoch in den Nacken; Muskeln und Sehnen, die sich durch freundschaftliches Ziehen und Stupsen bemerkbar machen.

Ich nehme das alles im Einzelnen wahr und spüre es im Gesamten: als Änderung, als Anderssein.

Das Roggenfeld-Prinzip: Die Ähren, auf die ich den Fokus lege, verschwimmen zu Unschärfe, einer kaum unterscheidbaren Masse. Die umliegenden, die in der Peripherie, die sind nun klarer wahrnehmbar. Die Ähren: die Gedanken, die Gefühle.

Was mit der Zeit passiert.

Was passiert, wenn sich beim Laufen die Aufmerksamkeit verschiebt?

Ich finde ein Bild: Im Dunkeln nur schwach beleuchtete Gegenstände nehmen wir nicht wahr, wenn wir den zentralen Fokus auf sie lenken - die Dichte der für das Nachtsehen verantwortlichen Stäbchen ist im zentralen Teil des Auges gering. Um im Dunkeln schwach Beleuchtetes oder vom Nebel schemenhaft Gewordenes erkennen zu können, blicken wir nicht auf das Objekt selbst, sondern knapp daran vorbei.

Beim Laufen ändert sich mit der Aufmerksamkeit die Perspektive. Und die Puzzleteile, aus denen unsere Wahrnehmung und Interpretation der Welt zusammengesetzt sind - vermeintliche Gewissheiten -, werden neu durchmischt.

If one thing changes, other things change.

Im Laufen blicke ich anders: Gleichzeitig *aus mir heraus*, wie ich es gewohnt bin, und *auf mich* - dadurch, dass ich ausweichen muss, Menschen, Autos, Bäumen, meinen Körper durchs Gelände navigiere, nehme ich meinen Körper als etwas sich physisch im Raum Fortbewegendes wahr. Als Drittes blicke ich *in mich hinein* - ich spüre die körperlichen Veränderungen, das Lebendige, sich Anpassende; führe, folge, frage; was sagt mir das, dass mein Atem schneller geht?

Es ist ein anderes Dasein, laufend, als in Ruhestellung.

Die Folgen meines so veränderten Blicks: Ich schaue anders auf vergangene Situationen, auf mögliche, zukünftige; auf Personen, ihre Handlungen, Verantwortlichkeiten, meine Beziehung zu ihnen. Auch auf mich selbst, Bedürfnisse und Handlungen, Schuld und Scham: offener, verständnisvoller, oft lösungsorientierter, kreativer.

Und wenn ich immer weiterlaufe, geschieht mir das, was Karin beim Schreiben erfährt: Die erlebte Zeit vermehrt sich.

Es passiert mir häufig, unerwartet. In einem nicht definierbaren *Plötzlich* sind meine Gedanken andernorts. Beim Laufen im Grunewald denke ich an die japanischen Wälder, automatisch suche ich den Wegesrand nach Miniaturschreinen ab, lausche nach den spitzen Rufen der Zikaden. Demgegenüber drang mir beim Laufen im japanischen Hiroshima US-amerikanische Tagespolitik in den Kopf. Im Central Park erinnerte ich mich an eine Tour den Main entlang Richtung Frankfurter Innenstadt - an einen endlosen Lauf, der mir beinahe unbewegt erschien, da die Skyline so ungebrochen kontinuierlich und langsam näher kam. Und beim Laufen am Berliner Teltowkanal denke ich oft an den Düsseldorf-Marathon, für den ich dort trainiert habe, sehe den Zieleinlauf bildlich vor mir: erinnertes Glück, das als Selbstvertrauen ins Aktuelle schwappt.

Kaffeegeruch, der mich erst zum Automaten auf dem Fuji, dann an den Stadtrand Neapels bringt. Jederzeit ist jede Assoziation möglich - Orte und Erlebnisse verknüpfen sich; durchbrechen mit dem Ort auch ihre Zeitgebundenheit.

Die Assoziationsketten: Konkrete Dinge, die ich sehe oder höre, Gerüche, etwas, das ich indirekt spüre, über die Haut aufnehme, Temperatur, Wind, Inneres, die Art, wie mein Atem geht, wie sich die Beine anfühlen - es verselbstständigt sich. Von einem komme ich zum anderen, aus den Erinnerungen werden Sehnsüchte, aus den Sehnsüchten Vorstellungen und Pläne - von denen ich weitersegle zu anderen Erinnerungen oder Entsprechung sehe in meiner Umwelt.

Gleichzeitigkeit. Und Bewegung, die Zeit und Ort beliebig ineinanderschiebt.

Ich kann an mehreren Orten gleichzeitig sein: physisch an einem, gedanklich an einem anderen. Währenddessen hängen meine Gefühle noch einem dritten, eben erinnerten nach.

Die beim Laufen vergehende Zeit ist voller gleichzeitigem Erleben.

Ich kann von einem zum nächsten springen; in den Erinnerungen 25 Jahre zurück, in der Vorstellung fünf Jahre in die Zukunft. Diese Spannweite innerhalb von Sekunden. Und dabei laufe ich, erlebe mich laufend, nehme die Orte wahr, die ich passiere.

Groß und weit fühlt sich das an; wunderlich.

Manchmal lassen sich die Orts- und Zeitsprünge klar äußeren Reizen oder inneren Umständen zuordnen. Andere Male bleibt ihr Ursprung verborgen.

Beim Laufen im Grunewald führt mich der Kieferngeruch in die Wälder bei La Rochelle, in einen Urlaub der Kindheit; Frühstück mit weißen Brötchen und Erdbeermarmelade vor einem roten Backsteingebäude, durch die Blätter ein Lichtstrahl, der meine Schulter streift.

Ich kann das nicht kontrollieren, nicht planen, nicht lenken. Vor einem Lauf weiß ich nicht, wo er entlangführen wird. Welche Zeit er umfassen wird.

Wie herrlich das ist.

Manchmal, auf sehr langen Läufen, verliere ich den Durchblick zwischen den verschiedenen Zeiten und Orten, verwechsle, in welchem erinnerten Zeitort ich wer gewesen bin, was ich gewollt, gesucht oder gefunden habe.

Bei anderen Läufen zerfließen die Grenzen zwischen mir und dem mich Umgebenden. Ich fühle mich dem Äußeren verantwortlich gegenüber, fühle mich ihm so nah, dass ich meine, keine von ihm abgegrenzte Existenz zu haben. Das plötzliche Erblicken eines tiefblauen Sees oder über den Weg springender Rehe rührt mich, als wäre zwischen ihnen und mir kein Unterschied.

Das Glück, das ich bei den ersten Marathons gespürt habe, begegnet mir auch jetzt noch ab und zu bei den längsten meiner Läufe. Physiologisch lässt sich das auf Körperprozesse während des Laufens zurückführen, Erschöpfung, Dehydrierung, Hormonausschüttung. Inhaltlich ist es nicht mit diesen Prozessen verbunden. Das Glücksgefühl ist losgelöst von einem Etwas, auf das es sich bezieht. Es wird zwar durch etwas ausgelöst, aber das meint es nicht. Ich bin einfach glücklich, ohne dass es ein konkretes Etwas gibt, über das ich glücklich bin.

Irgendwann, im letzten Drittel eines langen Laufs, ist es schließlich die Erschöpfung, die die letzten Gedanken eliminiert, gleich, ob störend oder angenehm. Sie macht sich breit, nimmt ein, was sie zu fassen bekommt: Alles. Zuletzt die Gedanken, die mir sagen, wie erschöpft ich bin.

Dann laufe ich blöd und leer durch die Gegend, erkenne nichts mehr, will nichts mehr erkennen. Solange bis nichts mehr geht. Manchmal bin ich froh, dass nichts mehr geht, denn dann muss auch nichts mehr. Wie auf Moos liege ich in der Gelassenheit, in der ich mich von körperlicher Anstrengung ebenso erhole wie von Erwartungen.

Nach dem Lauf erscheint das eben Erfahrene oft als Illusion; unter der Dusche, beim Essen, am Schreibtisch, in gewohnter Umgebung, in der die Wechsel von Zeiten und Orten langsamer und geordneter geschehen, in einem Zustand, in dem weder die Umgebung sich bewegt noch ich selber mich. In diesem statischen, nicht physiologisch erregten Zustand scheint das eben Erfahrene wie ein ferner Traum.

Alles, was ich im Lauf erlebt habe, auch die Zeit, die vermehrt wurde - alles verflüchtigt sich nach und nach. Neben den Zahlen auf der Uhr und der bildlichen Erinnerung an die Strecke bleibt ein angenehmes Gefühl der Ausgeglichenheit.

Manchmal braucht es andere, die dieses Erleben vergegenwärtigen: Lydia schaut von ihrem Laptop auf, als ich durch unsere Wohnungstür stolpere, ihr unvermittelt von den Beobachtungen, Gedanken und Gefühlen meines 35-Kilometer-Vormittagslaufs erzähle.

Sie zieht die Brauen hoch: „Krass, was du heute schon alles erlebt hast."

Es ist ein Sonntagabend, als ich mich wieder mit Karin treffe. Am selben Vormittag bin ich lange durch Stadt und Wald gelaufen.

Ich erzähle ihr von meinen Erlebnissen und meinen Gedanken: „Nicht nur im Schreiben, auch im Laufen lässt sich die Zeit vermehren."

Ein wenig Stolz schwingt in meiner Stimme mit.

Karin wirkt aufmerksam, bedacht. Sie schließt die Augen, wahrscheinlich, um sich vorzustellen, wie die Zeit beim Laufen vermehrt wird.

Wir sitzen eine Zeit lang schweigend.

„Wenn es tatsächlich so ist", sagt Karin dann, „wenn sowohl das Schreiben als auch das Laufen die Zeit vermehren - wie viel Zeit gewinnst du, indem du ein Buch über das Laufen schreibst?"

Wir schauen einander an. Unsere Augen blitzen schelmisch.

Der Autor

Dr. Florian Jäger, geboren 1988, hat Psychologie studiert und in der Sozialpsychologie zu Normalität und sozialem Einfluss promoviert. Heute arbeitet er als Psychologischer Berater und bezeichnet sich als Weltenbummler. Er ist Läufer aus Notwendigkeit, hat 2018 in einem 100-Kilometer-Ultratraillauf die Zugspitze umkreist und ist 2019 Dritter beim München-Marathon geworden.

Catra Corbett

WIEDERGEBURT

Mein Weg aus der Sucht zum Ultramarathon

Mit all ihren Tattoos und Piercings sieht sie aus wie ein Rockstar, und tatsächlich ist Catra Corbett wie ein Rockstar des Ultra-Laufsports. Sie ist die erste Amerikanerin, die mehr als hundert Mal über hundert Meilen oder mehr gelaufen ist, sie hält auch die schnellste bekannte Zeit für den 425 Meilen langen John Muir Trail, den sie in zwölf Tagen, vier Stunden und siebenundfünfzig Minuten bewältigt hat. **Und, unglaublich aber wahr, sie ist auch eine ehemalige Meth-Süchtige.** Sie dealt mit Drogen, landet im Gefängnis, weiß, dass es so nicht weitergehen kann, beginnt zu laufen: zuerst zehn Kilometer, dann Marathondistanzen und mehr. In „Wiedergeburt" begleiten wir Catra Corbett durch schwieriges Terrain und extremes Wetter, wenn sie von wilden Tieren gejagt wird und bei einem Trainingslauf fast stirbt, wenn sie Laufrekorde knackt und zu einer der weltbesten Ultraläuferinnen wird. Sie verliert Angehörige an die Drogen, will Selbstmord begehen, verliebt sich und wird mit gebrochenem Herzen zurückgelassen ... und stellt sich schließlich der Vergangenheit, die zu ihrer Sucht geführt hat.

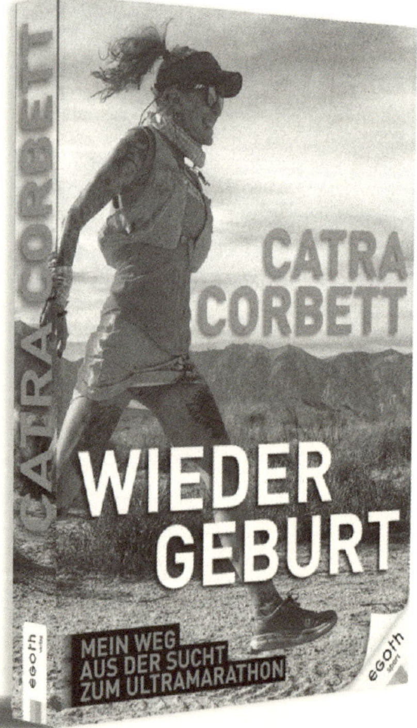

Catra Corbett
WIEDERGEBURT.
Mein Weg aus der Sucht zum Ultramarathon
Hardcover, 14 x 21 cm,
ca. 256 Seiten, bebildert
ISBN: 978-3-903183-46-9, Preis: 24,90 €
E-ISBN: 978-3-903183-87-2, Preis: 23,99 €
Erscheinungstermin: April 2021

Adharanand Finn

EKIDEN

Der Weg der Läufer

Willkommen in Japan, der vielleicht am meisten vom Laufen besessenen Nation dieser Welt, wo:

- ein Langstrecken-Staffellauf zu den größten jährlichen Sportereignissenn des Landes zählt;
- Unternehmen ihre eigenen Laufteams haben und die Athleten wie Angestellte bezahlen;
- und wo Marathon-Mönche in tausend Tagen tausend Marathons laufen, um spirituelle Erleuchtung zu erreichen.

Der preisgekrönte Autor Adharanand Finn zog nach Japan, um mehr über diese einzigartige Laufkultur zu erfahren und darüber zu recherchieren, was sie uns über den Sport und Japan lehren könnte. Als engagierter Läufer, der vor seinem vierzigsten Geburtstag stand, hoffte er auch herauszufinden, ob der japanische Trainingsansatz ihm persönlich helfen könnte, sich weiter zu verbessern. Was er gelernt hat – über Wettbewerb, über Teamarbeit, über das Unterbieten persönlicher Bestleistungen, über Laufform und über sich selbst –, hat er in einer kurzweiligen Geschichte niedergeschrieben und wird jeden faszinieren, der sich fragt, warum wir laufen und wie wir noch besser laufen könnten.

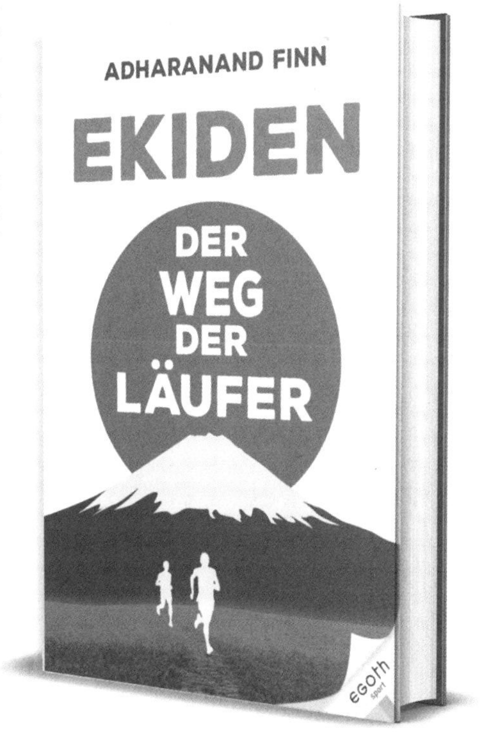

Adharanand Finn
EKIDEN.
Der Weg der Läufer
Hardcover, 14 x 21 cm,
ca. 256 Seiten
ISBN: 978-3-903183-33-9, Preis: 24,90 €
E-ISBN: 978-3-903183-89-6, Preis: 23,99 €
Erscheinungstermin: Mai 2021

ADHARANAND FINN
EKIDEN
DER WEG DER LÄUFER
egoth sport